U0113691

纵横精华

国粹撷芳

刘未鸣　刘　剑　主编

国粹泱泱百年
芳华代代辈出

中国文史出版社

目录

谭鑫培的最后归宿

刘嵩崑

位于北京西郊门头沟区的马鞍山麓，有一古刹"万寿禅寺"（习称戒台寺），在该寺的脚下有一墓地，坟园四角竖有青石界桩，上刻"英秀堂谭宅茔地"，墓内主人即于此长眠88年的"伶界大王"谭鑫培。

谭鑫培生于清道光二十七年三月初九（1847年4月23日），迄今已158年。祖籍湖北省武汉江夏县大东门外田家湾，原名金福，字鑫培，号望重，曾艺名小叫天，堂号"英秀"，寓所位于京城宣武区大外廊营北口内路西1号，是一所三进的宅院，早年宅门外右上方曾嵌有一红色木牌，上有三个清隽的金字"英秀堂"。谭氏每逢外出均乘坐马车，现在门外东墙上仍存有当年用的拴马环。其后裔小培、富英、元寿、孝增几代人均居住这处谭门老宅。自其父谭志道（艺名谭叫天）始，至正岩、谭娜，谭门为七代梨园世家，从艺者有40人之多，创造了辉煌的业绩，这在京剧史上是绝无仅有的。

谭鑫培原以武生为主，"同光名伶十三绝"画像所绘谭鑫培剧像，就是他《恶虎村》中扮演黄天霸的形象，是13位名伶中唯一的武生演员，后遵其师程长庚之嘱，改演文武老生，程大老板曾预言："吾死后，鑫培必成大气候。"果不出程氏所料，谭鑫培广益多师博采众长，终成一代梨园巨匠，被誉为"伶界大王"。

光绪三十一年（1905 年），曾赴日学过摄影技术的泰丰照相馆经理任景丰，购置了一架法国制造的手摇摄影机，试图拍摄无声的小电影，当时人们称它为活动的"相片"。任景丰与谭鑫培交往颇深，两人商定在位于谭宅以北的琉璃厂附近的土地祠（后曾为南新华街小学，今为幼儿园）庭院中，利用自然光为时年 58 岁的谭鑫培拍摄了其代表作《定军山》剧中黄忠之"请缨""舞刀""交锋"三场的精彩片段镜头，摄影师为刘仲伦。它虽是仅三本的黑白无声电影，但却是中国电影史上的首部影片。

1917 年 4 月，谭鑫培在总统府堂会上演出了《天雷报》。因戏台与扮戏的屋子不相毗连，来往换装走动频繁，受了风寒，第二天便一病不起。当时广东督军陆荣廷来京，步军统领袁德亮、警察总监吴炳湘出面，4 月 8 日下午在王府井大街迤东金鱼胡同那家花园（今和平宾馆旧址）设宴为陆督军接风，并安排堂会戏助兴。凡堂会戏必少不了谭鑫培，当局几次派人到谭宅，都被谭以病魔缠身而婉言谢绝。这下可恼怒了当局，并传出话来："他不就是个唱戏的吗？不识抬举！打发人三番五次请，这个请字就是给你脸，可你姓谭的竟然敬酒不吃吃罚酒哇！好，今天是非把你'请'来不可！"当局派了几名巡警荷枪实弹奔往大外廊营，闯进门后不由分说，从病榻上把谭氏拽起，谭鑫培见这个阵势，不去是不行了，只得抱病前往。到了那府一看所贴戏码大吃一惊，当即出了一身冷汗，竟是《洪羊洞》，这是喜事堂会最忌讳的一出戏。此戏演的是杨六郎归天的故事，又叫《三星归位》，谭鑫培的恩师程长庚临终前唱的就是这出戏。当时只有琴师徐兰沅到场，鼓师刘顺、大锣陈宝生、小锣汪子良、月琴孙惠亭、三弦程春禄等，均未到场，武场只得临时东拼西凑。再看台下陆荣廷早已离席而去，面对此情此景，谭老板心中万分难受，"他们这哪是听戏呀！是拿我当招牌。"经商定此戏仅演"病房"一折，当时谭是在心情极端悲愤中演出的，唱得声腔悲惨凄凉催人泪下。这出《洪羊洞》既是谭鑫培的拿手戏，又是平生最后演的一出戏，世人皆谓之"绝唱"，实为一语双关。

谭鑫培下场后就伏案昏迷过去，许久才苏醒过来，有人将其送回家中，病情自此日益沉重，内热始终不退，据说又偏偏吃了一剂热药，犹如火上浇油，临终时口鼻均已见血。1917 年 5 月 10 日上午 8 时，一代京剧宗匠伶界大王谭鑫培病逝于大外廊营寓所，享年 71 岁。

谭氏后人遵其遗嘱，以常服成殓，身着三色长袍，外罩淡黄色马褂，头戴瓜皮小帽，足蹬云履。"接三"之日前来吊唁者千余人。灵前童男童女的服饰均用绸缎布料制成，车马采用黑绒制作。"三七"过后，移灵松筠庵。

谭鑫培生前信奉佛教极为虔诚，广交城内外名刹古寺长老。常年资助戒台寺，是该寺有名的施主。清光绪二十二年春，该寺盛老和尚为其受了居士戒，自此，这位谭居士便与戒台寺结下了不解之缘。闲暇时常来寺中小住，逐渐对寺外周边的风光产生了强烈的眷恋之情，从而萌生了百年之后在此安息的愿望。他与该寺住持妙老人交往 20 载，因友谊深厚便道出了"愿假寺中一席净地，永作佳城，俾他日百年得以遥对金客，方遂夙愿"的想法，妙老人深感谭氏对该寺厚资布施的一片虔诚，就把遥对戒台古刹的栗园庄 12 亩庙产茶棚地让给谭居士。此地平坦广阔，南靠卧龙岗，东临永定河。谭氏故后，次年灵柩迁居此地，了却了他生前的夙愿。当地人曾羡慕地说："小叫天的墓地，头枕卧龙岗，脚踩九龙山，真乃风水宝地。"

　　墓地四角立有青石界桩为界，石柱高约 140 公分，宽约 26 公分，上方雕有精致花纹，花纹下刻有"英秀堂"三字，后面竖刻"谭氏茔地"，墓前设有石供桌。1915 年，戒台寺住持达文长老不仅修缮墓地，栽种许多树木，还特派专人代为看守坟园，并规定不许任何人砍伐坟园之树，让谭居士于阴宅清静安息。另为谭居士供立了一块高 90 公分、宽 62 公分的石碑，上刻碑文以作凭证，碑文如下：

　　伏以五伦之中曰君臣曰父子曰夫妇曰昆弟曰朋友人生斯世莫不以此为大纲而朋友一道尤须以信义为重儒释歧途理无二致兹因谭居士印金福字鑫培籍地本京具有凤根生而好佛……因念人生若寄泡影驹光一旦无常向何处晤佛耶暖商之于妙老人愿假寺中一席净地永作佳城 俾他日百年得以遥对金客方遂凤愿妙老人亦念廿载之道侣不忍相违遂将寺中茶棚地十二亩让之谭君以遂善念立有石桩为界今兹戒台寺当代主席达文和尚踵先师之遗志为之栽种树木修造坟园督工营造次第告成……

　　谭鑫培墓于 1985 年被门头沟区人民政府列为区级重点文物保护单位。所立"谭鑫培墓"的铁牌早已锈迹斑斑，不知是否尚存？原为 12 亩的墓地，早已被占用三分之一，盖起了矿工家属宿舍，并开辟了菜园，墓地的数百棵松、杨树已存不多。四角界桩，有的早已埋入地下多年。石碑曾被住户移走当作他用，碑文刻字已模糊不清。石供桌亦早已不翼而飞。这座直径约 5 米、高约 1.3 米的黄土坟丘早已杂草丛生。"文革"中，险遭刨坟挖墓厄运。坟墓四周既盖厕所又砌猪圈，刺鼻的臭味和成群的蚊蝇，怎能让地下的伶界大王安息？幸亏还曾被列为"重点文物保护单位"，不然，恐怕连坟丘也难以寻觅了。

　　提起谭鑫培，无论在戏曲界，还是电影界，都永远不会忘记这位对京剧和电影做出卓越贡献的艺术家。2005 年 11 月 6 日，修缮后的谭鑫培墓举行了隆重的揭幕仪式，以告慰这位伶界大王在天之灵，这在京剧史和电影史上都是一件大事。

梨园争说"大锣王"

———
甄光俊

中国戏曲有史以来，在舞台上从事演出活动时间最长、年寿最高者，大概就属河北籍前贤王维林了。从他学戏之初算起，到他正式退休之时，连续艺龄长达 108 年，寿高 127 岁。他一生经历了清代道光、咸丰、同治、光绪、宣统五个皇帝和中华民国、中华人民共和国等几个历史时期。

雅号"大锣王"

王维林原籍直隶（河北）省霸县，生于清道光二十二年（1842年），他幼年家贫，七岁开始学演河北梆子，11 岁登台，在当地有"十一红"之称。他 19 岁那年，因为变声期败嗓的缘故，流落天津，在戏班里干点杂活儿，后来场面上（乐队）缺人，他改学打锣，由于他刻苦钻研，能打一手好大锣，此后百年间一直在京戏班、梆子班、评戏班里以此为业。

王维林不仅精通梆子、京剧的锣鼓谱，而且演奏技巧出众，能够熟练地运用锣音的明暗、高低、疾缓等种种变化，烘托舞台上的不同情绪。同是一面大锣，拿在他的手里，打出来的锣音味道正，音色美，糅音尺寸合适，总比别人打的受听。

　　王维林对大锣的保养也有一套丰富的经验，特别是打武戏的光锣，锣眼地方的铜非常薄，使用起来需格外小心。同样一面锣，不会打的，往往一场武戏没打下来，锣面已经炸裂。而王维林可以连续使用三年，依然完好无损。早年间剧团常到乡村去演戏，每到一处，他总是首先选择放大锣的地方。他说，冬天外面寒冷，进得屋来，要是把大锣往热炕头上放，大锣上的寒气被火一烤，演奏时它就哑巴了，打不出脆音来。必须先选个温度合适的地方，让它慢慢地缓，没缓过劲儿来不能使用。他常说："你凭这个家伙吃饭，不伺候好它，它就跟你犯脾气！"

　　1903 年，王维林跟一个梆子班在营口玉和顺戏园子里打大锣。一天，琴师萧九堂、戴二、赵福祥三个人想检验一下王维林手腕子的功夫。他们跟王维林打赌，一起打京戏《战宛城》，三面堂鼓盯一面大锣，谁要盯不住就算输，请客"圆桌面"。打堂鼓三个人可以轮换喘喘气、喝口水，有歇息手腕子的机会；可打大锣就王维林一个人，没有喘气的机会。别看他们三个人比王维林年轻许多，王维林不怕他们，说："打可是打，阴阳槌不行，落了调也不行。"他的具体要求是，打鼓的，两只鼓槌必须打的分量一样重，一个轻一个重就算输。打大锣的，用劲也要保持一致，如果越打手劲越轻，音量越小，那就算打大锣的输。萧九堂、戴二、赵福祥三人一听这好哇，心想，你 60 多岁的王维林算输定了。王维林让徒弟康锡寿拿过一个茶碗来，说："我把这茶碗放在胳肢窝里打大锣，还不带出汗的，要是累出了汗，也算输给你们。"这三个打堂鼓的更高兴啦，赶忙说："就这么着，谁也不许反悔。"

　　京剧《战宛城》可非同一般，它是八个靠将、十六个虎牌轮番开打，锣鼓一刻也不停。开演之后，王维林一边打锣一边吆喊："干哪……"打过半场戏之后，那三位打堂鼓的，胳膊粗了，脸红了，手腕子也木了，满脸流汗，两只手不分辨，直劲叫喊："不行啦，不行啦！快接一把！"

王维林得意地鼓励他们："你们再挺一会儿!"等演完《战宛城》，王维林笑眯眯地问他们三个人："怎么样? 看看我这脑门上有汗没有?"萧九堂三人连连赔不是说："我们输了，我们输了。"

从此，王维林得了个"大锣王"的雅号。他以非凡的敲锣技能，赢得人们敬重。早年间，关内外的戏曲界提到王维林的名讳假如有人不知的话，说起"大锣王"则几乎无人不晓。

鳏夫不孤独

1926 年，王维林在哈尔滨参加筱桂花为主演的评剧警世戏社三班，在场面上打大锣。1934 年（民国二十三年）秋，筱桂花应"百代公司"总部邀请，去日本灌制唱片，王维林随同前去。他们由沈阳到大连，然后由大连乘船去日本，在大阪地下室灌制了《孟姜女》《空谷兰》《昭君出塞》《苏三起解》《马振华哀史》《人头告状》《火烧红莲寺》《贫女泪》《六月雪》《丑开店》《太平年》《老妈开嗙》12 张唱片，录音里的大锣都是王维林所敲。

出身贫寒的王维林，前半生在"处处无家处处家"的演戏生涯中饱经沧桑，备尝忧患。中华人民共和国成立后，他才过上安定的日子。虽然当时他已是百岁有余的老人，身体却异常强健。又由于他锣艺精、名声大，沈阳的升平戏院特意聘请他担任乐队里的锣师。优越的社会制度，焕发了老人的青春，不管排练、演出多么繁忙，他从不接受领导和梨园界晚生后辈们的特殊照顾。他还像年轻时候一样，不仅本职工作完成出色，而且还把长期积累的演奏经验主动传授给剧团里的后学们。

王维林高龄高寿却不服老的精神，感染着剧团里的男女老少，大家像对待自己的长辈那样关照这位孑然一身的长者。每逢年节，这家接他去喝酒、聚餐，那家带上干鲜果品来嘘寒问暖，这位独处多年的鳏夫，自己感觉并不比那些儿孙绕膝的老人寂寞、孤独。

两次见到毛主席

1952 年，王维林 110 岁生日那天，辽宁省和沈阳市的负责同志到王维林的家里祝寿。"大锣王"百感交集，他想起在旧社会的一幕幕辛酸往事，再看看眼前首长们那亲切的音容笑貌，再也抑制不住感情的闸门，两行热泪顺着脸颊淌落下来。他说："人们常说新旧社会两重天，这可千真万确，我就是个明证。"首长们问他有什么困难和要求，王维林像孩子似的腼腆起来，羞答答地说出藏在心底的一桩夙愿——他希望见到毛主席。他表示，真有那么一天的话，就是死，也无所遗憾了。

王维林做梦也没有想到，此后不久，他的心愿真的变成了现实。有一天，中共中央办公厅给他写来一封信，转达了毛泽东主席对他的关怀。1954 年，中共中央办公厅又派人把他接到首都北京。一个晴朗的早晨，毛主席在中南海接见了这位奇特的戏曲艺人。毛主席搀扶他坐在沙发上，亲切地对他说："你那么大年岁了，不要再打锣了，送你进养老院怎么样？"王维林答："我身体健康，工作和生活没问题，国家节省点钱用在修铁路上吧。"毛主席听完笑了，顺手从抽屉里拿出一张照片，在上面签上"毛泽东"三个字，送给"大锣王"留作纪念。

1960 年夏天，第三次全国文代会在北京召开，出席会议的代表里有一位年寿最高的老人，非常引人注目，他就是时年 118 岁的王维林。7月 23 日，毛泽东主席接见与会的全体代表时，一眼看到了人群中的这位老人。毛主席紧紧握住他的双手，不停地摇晃着，祝他健康长寿。

"大锣王"无疾而终

百岁老艺人"大锣王"见到了领袖毛主席，一时间在松辽城乡传为佳话。他所在的剧团每到一处演出，许多群众从远道赶去，就为了看这位见到过毛主席的百岁老人打锣。"大锣王"心里甜滋滋的，他常常从舞台上蹦下跳上，走起路来格外带劲，打起锣来更显精神。

1957 年，"大锣王"经过组织的再三劝说，同意离开舞台生涯。退休后，他的生活由国家负责安排。

王维林历来生活俭朴，经常穿着青布裤褂，白袖口挽着，显得文质彬彬。他 15 岁时娶过妻子，第二年妻子病故，此后再也没有结过婚。他一生不嗜烟酒，更不近女色。他从不喝茶水，每天都是一碗白开水，加糖溜溜（糖精粒）。他除了刻苦钻研打锣艺术外，唯一的爱好就是练习气功，直到他退休后，仍然时时手攥两个核桃大小的铁球，来回转动。他经常跟年轻人一起举杠铃、手劈砖。他手上特别有劲，小青年和他掰腕子大都输给他。人们向他请教养生之道，他说："吃饭不吃饱，睡前先洗脚。"这也是他的健身格言。

1962 年，耳不聋、眼不花的王维林，胡须和头发竟然由白变黑，人们说他真的返老还童了。王大锣说："旧社会东跑西颠到处流浪，有时睡大庙，蝇子往脸上爬，可现在政府照顾我，派来专人（范素珍）侍候我，月月还给我开钱，想吃什么就吃什么，要穿什么就穿什么，真比有儿有女还享福呢！"

1968 年，这位艺龄 108 年的戏曲艺人无疾而终，享年 127 岁。五六十年前在天津专区火花评剧团担任主演的王素秋，系王维林的本家孙女。她早年在戏班学戏的时候，曾得到大爷爷的关照。

清江浦走出的京剧百年三杰

——京剧名人王瑶卿、周信芳和宋长荣

何永年

　　京剧是中国"国粹"，曾是中国最为普及的剧种。京剧艺术源远流长，流派纷呈，近现代一百多年以来是它最兴盛的时期。而明清时期的清江浦，以官商文化为主体，就恰恰给京剧艺术的流行提供了最为适宜的土壤和气候。

　　在明清两代，特别是清代，淮安是水利枢纽，交通咽喉，也是漕粮运输、海盐集散中心，掌控着封建王朝的经济命脉，因此在这里设了河道总督署和漕运总督署，还有盐运御史等机构，形成了一个庞大的官僚集团。再者，趁交通发达之便，商贾云集，盐运发达，便又出现了以盐商为代表的富商阶层。无论是官僚还是富商，他们天生就有追求声色犬马之乐的天性；更何况乾隆皇帝六次南巡都从这里经过，他们还要准备着迎驾、接驾，进行供奉性演出，这样一来，除了大小官员、富商自家养一些家班、戏班之外，全国各地的昆剧、徽剧以及其他各剧种的戏班都先后来到这里，这就汇成了连续不断的戏剧演出的空前盛况，也为戏

剧人才的涌现提供了良好的社会环境和文化氛围。仅在近现代的一百多年里，淮安就产生了著名的京剧三杰——"通天教主"王瑶卿、麒派宗师周信芳和荀派传人宋长荣。

京剧"通天教主"王瑶卿

王瑶卿（1880—1954）原名瑞臻，字稚庭，别号菊痴，晚号瑶青，艺名瑶卿，斋名"古瑁轩"。祖籍淮阴（今淮安）市，其父王绚云出生于淮安市清浦区火星庙街7号，系当时杰出的京剧表演艺术家和戏曲教育家。王瑶卿出生于北京，童年随父学艺，曾不时随父返淮演出于火星庙街宁绍会馆大舞台，而下榻处正是其祖传老宅。

王瑶卿少年丧父后，与其弟等留居北京继续学艺。起初他师从田宝琳，又在三庆班随崇富贵练功。后拜谢双寿为师，同时向张正荃、杜蝶云学青衣和刀马旦。19岁进福寿班，又向时小福、李紫珊（万盏灯）、陈德霖等名家求艺。23岁三进福寿班，不仅对青衣、刀马旦兼演，而且还对《儿女英雄传》《雁门关》《混元盒》等戏进行过革新尝试，显示出了他独特的才华和创造精神。同年被选入升平署外学系民籍学生，时常进入清宫演出。26岁入同庆班，为名演员谭鑫培所器重，与谭合演过《汾河湾》《南天门》《珠帘寨》《乾坤福寿镜》《棋盘山》《万里缘》等剧，改变了以往京剧舞台上以老生领衔的局面，形成独树一帜的"王派"。时人将他同谭鑫培并称为"梨园汤武"。

王瑶卿在表演上博采众长，承前启后，上承梅巧玲、余紫云之衣钵，下开梅兰芳、程砚秋之端绪。他吸取前辈优点，打破行当限制，兼取青衣、花旦、刀马和昆曲旦行各功之长，创造了"花衫"的行当。对唱、做、念、打都进行了新的创造，丰富了京剧旦行的艺术手段，为京剧旦角艺术的发展开拓了宽广的道路。

王瑶卿的唱功，明丽刚健，遒劲爽脆，并善创新腔，恰如其分地表现出人物思想感情的变化，所唱快板最显功力。做功身段方面，善于用步示和水袖技巧表达人物，《长坂坡》跑箭的圆场，以及《福寿镜》惊疯的舞袖等，皆有独到之处。演刀马戏则功力娴熟稳健，身手准确干净。对服饰、装扮和砌末、把子等，也颇多改进，并率先废除了踩跷。

王瑶卿在表演上的突出之处，是能从生活出发，以人物的性格、身份、思想感情为依据。他念的韵白，能突破旧规，自然而生动；念的韵白既合乎京剧规律，又接近生活，语言富有生活气息；他还善用京白、韵白相间的"风搅雪"念法，以表现特定人物的神韵和风采。演旗装戏描摹宫廷贵妇仪容神态，细致入微，出彩传神。他把生活和艺术有机地结合起来，调动一切艺术手段，塑造了许多形神兼备、栩栩如生的艺术形象。如疾恶如仇、见义勇为、明快爽朗的《十三妹》中的何玉凤；反抗暴力、宁死不屈的《万里缘》中的胡阿云；勇猛多智、代父从军的《木兰从军》中的花木兰；文武双全的《娘子军》中的梁红玉，以及天真活泼，有勇无谋的《荀灌娘》中的荀灌娘。无不脍炙人口，称盛一时。晚年为《白蛇传》《柳荫记》《牛郎织女》设计唱腔，突破了七字句、十字句的规律，有较多的创造。他的艺术创造，丰富了戏曲表演艺术的现实主义传统。

王瑶卿不仅是创行、开派的京剧表演艺术家，更是一位有"通天教主"之称的戏曲教育家。早在45岁时，因嗓音失润而息影舞台，从此转以授徒为业。但正是长期的舞台实践和戏曲革新的经验，为其从事戏曲教育提供了得天独厚的条件。他善于因材施教，注重从不同学员的不同条件和个性出发，画龙点睛般地予以"点拨"，唤醒其艺术灵性，使他们发现自己，创造自己，完善自己，从而收点石成金之效。

梅兰芳是京剧表演艺术的大师，可谓是中国京剧的代名词。梅兰芳一次观看了王瑶卿在《虹霓关》中的"花衫"表演之后，忽有一种豁然开朗之感，极为兴奋，便欲拜王瑶卿为师。王瑶卿因与梅兰芳同辈，虽说收梅兰芳为徒，但仍以兄弟相称。王瑶卿对梅兰芳亦师亦友，体现出了他的高尚品德。有人说，"花衫"的首创是王瑶卿，而将"花衫"发扬光大的则是梅兰芳，"青出于蓝而胜于蓝"，从这个意义上说，王瑶卿与梅兰芳是一对真正意义上的京剧艺术上的师与徒。

作为一位京剧艺术教育家，王瑶卿桃李满天下。他不仅教过著名的四大名旦——梅兰芳、程砚秋、尚小云、荀慧生；还教过四小名旦——徐碧云、王玉蓉、芙蓉草、筱翠花；还有稍晚的杜近芳、刘秀荣、谢锐青等许多其他的京剧名家也都受过他的指导。所教弟子各自做出了卓越的贡献，从而为推动中国京剧艺术的持续发展建立了不朽的功勋。因而王瑶卿在中国京剧界"通天教主"的美誉，是实至而名归的。

麒派宗师周信芳

周信芳1895年1月14日出生于清江浦南门东侧虹桥，祖籍浙江慈溪。父亲周慰堂是位学识渊博、技艺精湛的戏曲演员，某戏班班主。周信芳从五六岁起即开始练功学戏。7岁时随父亲金琴仙（周慰堂艺名）到杭州拱宸桥天仙茶园唱戏，7岁登台即受到观众的赞赏和欢迎，就此以七龄童为名到处去演出。11岁时在上海桂荣园搭班，当时写戏报的先生误将"七龄"写成麒麟，而麒麟被看成是吉祥之物，故从此他就以麒麟童为名响遍大江南北和东海之滨。

评论家和观众常说："梅兰芳是'美'的化身，而周信芳是'力'的艺术。"周信芳的戏无论唱、做、念、打都很地道有劲。他演出的戏有鲜明的节奏，他扎实的唱念和表演有着强烈的感人力量，使观众看得过瘾，听得动情。因此，在上海曾出现家家听播《追韩信》、处处学唱

《打严嵩》的情景。周信芳一生共演出近 600 出戏，其中以连台本戏为主，这是世界级演员中唯一有此纪录者。而其中很大一部分都是反映国家兴亡和忠奸斗争的政治戏，并在选材上注重反映时代的需要和群众的呼声。

1927 年，大革命北伐期间，他参加新文艺团体——南国社，与进步戏剧家欧阳予倩先生合作演出新编的《潘金莲》，周信芳在剧中扮演武松一角。然后又合作演出《黛玉葬花》，周演贾宝玉，作为唱大嗓的小生，在艺术上也是对原有行当的一种突破。而当 1931 年发生"九一八"事变后，他在上海就编演了《洪承畴》和《明末遗恨》等剧，揭露汉奸背叛祖国的罪行，同时批判当权者醉生梦死和攘外必先安内的反动卖国政策。到了"八一三"上海抗战爆发后，周信芳积极参加了中共地下党所领导的救亡演剧协会，并担任戏剧部主任。此时他组建了"移风社"，在卡尔登（今长江剧场）编演《徽钦二帝》《香妃恨》等戏。又计划排演《文天祥》和《史可法》等爱国英雄戏，被日伪通过法租界禁演，但他们将剧目预告牌一直悬挂在舞台两边，以唤起民众爱国救亡之心，并发动大家来义演，救济难民。他还组织青年演员到遭受日军围困、坚守在四行仓库的"孤军营"进行慰问演出。他的夫人裘丽琳女士也积极协助并参与他所做的各项救亡工作。

周信芳在抗战期间所遭受到的困苦和曲折是很多的，他把希望仍然寄托在抗战胜利后，希望国民党能重新振奋，尽快把国家从战争废墟上恢复起来。但是，当他看到从重庆飞回来的接收大员"五子登科"，看到蒋介石出卖国家主权、投靠美国换取军援和发动反人民内战的种种行为时，感到失望。在与中共地下党员于伶、姜椿芳等同志的联系中，他找到了光明之路。从此他积极参加地下党所领导的京剧"艺友座谈会"的活动，并且支持他们搞京剧改革创新的工作。最使他兴奋的是在

1946 年 9 月的一天接到周公馆（即中共驻沪办事处）的一份请柬。在这黎明的前夜，他聆听周恩来副主席语重心长的教诲，进一步明确了自己前进的方向。自此，他积极参加了反对内战、反对国民党社会局艺员登记的斗争。为了迎接解放，上海戏剧界在中共地下文委的领导下，成立了熊佛西、黄佐临、刘厚生等为首的剧影协会，并广泛联系动员戏剧界著名人士都留在上海迎接解放。当吕君樵和熊佛西校长来周信芳家借谈戏为名而会面时，周信芳当即明确表示"不会跟他们（指国民党）走的"，要和大家一齐迎接解放。

上海解放，梅兰芳、周信芳二位就积极参加劳军和救济灾民的义演活动。首演的剧目《打渔杀家》，这是他们二人 13 岁时就在北京、天津等地合作演过的戏，而在 40 年后为欢庆解放而重演更精神格外饱满，配合得天衣无缝。

新中国成立后，周信芳受文化部委托担任中国戏曲研究院副院长（院长为梅兰芳），同时担任上海市文化局戏曲改进处处长。从 1953 年 3 月起，又担任华东戏曲研究院院长。后从 1965 年开始至 1975 年 3 月 8 日受"四人帮"迫害而含冤逝世为止，一直担任上海京剧院院长职务。他在新中国成立后到"文革"前的 17 年中，以充沛的精力投身于各项政治运动和积极编演新剧目，不断加工提高保留节目的艺术质量。抗美援朝期间，他排了新戏《信陵君》，随后又排演了《澶州之盟》和《义责王魁》《十五贯》等，而对原有的《四进士》《坐楼杀惜》《徐策跑城》《打渔杀家》等则不断加工提高，使之成为具有麒派艺术特色的好戏。层次分明，念白铿锵有力，吐字清楚，能送入观众耳中，而唱腔讲究动情感人，不是为唱而唱，更不是为耍花腔去卖嗓子，而是一切从刻画剧中的人物性格和塑造出感人的艺术形象的需要取舍，从已拍成电影的戏曲中即可领悟到麒派艺术的特色。

他还积极参加党所号召的各项政治活动。除参加救灾、慰问解放军等种种义演之外，1951年又积极发动和组织为抗美援朝捐献飞机大炮的义演活动。他先带头在大众剧场义演三场《四进士》，接着又参加各种联合义演。在他的带动下，上海京剧界（包括外省市来沪演出的剧团在内）完成了一架京剧号战机的捐献任务。同年2月，上海市文化局为他演剧生活五十周年举行纪念活动时，周恩来总理亲笔题词"庆贺周信芳先生演剧五十年的成就"，郭沫若、沈雁冰、洪深、田汉等文化名人和文化部门领导也纷纷题词为他祝贺。1953年冬，他参加了以贺龙同志为首的中国人民第三批赴朝慰问团。1956年11月期间，他又亲自率领庞大的上海京剧院赴苏联参加十月革命节的庆祝活动。1959年4月党中央在上海召开八届七中全会，毛泽东为了纠正大跃进中浮夸风和提倡各级干部对上要讲真话，敢于如实反映情况，提倡要学习忠贞而敢谏的明朝官员海瑞精神，要有像海瑞批评嘉靖皇帝那样的勇气。当时主持文化部工作的周扬请上海市委把这一重要任务交给周信芳，要他编演《海瑞上疏》的戏，并列为向国庆十周年献礼的剧目。上海京剧院立即组织了以周信芳为首的创作班子开始工作，鉴于周信芳新中国成立前后多年追求进步，在当年"七一"纪念党的生日时被批准加入了中国共产党。此后，周信芳不顾年事已高，积极为党工作，赶写赶排出了《海瑞上疏》，不但在上海演出，而且到北京演出，受到中央领导同志的欢迎和肯定。鉴于他德艺双馨的种种上述表现，他曾光荣地当选为一、二、三届全国人大代表，并担任中国戏剧家协会副主席等多种社会职务。

1965年11月10日，上海《文汇报》发表了姚文元的《评新编历史剧〈海瑞罢官〉》，此后，周信芳和吴晗被点名批判。1966年8月22日，周信芳被抄了家，许多名人赠送的字画和贵重的纪念品被洗劫一空。接着全家受到莫须有的批判，周信芳没有屈服于"四人帮"的淫威，正气凛然地唱道："湛湛青天不可欺，是非善恶人尽知。善恶到头终有报，且看来早与来迟。"（《徐策跑城》中的唱词）1975 年 1 月，年已八旬的周信芳受尽折磨多病齐发，于 3 月 8 日病逝于华山医院。

人们可以看到，热爱祖国，向往光明，追求和坚持真理，并为此而刚正不阿、威武不屈，正气凛然，这是周信芳人格的主流。他之所以偏爱并塑造出众多英雄典型，正是因为角色的情怀与他自身的情怀对应，而最终呈现出来的角色情怀，正是表演者自身情怀的自然流露，而绝不只是"演"的结果。他那如滔滔江河般的演唱和念白，他那干净利落、刚劲有力的做表，他那独特的麒派节奏，正是他内在情怀和角色心理的由衷外化。

荀艺长荣光彩照人

新中国成立后，在江淮大地上又升起了一颗艺术明星，他就是著名京剧荀派表演艺术家、国家一级演员、文化部特别奖获得者、江苏省长荣京剧院名誉院长宋长荣。

宋长荣于 1935 年 7 月出生在江苏省沭阳县一个贫苦农民家庭，12 岁入学，一年后因家贫辍学。1950 年，宋长荣入沭阳县长字京剧班学戏，先后师从新艳秋、王慧君学花旦。由于勤学苦练，他很快学会了《宇宙锋》《锁麟囊》等十几出传统戏。初出道时，先后在淮阴东长街的胜利戏院和都天庙街的大众剧场演出了《红娘》《红楼二尤》等剧目，受到京剧迷们的普遍欢迎。1955 年，他参加沭阳县京剧团演出崭露头角，次年在淮阴专区会演中获奖，1957 年随县京剧团到南京演出轰动古城。

1959 年，宋长荣到上海演出，得到周信芳、魏连芳、言慧珠、李玉茹等名师的指导。不久，宋长荣调入江苏省京剧团，主演了《玉堂春》

《红娘》《凤还巢》《贵妃醉酒》等剧目。1961 年，宋长荣拜四大名旦之一的荀慧生为师，深得荀派艺术的真谛，从此以荀派戏为主，并致力于荀派艺术研究。这里照录一段 2004 年 2 月他接受《淮安日报》记者采访时所叙说的当年拜师情景：

　　1961 年，苏北六个县的京剧团合并，成立了淮阴地区京剧团，我还是主演，不久我调入省京剧院深造。那个时候，我在艺术上仍然没有定型，梅程荀尚各派都唱。1961 年，荀慧生先生到南京演出，我对荀派艺术倾慕已久，一连看了荀先生几场《红娘》，我想要是能拜荀先生为师该有多好。秋凉的一天晚上，荀先生真的到中华剧场来看了我的一场《红娘》，并在散戏后步入后台，夸我基本功很好，很有培养前途。过了几天，省委宣传部和省京剧院把我推荐给了荀先生，并通知我拜荀先生为师，当时我真的高兴极了。记得那一天，我身穿一套蓝中山装，新买了一双大圆头皮鞋，到南京福昌饭店拜师。荀先生见了我就说："你们江苏是出京剧人才的地方啊。梅兰芳是泰州人，你们淮阴清江还有一位京剧表演大师王瑶卿，人称'通天教主'，连梅兰芳先生、程砚秋先生、尚小云先生和我，都受过他的指点和教益。"当时的拜师仪式很复杂，红烛高照，香烟缭绕，要拜祖师爷牌，要请前辈举香，要向师娘磕头。仪式结束后我向老师敬酒，表示一定要好好继承发扬荀派艺术，把老师的本领学到手。之后，我随着老师一起在沪宁线上演出持续了半年多，学了不少东西。1965 年，我到北京学习现代戏，专门去宣外西街甲十三号"小留香馆"拜谒老师，将我学的现代戏《打铜锣》排给老师看，老师还热情地为我指点加工。没想到，那次见面竟成了永诀。

　　1963 年，宋长荣回淮阴地区京剧团，继续在苏皖一带演出，曾参加演出《红灯记》《江姐》等剧目。

"文革"结束后，宋长荣重新焕发了艺术青春，曾率团演遍大半个中国。1978年宋长荣演出了《逼上梁山》《柜中缘》《红楼二尤》，同时又重排传统剧《红娘》等，尤其是《红娘》轰动宁、沪剧坛，上海电台、电视台均转播了演出实况。

那是1979年，也就是刚刚恢复演出传统戏的时候。淮阴京剧团复排了《红娘》的戏，当时锁定的目标是上海，但又不敢冒昧去上海，于是先到扬州做个试探，在扬州一炮打响之后，接着顺着常州、苏州一路演下去，最后11月底才到了上海，在上海演出的《红娘》获得了前所未有的轰动，新华社记者写了篇《小剧团轰动大上海》的报道，后来《解放日报》《文汇报》《新民晚报》等都纷纷发表文章，称宋长荣是"活红娘"，"真是比女人还女人"，特别对宋长荣表演的采花扑蝶、大耍水袖和磨墨的情节称赞有加，有位作者在诗中赞道："氍毹多少妖娆女，不及淮阴细腻腰。"上海热情的观众冒雨排队买票的情景，至今仍让宋长荣感叹、激动不已。

1980年，宋长荣到济南、天津、北京等城市演出《红娘》，轰动三市剧坛，中央电视台向全国转播了演出实况，中央新闻纪录电影片厂将该剧拍摄成彩色舞台纪录片。宋长荣被誉为"青出于蓝而胜于蓝"的"活红娘"。1984年11月，他率团赴香港演出，盛况空前，五天戏票被抢购一空，最后不得不加演两天。1985年，法国国家科研中心曾派摄制组专程来华拍摄其艺术与生活电视片，该片播映后在法国观众中引起强烈反响。1990年1月，适逢宋长荣舞台生涯四十周年，李瑞环亲笔题词"荀艺长荣"。2000年1月7日，宋长荣参加在首都北京举行的《纪念荀尚百年诞辰演唱会》，当年4月18日，宋长荣赴宁演出，在宁考察的朱镕基亲自为宋长荣登台操琴。5月8日，江泽民在宁观看宋长荣的演出。

2006 年 6 月，宋长荣应邀在美国、加拿大进行艺术交流，并在纽约法拉盛市政厅举行的第六届中国京剧艺术节中演出。他率弟子同台演出《红娘》，轰动一时。美国《侨报》评论说："他的出场就像一只色彩斑斓的大蝴蝶，驾着春风突然飞到舞台上，光彩四射，观众哗然，满堂喝彩。"无论是念白、演唱还是表演，他呈现给观众的都是一个充满青春活力的美丽少女，而不是一位 73 岁的老人。宋长荣获得由美华艺术协会、美国林肯艺术中心、纽约文化局共同主办的亚洲杰出艺术家金奖"终身艺术成就奖"。该奖创立于 1981 年，曾授予我国著名艺术家张君秋、梅葆玖等人。

宋长荣，一个出生于旧社会苦水之中，成长、成就于新中国阳光之下的人民艺术家，以他半个多世纪的舞台生涯，为京剧国粹、为新中国赢得了多少荣誉啊！

京剧大师周信芳艺事片段

沈鸿鑫

　　京剧大师周信芳出生于 1895 年，他七岁登台露演，十三四岁便以童伶成名。他一生与戏剧结缘，历尽艰辛。他演过 600 多个剧目，在舞台上创造了萧何、徐策、宋江、文天祥、寇准、海瑞等众多艺术形象，并以独具异彩的麒派艺术风靡全国，为创造京剧辉煌做出了重要的贡献。这里我们且从大师丰富而曲折的传奇人生中撷取几朵浪花、几个片段，以便读者朋友能窥一斑而知全豹。

从七龄童到麒麟童

　　周信芳原籍是浙江慈溪（今宁波慈城），但出生在江苏淮阴。他的祖上曾是官宦人家，父亲周慰堂因迷恋京戏而下海从艺，唱旦角，取艺名金琴仙，母亲俞桂仙也是京戏艺人。周信芳从小就跟着父母随戏班在江湖漂泊，耳濡目染，使他和京戏特别亲近、厮熟。五岁那一年，周慰堂随戏班到杭州唱戏，他见儿子天资聪明，就让他拜在著名文武老生陈长兴门下练功学戏。开蒙戏是《黄金台》，接着教他《一捧雪》《庆顶珠》等戏。不久，周信芳又从前辈艺人王九龄的弟子王玉芳学老生。

周信芳生性聪颖，又很勤奋，只一年多时间，就学会了好几出戏。他七岁那年，周慰堂仍在杭州演出。周慰堂想，何不叫信芳也上台试试？周信芳很乐意，于是以"小童串"名义首次登台，那是在杭州拱宸桥的天仙茶园。周信芳因为虚岁七岁，周慰堂就给他取艺名"七龄童"。第一出戏是《黄金台》，周信芳扮演戏中的娃娃生田法章，初登舞台，便一炮打响。

这一年著名做工老生小孟七（孟小冬的叔父）到杭州演出，贴演《铁莲花》，想物色一个娃娃生，找了好几个都不合意，后来选中了周信芳，由他饰演戏中的定生。周信芳演得很真切，在"雪地奔滑"一场中，还顺溜地走了一个京剧中难度较大的动作"吊毛"，博得了满堂彩声。于是这位"小童串"的名声渐渐在西湖的六桥三竺传扬开来。

隔了一段时间，京剧名角王鸿寿来到杭州。王鸿寿是来筹建蓉华班的，他悄悄地到戏园来看周信芳的戏，觉得他功底很好，气质不凡，于是就把周信芳吸收进了蓉华班。进班后，王鸿寿让周信芳与昆曲名旦周凤林合演《杀子报》，周凤林饰演徐氏，周信芳饰演稚子官保，王鸿寿自饰知县。稚子被害一场，周信芳演得声泪俱下，全场观众都被深深感动了。当时正值寒冬，稚子的服装很单薄，王鸿寿怕周信芳受冻，每当周信芳下场，他总要把自己穿的那件老羊皮短袄披在周信芳的身上，拥之入座，为其取暖。

1906 年，王鸿寿又让周信芳参加满春班到芜湖、汉口等地去演出。他破例给周信芳开了每月 60 元的包银，并让他演唱正戏。周信芳演《翠屏山》，虽然人小刀长，但也能舞得满台生风，观众连连鼓掌叫好。从这个时候起，他算得上是一个正式的角儿了。当时因为年龄已经超过七岁，故而艺名改成了"七灵童"。

1907 年，周信芳 12 岁。他随戏班到上海丹桂第一台演出，唱打炮戏的头天晚上，前台照例要贴海报，戏园特地请了一位擅长书法的老先生来写海报。老先生姓王，是上海人。他在写海报时，把名字搞错了。前台管事报的艺名是"七灵童"，他误听作"麒麟童"了，因为北方话里的"七灵童"和上海话里的"麒麟童"，读音非常相近。就这样，王老先生把海报写出去了。当时后台都忙着准备开锣的事，谁也没有去注意这件事。那天周信芳的演出相当成功，第二天，《申报》和《时报》都登出了"麒麟童昨夜在丹桂第一台演出"的消息。直到这时，班主才知道海报写错了名字，于是重新请人写了一张"七灵童"演出的海报，贴到戏园门口。可是在这天晚上开戏之前，戏园门口许多观众吵嚷起来，说我们是来看麒麟童的，可不是来看七灵童的，有的还要求退票。这样一来，班主只得将错就错，再次叫人把海报上的名字改成麒麟童。于是周信芳无意中得到了这个艺名。麒麟是我国古代传说中的一种动物，它的形状像鹿，独角，全身披着鳞甲，是吉庆祥瑞的象征。麒麟童的艺名既响亮动听，又含有吉祥之意，为此，周慰堂特地带了周信芳到那位写海报的王老先生家里，向王先生叩头致谢。

加入南国社与主演话剧《雷雨》

1923 年秋天，周信芳偶然见到一本叫《南国半月刊》的杂志，他发现这个刊物的主编正是著名的戏剧家田汉。周信芳久慕其大名，很想和他结识。于是，他就循着刊物封底所印的地址寻访而去。

那时，田汉刚从日本回国寄居上海不久。他效学日本思想家川均与菊荣夫人的先例，与夫人易漱瑜共同创办了《南国半月刊》，刊名是取"红豆生南国，春来发几枝。愿君多采撷，此物最相思"的诗意。当时，田汉住在哈同路民厚北里 40 号。周信芳找到那里，抬手敲门，来开门的是田汉的弟弟田洪。田汉听说周信芳来访，赶忙迎了出来，他们进到客厅，泡上茶，摆上点心，便随心所欲畅谈起来。田汉早在七年前途经上海时，看过麒麟童演出的《追韩信》。二人彼此慕名已久，今日会面，一见如故。从此遂成莫逆，常在一起互相切磋。

1927 年，田汉在上海创建了我国著名的话剧团体"南国社"，并兼任了上海艺术大学的校长。南国社的宗旨是："团结能与时代共痛痒之有为的青年，作艺术上之革命运动。"就在这一年，周信芳应田汉之邀也加入了南国社。

1927 年 12 月，南国社在上海艺术大学的小剧场演出"鱼龙会"。我国汉代，有一种由人装扮成巨鱼和巨龙进行表演的假形舞蹈，叫作"鱼龙曼延"，是当时百戏中规模最大的节目之一。"鱼龙会"的出典即源于此。田汉说："我们这些人是鱼，就请两条龙来。周信芳、欧阳予倩，他们是京剧名角。""鱼龙会"从 17 日开始，到 23 日止，共演出七天。剧目有话剧《苏州夜话》《名优之死》等。第一天，演出欧阳予倩编写的六幕京剧《潘金莲》。这个戏大胆地把潘金莲作为一个叛逆的女性来描写。戏中，周信芳饰武松，欧阳予倩饰潘金莲，高百岁饰西门庆，周五宝饰王婆，唐槐秋饰何九叔，唐叔明饰郓哥，顾梦鹤饰张大官人的家人。这是京剧演员与话剧演员同台演出的一次盛举。

周信芳扮演的武松，演到追问何九叔时，用真刀往桌上戳去，两眼一瞪，手提何九叔，逼真的形象使同台的演员都惊住了。台下报以热烈的掌声。当武松举刀，欲割潘金莲之心时，潘金莲挺胸跪近武松，说："二郎，这雪白的胸膛里，有一颗赤诚的心。这颗心已经给你多时了。你不要，我只好权且藏在这里。可怜我等着你多时了，你要割去吗？请你慢慢地割吧，让我多多地亲近你。"当然，现在看来，潘金莲虽有值得同情的一面，但她与恶霸西门庆勾结，毒死武大郎，总是有罪的。然而在当时演出，反响却很强烈。田汉看了《潘金莲》后，对周信芳、欧阳予倩说："我听到那段最后的台词，我完全陶醉了。"那天，著名画家徐悲鸿也去看了。他看后欣然命笔写道："翻数百年之陈案，揭美人之隐衷；入情入理，壮快淋漓，不愧杰作。"

1930年6月，南国社在上海六马路中央大戏院演出《卡门》，遭到国民党当局禁演。9月，南国社又遭查封，当局到处搜捕田汉。由于鲁迅先生及时警告，田汉从原住处日晖里暂时转移到平原坊一个前楼上，但刚刚安顿下来，金焰等人又来报警，叫他快走。田汉在电灯匠和木匠等工友们的保护下，悄悄来到天蟾舞台后台找周信芳。这时周信芳、王芸芳等正准备上场演出，听到这一情况，都很焦急，但剧场后台又无法藏人。急中生智，王芸芳忙把自己的一件哔叽长袍借给田汉换了装，周信芳又拿出20元钱给田汉，紧紧握着田汉的手，让他乘上自己的汽车，驶向日租界。田汉躲进日租界的一位朋友家里，得以安全脱险。

周信芳虽然是一位京戏艺人，但他与新文艺形态的话剧十分有缘，他不仅参加了著名话剧团体南国社，而且他还亲自登台，正式参加过话剧的演出。那是在1940年1月23日，孤岛上海的进步人士为了救济难民，联合举办了慈善义演。周信芳领导的移风社，也积极参与共事，并与一些文化界人士联合演出了话剧《雷雨》。演出地点是卡尔登戏院。周信芳扮演主角周朴园。

周信芳充分发挥了他演京剧时擅长做工的长处，以丰富的表情、神态刻画周朴园这一人物的复杂性格。第二幕，周朴园与侍萍会面一场，周朴园开始不知在他面前的就是侍萍，因此向她打听当年侍萍跳河的情况，表现他对往事的眷恋。这位并不相识的老妈子十分熟悉当年的事情，使他心生疑虑与警觉，他几次突然问侍萍："你——你贵姓？""你姓什么?""你是谁?"周信芳处理得很有层次。最后一幕,周朴园叫周萍来认生母:"萍儿,你过来。你的生母并没有死,她还在世上。"周萍半狂地说:"不是她!爸,不是她!"周朴园暴怒地说:"跪下,认她!这是你的生母!"这里周信芳以他特殊的"麒派"嗓音念出这些话剧台词,更加强了剧情的紧张空气和艺术感染力。

演出后,反响极为强烈。报纸上发表评论,称赞周信芳是一位多才多艺的艺术家。周信芳自己感受也很深,他对别人说:"对于人物性格的分析和角色的内心活动,话剧在这方面抓得很紧,演员的体会也深,京剧如果也能够这样,那就好了。"导演朱端钧也认为,这次与戏曲艺术家合作,自己从中得到了不少艺术滋养。

"歌台深处筑心防"

1937年"七七事变"发生时,周信芳正带着戏班在天津演出。他立即中断了演出,想方设法,张罗了盘费南下。周信芳回到上海时,正赶上"八一三"上海淞沪战争。他立即投入了抗日救亡运动。当时他经济并不宽裕,因为被他的跟包拐走了一批行头后,只得重新添置,每月要还一些债务,但为了救济受难同胞,他与夫人设法筹了一笔钱,购买了一批粗布、棉花,他夫人发动闺中好友缝制了一批棉衣,送去救灾。当时上海文化界的进步人士已经成立了文化界抗日救亡协会,由中共地下文委成员之一的田汉和欧阳予倩任负责人。10月6日,协会在卡尔登大戏院举行座谈会,由田汉、欧阳予倩主持,会上周信芳做了发言,并与欧阳予倩倡议,成立戏剧界救亡协会,专门设立歌剧部,得到与会者的一致同意。次日,上海戏剧界救亡协会成立大会在卡尔登剧场举行,参加者数百人。会议决定成立话剧与歌剧两部,推选周信芳为歌剧部主任。

歌剧部成立以后，随即开展了繁忙的救亡宣传活动，周信芳与高百岁、金素琴、金素雯等人奔赴近郊的前沿阵地，向抗日战士进行慰问宣传。他们还去后方伤兵医院慰问负伤战士。周信芳还经常出现在电台，义播劝募，并播唱全部《明末遗恨》。在租界收音机里到处都能听到周信芳苍劲有力的念白："我君臣虽死，也要死个悲壮慷慨！"

"八一三"后，上海驻军五二四团浴血抵抗，后来中国军队奉命撤退，谢晋元副团长率该团第一营留守闸北四行仓库。1937年11月上海沦陷。"八百壮士"被困在胶州路，上海各界爱国同胞闻讯后，纷纷募捐，前往慰问。周信芳派了李文浚、曹慕髡为代表前去联系，并决定去胶州公园慰问演出，周信芳把自己的私人汽车拿出来运输幕布、地毯等演出用具。那天演出剧目有姚渔村、王仲平、张畹云的《战蒲关》，李文浚的《潞安州》等，这些戏颂扬了历史上固守孤城、誓死抗敌的忠烈儿女，对"八百壮士"是一种有力的鼓舞。

1937年11月间，日军占领了上海，上海陷落在敌伪控制之下，只剩下英、法租界，遂成为"孤岛"。这时上海文化界救亡协会在中共地下党的领导下，组织了13个救亡演剧队，有的走向前线和农村宣传抗日，有的辗转到达大后方武汉。周信芳与欧阳予倩则留在孤岛上海坚持抗日救亡运动。田汉等在撤离上海前，又与周信芳、欧阳予倩等人在卡尔登戏院集会，田汉说："无论是离开，还是留在上海，都要战斗，决不做亡国奴！"

这时，欧阳予倩组织中华剧团，有金素琴、金素雯等人参加，上演了宣传抗战意识的京剧《梁红玉》《桃花扇》《渔夫恨》等。周信芳呢，恢复了原来组织的移风社，并在人员上进行了调整和充实。周信芳与欧阳予倩商量，两家合租卡尔登戏院，一家一天地轮换着演出。后来中华剧团移往三星大戏院，由周信芳的移风社在卡尔登独立支撑。

　　周信芳的移风社于 1937 年 10 月 28 日开始在卡尔登演出，至 1941 年历时四年。其间，演出最多的是《明末遗恨》和《徽钦二帝》这两出戏。

　　《明末遗恨》这出戏周信芳从"九一八"以后就多次演出过，可是现在祖国大片土地沦陷于日军的铁蹄之下，再演此剧，其效果就更加强烈。周信芳饰演崇祯皇帝，念、表苍凉有力，抑扬顿挫，具有强烈的艺术感染力。其中"踏雪探府"一段对白把当时国民党当局的腐败揭露得淋漓尽致，观众无不拍手称快："骂得好！"当念到"商女不知亡国恨，隔江犹唱后庭花"时，台下也总是响起阵阵掌声。在"杀宫"一场，崇祯皇帝以悲凉深沉的语调对其子女说："世上什么最苦？亡国最苦！世上什么最惨？亡国最惨！""要知道，亡了国的人，就没有自由了！"一字一句催人泪下，全场观众无不为之扼腕动容。

　　1938 年，周信芳又请著名电影导演朱石麟编写了《徽钦二帝》，9 月在卡尔登戏院首演。这出戏写宋徽宗沉湎声色，信奉道教，叫道士郭京演六甲神兵；他罢斥忠臣李纲，而重用奸佞童贯、张邦昌。金将粘罕攻破汴梁，掳徽、钦二帝，囚于五国城，使之青衣侑酒。侍郎李若水随行，痛骂金人后殉节，剧作突出了亡国之痛。

　　《明末遗恨》与《徽钦二帝》是这一时期周信芳演出的影响最大的两部戏，有人称为"投向敌人的两颗艺术炸弹"。也正因如此，敌伪对周信芳加紧了迫害。伪皇道会会长常玉清就多次威胁，英租界巡捕房也派人来盘查。还有人用装有子弹的恐吓信恫吓周信芳等人。当局对周信芳演的戏部部都要审查，《明末遗恨》剧词中有"山西""曲沃"等地名也不许说。《徽钦二帝》只演了 21 天，就被勒令停演了。

　　对此，周信芳极为气愤。为了揭露敌伪的横暴，引起社会对他们的反感，他公开登报声明停演原因。同时他又夜以继日编写歌颂民族英雄的新戏《文天祥》，但仍然遭到禁演。周信芳不顾敌人恐吓，在卡尔登戏院的舞台两侧挂出了新戏预告，一边是文天祥，一边是史可法，斗大的字，就像一副惊世醒目的对联，使观众一进戏院就看见两位民族英雄的名字，从而得到感染，自然有所联想。这副对联一直挂到移风社被迫解散为止。

周信芳的移风社坚持了四年之久，于 1941 年 8 月被迫解散。四年中除了演出《明末遗恨》与《徽钦二帝》之外，还演出了大量新编的历史剧与传统戏，如《温如玉》《香妃恨》《亡国鉴》《冷于冰》《文素臣》等。

梅兰芳蓄须明志，程砚秋归耕南园，周信芳演剧救亡，都表现了崇高的民族气节和爱国精神，可谓异曲同工。1945 年抗战胜利后，田汉写了一首诗，送给周信芳，诗云："烽烟九载未相忘，重遇龟年喜欲狂。烈帝杀宫尝慷慨，徽宗去国倍苍凉。留须谢客称梅大，洗黛归农美玉霜；更有江南伶杰在，歌台深处筑心防。"

拍摄影片《宋士杰》《周信芳的舞台艺术》等

新中国成立后，周信芳的艺术更加炉火纯青。他经常率团到各地巡演，认真总结艺术经验，整理加工一批代表作品，并编演了不少新戏。1956 年 2 月，周信芳把整理加工好的《宋士杰》拍摄成戏曲艺术片，由上海电影制片厂摄制，应云卫、刘琼导演，黄绍芬摄影。这是新中国成立后，周信芳首次拍摄的影片。

在整个排戏和拍摄的过程中，周信芳始终严于律己，对待工作严肃认真，一丝不苟。尽管他已年逾花甲，但根据戏的要求，该翻滚的照样翻滚，该扑跌的照样扑跌，丝毫也不马虎含糊。有时没有他的镜头，他也照样准时到摄影棚把场。应云卫导演怕他累坏了，常劝他早些回家休息，可他总是笑笑说："我在边上替他们念念锣鼓经也好。"在周信芳的带动下，摄制组全体成员通力合作，共同努力，《宋士杰》一片拍得十分成功，使麒派艺术在银幕上大放了光彩。

1961年下半年，文化部和全国文联又决定为周信芳拍摄一部彩色影片《周信芳的舞台艺术》。这部片子包括《徐策跑城》和《坐楼杀惜》两出戏，由上海天马电影制片厂摄制，应云卫、杨小仲导演。

《徐策跑城》是周信芳以数十年之功精心琢磨的一出名剧，它的特点是载歌载舞。关于徐策这个人物，他身为宰相，富有正义感而刚直不阿，他痛恨奸佞，同情和支持忠良薛家之后，为此他曾经牺牲了自己的亲生儿子。但他并不反对皇帝，因此不同意薛刚造反。周信芳在演出和拍摄影片时，恰如其分地把握住了这个人物的思想基调和性格特征，因此他塑造的徐策的形象，与同样有正义感的萧何、宋士杰、张广才等都不相同，而是一个独具异彩的典型形象。

"跑城"是这个戏里最精彩的部分。徐策回到府中，准备上朝。因看到忠臣后代已经成长起来，兴兵来报仇，兴奋与喜悦难以抑制。他不愿骑马坐轿，而要步行上朝。他一面念叨，一面赶路。表演上采取载歌载舞的方法，一段〔原板〕："湛湛青天不可欺，是非善恶人尽知，血海冤仇终须报，只是来早与来迟……"先是追忆往事，继而想到目前的情势，最后盘算事态发展的结果。他越想越兴奋，脚步越来越急，歌与舞的节奏也越来越紧。这一段戏，在舞台上是跑圆场的，拍电影时，导演起初也想照舞台的样子拍跑圆场。可是周信芳认为这样不太合适，舞台上由于限制在一个框框里面，人物明明要往前面走，但碰到侧幕了，只好回过头来走圆场。电影则要求真实，而且布景比舞台更开阔，摄影机又能跟着人物拍，因此徐策的跑应该一直往前走。如果再跑圆场，就会使人感到怎么跑着跑着又往回走了？于是他与导演一起商量，设计了皇城、城门、金銮殿等场景，让徐策直往前跑。在银幕上，我们看到徐策"白须飘拂，水袖翻飞，袍襟腾舞"，更加逼真动人，撼人心旌了。

《坐楼杀惜》原是《乌龙院》里的两折戏，执导是应云卫。戏中有两处宋江要上楼的戏，一处是前面的酒楼，一处是后面乌龙院里。舞台演出时，宋江等人物上楼、下楼都用虚拟的动作，拍电影怎么办？如果也像舞台上那么演，就会显得虚假；如果用真的楼梯，让宋江走上走下，那么不仅有些漂亮身段无法展现，与戏曲的表演风格也会格格不入。周信芳认为，戏曲不同于话剧，布景、道具不能太实。这使周信芳陷入了沉思。他权衡得失，后来想出了一个折中的办法：斜搁一块坡度不大的木板，外侧安上楼梯的扶手。这个办法得到了应云卫的赞同。这样一来，画面上既有了楼梯，同时，又不妨碍演员上楼、下楼时表演身段。周信芳和应云卫较巧妙地解决了戏曲表演程式和电影布景要求真实感之间的矛盾。

影片《宋士杰》《周信芳的舞台艺术》用电影手段记录下了大师的精彩表演、舞台音响和形象，尽现出麒派艺术的特异风采，为世人留下了一份绝版珍品。

"武生泰斗" 杨小楼的民族气节

刘嵩崑

全面抗战爆发后，梨园界于全国各地纷纷举行募捐集款、慰劳将士的义演活动，表达了一片爱国之心。在敌伪面前，不少老艺人，不为重金所动，严词拒绝为日寇汉奸演出，表现了崇高的民族气节。蓄须明志的梅兰芳、乡居务农的程砚秋、侠肝义胆的尚小云、疾恶如仇的荀慧生，他们"威武不屈，富贵不淫"的高尚情操，时常为人们称颂乐道。被誉为"国剧宗师""武生泰斗"的杨小楼，不仅是一位京剧艺术大师，同样也是一位爱国志士。因每当提到杨小楼，多谈其技艺，很少论其人品，故其爱国之举鲜为人知。

杨小楼（1878—1938），为"同光名伶十三绝"之一，"杨派"武生创始人。梅兰芳、尚小云、荀慧生、朱琴心、马连良、高庆奎、贾璧云、雪艳琴、新艳秋、章遏云等诸多名家，都曾得到他的提携。无论是赈灾募捐，还是扶贫救难，凡有义务戏演出，均少不了杨小楼。他的爱国忧民之心，常渗透在他所表演的剧目中。1919 年，在五四运动的感召下，杨小楼与李连仲、王长林、范宝亭等于三庆园演出《五人义》，曾借剧中人物周文元之口，振臂高呼："走！去烧卖国贼的房子去！"在观众中引起强烈反响。

"九一八"事变后，为鼓舞士气，宣扬民族气节，把抗战精神通过历史人物曲折地表达出来。他在天津春和大戏院（今工人剧场）演出新编历史剧《甘宁百骑劫魏营》，甘宁身扎绿软靠后背双戟，真是威风凛凛。为激励将士，在劫营之前与将士席地而坐，这里有一大段慷慨激昂的话白，甘宁鼓励将士保家卫国匹夫有责，要有战死沙场马革裹尸的抗敌御侮精神，观众听罢，激动得热血沸腾，场内顿时掌声如雷，响起"炸了窝"的彩声。后又编演了一出姜维智取邓艾的新戏《坛山谷》，这也是一出同样具有爱国思想的好戏，表达了一位老艺人爱国的赤诚之心。

1936 年春，北平尚未沦陷，但京东通县已属日寇所组织的汉奸政权所辖。伪冀东长官殷汝耕为过生日举办堂会，派人进城邀请京剧各行当名角儿，名单之上自然少不了杨小楼。来人提出只要杨小楼肯出演，尽管开价，要多少钱都给，却遭到杨小楼的严词拒绝。但中间人赵某，已私自将包银收下，得知此事没敢露面，催戏人又无法交差，最后只得让杨的外甥刘宗杨顶替演出《龙凤呈祥》中的赵云。后台见杨老板没来，人人揪着心，气氛异常紧张。城里杨家的人等了一夜，宗杨也没回来，不知出了什么事，家里互相埋怨，乱作一团，直到天大亮，才见宗杨回来。家里人忙问怎么回事？原来他们发现杨老板没去，戏演完了，就把三义永的戏箱给扣下了。这时中间人无奈把包银退回，又托人从中周旋，才算把戏箱取回来。后来梅兰芳返京时得知此事，对杨深感敬佩，并亲自到笤帚胡同登门看望，劝杨说："您不如趁早也往南方挪一挪。"杨回说："谢谢你的好意，我这么大岁数了，躲到哪儿去好？我就是装病不唱，也能混到死！"

　　"七七"事变后，北平的地方维持会为迎接日本兵进城，特组织堂会戏献媚于日寇。汉奸吉某亲到杨家邀请，杨托病拒演，吉某威胁道："不唱就抄家！"杨听罢气愤至极，怒斥道："我不当亡国奴！"吉某见状无法回去交差，便要弄软手段，跪在地上苦苦哀求，杨仍执意不允。吉见软硬兼施均不奏效，差人前来将杨之女婿刘砚芳拘押宪兵队，作为人质要挟。杨氏夫人及其女儿得知哭闹不已，甚至要下跪哀求，杨小楼见此情景实难忍受，迫于无奈，便让刘宗杨和义子侯海林陪同前往应付这场演出。届时场内如临大敌，杨氏毫无惧色，进后台既不脱棉袍棉裤，也不穿彩裤，只打了两道眉子，扎上靠就草草上场了。也不讲什么亮相、九龙口啦，在台上一个技艺也不表演，临场发挥现编的对子，借《战宛城》剧中人物张绣之口，发泄内心对日寇、汉奸的愤怒。杨小楼以铿锵有力的语气念道："这'奴隶'二字，令人好惨！"把恨敌之情宣泄得淋漓尽致，引起了观众热烈掌声，日寇误为精彩之处，亦随之拍手叫好，那些汉奸们明知其情，却有口难言。

　　此事过后，杨小楼深知尚有后患，为了避免他们再来纠缠，便和夫人周氏以养病为名，一起住进了德国医院。在这里虽能躲避一时，但非长久之计。自此，杨小楼便产生了息影舞台的念头，他留起胡须，还身着道装拍照留念。1938年阴历正月十五，一代宗师杨小楼病故于寓所小楼内，他虎年来世虎年西行，享年60岁。该年，梅兰芳由上海移居香港，至于杨小楼曾去拜访梅兰芳并故于梅宅，纯系戏说。

"活武松"盖叫天

龚义江

提起老艺术家盖叫天，热爱戏剧的人们都知道这一称谓——"活武松"。

童年学艺

盖叫天本名张英杰，1888 年生于河北省高阳县西演村。盖父务农，生子五人，盖叫天排行第五，由于那时河北连年荒旱，民不聊生，不少贫家子弟只得卖身学艺谋生。盖叫天的大哥张英甫学演武旦，艺名"赛阵风"，盖叫天 8 岁时也与四哥张英俊一同入天津"隆庆和"科班学戏。因这个科班是梆子、京剧、昆曲"三下锅"，所以盖叫天对这几个剧种都有一定的基础。

科班生活艰难，训练严酷，幼小的盖叫天受尽煎熬，吃的是"三黑"（黑色高粱面做的疙瘩、黑黍面做的饼和粥），逢年过节才吃到一顿棒子面的窝窝头。即使这样也不是保证每顿能吃饱，因为要等登台演戏的演员们先吃，如果吃光了，不演戏的学生们就得挨饿。在上海卖艺时第一次见到雪白闪亮的大米饭，他竟不知道是什么玩艺，不敢吃！至于穿，一件又长又大的旧棉裤，把裤腰两边各剪一个洞，手从洞里伸出来就成了棉背心；又把裤腰从脑后翻过来，剪开缝成个风帽。晚上睡觉双手缩进，把裤腰往上一拉，连头带脸盖住，再把风帽折叠做枕头。这样，穿的戴的盖的垫的都齐全了。穿了它连秋带冬，夏天再换上单衣，一年四季就算全有了。

盖叫天的启蒙师父是戏班中的一位不能再登台的老齐先生。科班在四乡流动卖艺，每到一地住在寺庙里，其他人都演戏去了，剩下一老一小便坐在破庙草堆上教戏。学戏时盖叫天一手摊在桌上，一手打着拍子，唱错了，老师就是一戒尺，口型不对，戒尺就向嘴里捣了进来……先是坐唱，后来结合练功，用骑马式蹲着唱，老师点一炷香，计算时间，香烧完才能收功。

冬天在冰地上跑圆场，为了不弯腿，老师用两头削尖的竹签缚在他的腿弯处，稍跑得不合规格，竹签就会戳进肉里。为了练睁大眼，老师又用两根柳树枝插在他上下眼皮处……凡是做这些基本功，稍一不合老师的指教，藤条就狠狠地抽打下来，难怪过去把教戏叫"打戏"，意思是说戏是"打"出来的！盖叫天就是在这严酷的训练下，练就了深厚的幼功。

谁知时过不久，戏班难以为继，被迫解散。盖叫天与四哥无处投奔，只能在街上卖艺糊口。积攒了一点路费，兄弟二人又赴上海投奔在上海天仙茶园搭班的大哥"赛阵风"。

为什么叫"盖叫天"

大哥教盖叫天练功、学武旦，但他不爱旦角，又改请陈福奎教他老生。他初次在上海登台演的是《打金枝》，以后随班去汉口演出《定军山》，颇受观众欢迎。正因为此，戏班开始对他比较看重。他原来的艺名叫"小金豆子"，大家认为不够响亮、气派，可商议来商议去也想不出一个恰当的艺名。恰在那时谭鑫培正走红，谭的父亲艺名"谭叫天"，所以谭鑫培人称"小叫天"。盖叫天想借他这块招牌扩大影响，就说："我就叫'小小叫天'吧！"不料边上一个人看不起他说："你也配叫这个名字！"他一听火了说："为什么不能？我不光向他学习，还要自成一家，盖过他呢！"于是他不顾众人反对，毅然用了"盖叫天"这个名字。这件事说明他从小就有志气，在艺术上有奋发进取的精神。

盖叫天在苏州、杭州演出，头一天打炮戏都是《天水关》，演孔明；第二天是《翠屏山》演石秀；第三天是《断后龙袍》演太后；第四天是《十八扯》，他饰花旦妹妹。四天戏中，他分饰老生、武生、老旦、花旦，一个十几岁的孩子能演这么多角色，真是难得，因此声名传开。

当时上海"老三麻子"（王鸿寿）主持天仙茶园，正在物色一个叫座的角儿，听人介绍最近出了个新角，名叫盖叫天，玩意不错，就邀请他来参加茶园演出，盖叫天算是告别了浪迹天涯的生活。

座右铭——"学到老"

生活刚稳定了一些，可盖叫天的大哥却因有病不再登台，家中父母兄嫂七八口人全依仗他演戏养活。十五六岁的他白天练功，晚上演出，散了戏回家也一路打"飞脚"代替走路，以致因营养不够，劳累过度，发高烧昏迷不醒。

病中的盖叫天躺在床上，朦朦胧胧来到一处庙会。只见四乡来赶庙会的人头济济，会上搭台演戏，他被邀演出《伐子都》。自己穿上靠在台上猛烈地翻扑，最后从三张桌子上一个"台漫"翻下来，台下爆发如雷掌声。可他觉得双脚老不沾地，一个劲地往下沉，像坠进无底的深渊。正在惊慌之际，只听耳边有人唤："老洞醒醒，老洞醒醒（因为他属鼠，鼠爱打洞，所以他的小名叫'老洞'）。"却原来是一场梦，是母亲在身旁叫他。盖叫天吓出一身汗，而母亲一边给他擦身，一边说这是菩萨保佑，出了汗病就好了，并给他向菩萨许了愿。

病后略事休养，生活又逼着盖叫天登台演出。首次恢复演出那天正好是农历月半，他和大哥到寺院烧香还愿回来，在道旁一个凉亭内稍息。看着大道上人来人往，盖叫天想起当晚演出《花蝴蝶》，要翻三张台子，自己久病初愈能对付得了吗？真是逼着鸭子上架，越想越害怕。正在这时，他抬头看见亭外道旁有一石牌坊，上面刻着"学到老"三个大字。他默默祷告，要是今晚平安无事，一定要"学到老"，勤学苦练，做一个好演员。

那天晚上他爬上三张台子，壮着胆从上面翻了下来，落地时上下牙一磕，把舌尖咬破，血流了出来，他赶紧转过身去背向观众，把血暗暗吞下肚去，然后再面向观众把戏继续演下去……从此以后，他便把"学到老"作为自己的座右铭，还请著名书画家黄宾虹为他写成一条横幅挂在家里，时刻记取。

创新与成功

盖叫天青壮年时期，正逢辛亥革命前后。十里洋场的上海，五方杂处，人文荟萃，是中国对外的一个窗口，西方文化随同枪炮一同进入我国，冲击着封建的旧思想。京剧在这时代思潮影响下，出现了一批革新的先驱，他们编演新剧，输入声光化电，采用灯光布景，出现了像夏月恒、夏月珊、夏月润弟兄、潘月樵、王鸿寿、冯子和、欧阳予倩、周信芳等革新家，积极促使京剧艺术与时代相适应，争取扩大京剧的观众面。在武生中，盖叫天便是这个行列中的一个佼佼者。他在武生艺术上进行许多大胆的革新创造，丰富了武生艺术的表现手段，对南方武戏的发展起了积极的作用。

在刀枪把子上，他创造了单刀枪、六合枪、莲花枪、回刀枪、滴水枪等所谓张家一百零八枪的枪法，还有太极剑、三刀剑、钟馗剑、白鹤慕云剑等剑法，以及单刀、双刀、拐子、三节棍、九节鞭、二头刀、梢子棍等武器的新打法，把它们运用到戏中，大大丰富了武生的表演艺术。

那时候演员相互竞争很激烈，同时上海观众审美趣味与北方不同，崇尚时新，这都促使演员不断创新。因此，盖叫天每演一戏，必有新招，没有新招，宁可不演。

在《年羹尧》中他演大将岳钟琪，清装打扮，首创耍辫子，将辫子像大带一样，踢、绕、上肩、缠腰，以后为不少人所仿效。在这戏中，他用二头刀开打，耍大旗，对手随着大旗挥舞翻腾跳跃，这便是以后常见的耍大旗的滥觞。在《劈山救母》中他用黄绸舞表演沉香苦练神斧，战胜二郎神。在《乾元山》中他为突出哪吒形象，创造了哪吒巧舞乾坤圈的表演。过去哪吒除长枪外，虽然手中有圈却无多大作用，经他改进，大大丰富了哪吒的表演，突出哪吒年轻、活泼的形象。在《七擒孟获》中，他演孟获，采用汉调，其中"仰面朝天，自思自叹"一段很受观众喜爱，一时广为流传。戏中他还采用了民间的狮子舞，使狮子舞第一次登上京剧舞台。在《西游记》中，他开创了张派猴戏的演法。《闹龙宫》与《闹天宫》两场，首创巧舞双鞭；与四大金刚、哪吒开打时，夺得琵琶与乾坤圈，一面怀抱琵琶弹奏"夜深沉"，一面脚舞乾坤圈，成为一绝招。在《楚汉相争》中，他创造了与众不同的霸王形象，从盔头、服装到面部化妆都别具一格，还创造了霸王所特有的霸王枪、霸王身段。

这许多创造都得来不易。他为了创一个新招，往往花费一二年时间，朝思暮想，废寝忘食，全神贯注，连走路时撞到电线杆上也不知道。对一些难度极高的技巧，他更下大功夫苦练：为了练双鞭，弯腰拾鞭至少千万次……正因为他具有坚韧不拔的毅力，终于掌握了许多武艺技巧的规律，并取得成功。

狮子楼折腿

提起盖叫天，很多人都知道他在演《狮子楼》时折腿的故事。

那是 1934 年 5 月，盖叫天 47 岁那年。他与上海大舞台签订演出一期的合约，开头戏码是第一天《恶虎村》，第二天《一箭仇》，第三天《武松》。《武松》中的《狮子楼》一场，老戏是不用布景的，但剧场老板为了招徕观众，搭了一座酒楼的布景。戏中武松替兄报仇，听说西门庆躲在狮子楼，便执刀来找；西门庆见武松上了楼，吓得从窗口跳了出来，武松紧接着也要越窗翻下……但此次不同的是，脚下是一排窗栏，上面是屋檐，中间剩下的窗洞只有几尺高，演员跳高了头碰屋檐，跳低了脚碰窗栏。眼见"西门庆"下去后，盖叫天随即用了一个"燕子掠水"的身段蹿出窗口。正当他跳在空中时，猛见地上的"西门庆"还躺在那里（按规矩，西门庆下地后应立即闪开，让出地位，但那位演员没有这么做），自己如直落下来岂不要砸在同行身上，伤害了对方。就在这千钧一发之际，盖叫天将身子略略偏了一偏，以致当自己落地时只听得"咔嚓"一声，小腿骨折断，断骨从靴筒直戳到外面！

盖叫天像被刀捅了一下，痛彻心肺，但他立刻想到"武松"不能倒下，不能让英雄形象受到破坏。只见他一脚独立，冷汗像黄豆大从额上掉下来！舞台上的人不知出了什么事，只见他伸出三指一捏（这是戏班暗号，表示切断锣鼓的意思）。打鼓佬赶忙停下锣鼓，后台很快落下大幕。直到大幕完全落下，他方才不支倒地。

当观众得知盖叫天断腿不能演出的消息，大家肃静地鱼贯退出剧场，没有一人要求退票。盖叫天这位表演艺术家为保持武松艺术形象的完整，竟忍受如此剧烈的痛苦，是他这种忠于艺术的精神感动了广大观众。

不幸的是，盖叫天伤后被庸医接歪了腿骨。他不愿因伤残而中止所热爱的艺术，他问医生有什么办法。医生说："除非弄断了重接。"好一个盖叫天，竟自己将腿向床栏上猛力一磕，"咔嚓"一声，腿又断了！医生见状吓得面无人色，乘乱赶快溜走。后来另外延医诊治，方才重新接正断腿。

盖叫天躺在病床上一年多，腿好了，人却瘫痪了。可他不甘心，效法《大劈棺》中纸人"二百五"从不动到动的渐变过程，一点一点从睡到坐、从坐到站、从站到走，以顽强的锻炼，恢复了健康。健康恢复了，功却丢了，于是他又从头开始练功。

事隔二三年，盖叫天伤愈后在上海更新舞台再度演出，戏码仍是《武松》中的《狮子楼》一场。他演得更加精彩，观众对再度登台的他报以热烈的掌声。

"江南活武松"

盖叫天伤愈再次登台，已年届50岁，他的艺术生涯又进入一个新的阶段。青壮年时期，他创造力旺盛，博采众长，在艺术上广泛进行尝试和探索；断腿之后，他反思了自己走过的历程，决定集中精力，为从更高层次表现戏曲真、善、美的意境而努力。"从博返约"，盖叫天在艺术道路上迈入更高的境界。

在剧目上，他逐渐筛选出能代表自己表演特色的一些代表作，如

《武松》（包括《打虎》、《狮子楼》、《十字坡》、《快活林》、《鸳鸯楼》、《蜈蚣岭》六出戏）、《一箭仇》、《恶虎村》、《洗浮山》（后改为《七雄聚义》）、《郑州庙》、《劈山救母》、《乾元山》等。其中特别为人所称赞的是他的《武松》。

《武松》虽是武戏，但他演来不是重武轻文，而是文武并重，处处以人物性格为依归，演出了一个草莽英雄的本色。在掌握人物基调的基础上，他善于分别人物在不同环境中的不同表现，让六出戏既有统一风格，又有不同特点，从不同的侧面塑造人物性格，从而会聚成一个完整的、活生生的武松形象。

为了更恰切、更深刻地塑造人物，盖叫天为武松创造了许多既优美而又富有性格特征的形体动作。如《打店》中的睡态，与孙二娘对打中的"乌龙探爪""虎抱头""拧麻花"和"剁攘子"等绝技；在《快活林》中的风摆荷叶似的"醉步"、风飘落叶似的"脱褶"，以及这些戏中美不胜收的许多富有雕塑美的身段。这些优美的动作是他平时留意观察生活，受到启发，加以提炼而进行创造的。

盖叫天在长期的舞台实践中，逐渐形成了风格卓异的盖派艺术，在武生艺术中，与北方的杨小楼并驾齐驱，"北杨南盖"成为京剧武生的两大流派。为此，著名书画家吴湖帆曾赠他对联："英名盖世三岔口，杰出惊天十字坡。"陈毅元帅赠他诗句："燕北真好汉，江南活武松！"

铁骨铮铮的硬汉

盖叫天从小目睹官员腐败，民众饱受蹂躏，逐渐生成蔑视反动统治，不肯奴颜婢膝，维护艺人尊严的反抗心理。

当年清宫常召宫外名角入宫演戏，并给予优厚俸银（名曰"供奉"），杭州织造局与上海洋务局举荐盖叫天入宫供奉，盖不为所动，断然拒绝。后来北方三次盛大堂会，一次是清帝溥仪娶妃，一次是张作霖做寿，一次是曹锟贿选当上总统，邀请名角庆贺演出，他都拒不参加。抗日战争前，杜月笙新建祠堂落成，举行盛大堂会，名角云集，唯有北方的余叔岩与南方的盖叫天不参加。敌伪时期，有人为向日方献媚，组织演出，以名角"十演铁公鸡"为号召，盖叫天置之不理。日本宪兵队来责问，他称自己断过腿，不能演出，而且事先未征得他同意擅自登报，一切后果他不能负责，气得日本人也没办法。另一次，伪统税局长邵式军举办生日堂会，派人邀盖演出，将白花花的大洋堆在他家桌上，他就是避不见面，由夫人出面回绝对方说："盖叫天从来不唱堂会，不能开例。"盖叫天就是这样一位铁铮铮的硬汉子，他常说："黄金有价艺无价。"他看重自己的艺术，绝不愿去为权贵、军阀、流氓、汉奸服务。

盖叫天不唱堂会，但却热情参加义演。新中国成立前，上海伶界联合会为兴办"榛伶学校"，施舍冬衣，开办粥厂筹募基金，他欣然与周信芳同台合演《大名府》连《一箭仇》，轰动整个上海；新中国成立后，皖北水灾，上海戏曲界救灾义演，他与梅兰芳等合演《龙凤呈祥》，观众踊跃，盛况空前。正因如此，田汉同志称赞盖叫天是"一个忠于艺术的人，同时也是一个忠于人民、忠于祖国的人……宁愿挨饿，保卫他艺术的尊严，保证他作为一个中国人的民族气节……他正是这样有所不为的人，有所不为而后有所为"。

桑榆晚年

新中国成立后，盖叫天在党的关怀下，老当益壮，焕发青春，满怀激情地为社会主义戏曲事业贡献自己的力量。

1952 年 10 月中央文化部举办"第一届全国戏曲观摩演出大会"，盖叫天演出《武松打店》，获得文化部颁发的荣誉奖。

1953 年 9 月，《盖叫天的舞台艺术》电影（黑白片）由白沉导演，上海天马电影制片厂拍成。

1956 年 11 月，中央文化部在上海举办"盖叫天舞台生活六十年纪念"，田汉代表文化部出席大会，号召戏曲界向他学习。

1957 年，他历时数月，深入各地部队、工矿慰问演出。

1958 年，他口述舞台艺术经验，整理成《粉墨春秋》（第一集）出版。

1961 年，他应邀去北京传艺，通过现场排练，传授表演艺术经验，受到北京戏曲界的热烈欢迎，著名表演艺术家李少春、张云溪正式投帖拜他为师。

1963 年由应云卫导演，盖叫天的《武松》彩色电影拍成。

然而，正当盖叫天以近 80 岁高龄，不辞辛劳，积极为戏曲事业再做贡献时，"文革"开始了。他被扫地出门，备受种种迫害，不幸于 1971 年含恨逝世，终年 83 岁。

令人欣慰的是，粉碎"四人帮"后，浙江省委、省革委会正式为他平反昭雪，并举行了隆重的骨灰安放仪式，一代艺术大师得以长眠在西子湖畔。他的艺术和他的"学到老"精神，与湖光山色交相辉映，将永远为人们怀念。

（上海市政协文史办供稿）

京剧名角金少山与《连环套》

顾炳兴

金少山的大名，早在 20 世纪 30 年代末我还未上小学的时候，就经常听到大人们说起。那时，我父亲在二马路（今九江路）大舞台隔壁的"同和馆"饭店当主管经理，闲暇时常带我到附近几家专演京剧的戏院看戏，如天蟾舞台、皇后大戏院、中国大戏院、共舞台、黄金大戏院、卡尔登剧场。

父亲说："金少山的嗓音刚劲嘹亮，站在戏院门口的马路边就能听到。"有些戏迷没能买到戏票，干脆就站在大舞台对面的"天晓得"糖果店门口，倚墙静听，也能听到从剧场里阵阵传出的黄钟大吕般的皮黄声腔。甚至连过路行人，也驻足侧耳。

我收藏着一张父亲留下的京剧老戏单，恰巧是金少山与刘宗扬于 1943 年 12 月 31 日，在上海皇后大戏院（今西藏中路原和平电影院，现已拆除）演出的全部《连环套》。这张距今已 60 年的老戏单，能躲过劫难完整保存下来实属不易，在那个"横扫一切"的年代，如要收存点滴传统文化遗物，则犹如触犯了清规戒律，极易遭受飞来横祸。

金少山，原名义，字仲义，满族，1890 年生于北京的一个梨园世家，是金秀山的第三个儿子。自幼跟父亲学艺，同时向架子花脸韩乐卿学习架子花与武功戏，在"倒仓"期间又向何通海学了许多开场戏；还跟屈兆奎学了一些幽默诙谐的开场戏。他父亲拜在著名净角何桂山（人称何九）的门下为徒，当时铜锤与架子没有严格的区别，何九素以铜锤、架子两门兼长。于是，金少山乃宗其师祖，也是铜架兼并的花脸。他真正的磕头师傅却是小生德君如，原因是父亲金秀山由德君如从票友介绍，正式成为一名专业京剧演员，内中含有感恩图报之因，由此，两家结成通家之好，金少山也就甘愿拜在德君如的门下为徒。

金少山是一位传奇式的梨园精英，丰富多彩的人生阅历，给后人留下不少可歌可泣、令人敬仰的趣闻逸事。

金少山曾先后六次与他人合作出演名剧《连环套》。第一次在 1921 年冬，金少山与白玉昆约定赴沪演出杨派（杨小楼）《连环套》。当时，金少山"倒仓"已趋恢复，表演状态良好。白玉昆是天津德胜奎科班的尖子，功底不凡，武生、老生、红生全能承当。是年 27 岁，比金少山小四岁。两人正处精力充沛的盛年时期，携手结伴闯荡上海滩，头一天的打炮戏就是《连环套》。他俩曾在山东烟台演这出戏，多次合作，故彼此心中有数，在台上演出时配合默契，又特别认真卖力，故大受在沪梨园同行与广大观众的好评。

翌年，天蟾舞台老板顾竹轩邀请金少山与著名武生杨瑞亭合作演出。杨瑞亭的祖父杨香翠曾在北京掌管宝盛和科班多年，父亲杨德顺专攻武旦。父子均在宝盛和学艺，有家学渊源。又聘请当时与俞菊笙同辈的名武生张其标，专为杨瑞亭教授武功，打下了扎实的武生基础。杨瑞亭曾于 1913 年末来上海，与周信芳、冯子和等合作，因他的腰腿功夫特好，被冠以"杨一腿"的美誉。

金、杨合作的打炮戏，依然是《连环套》，没想到两人都有出色上乘的表演，一出《连环套》竟连演了 52 场，场场座无虚席，创造了沪上传统剧目演出之最。当时上海报刊发表题为"铁罗汉窦尔墩、铁罗汉金少山"的文章，大加夸奖。

1925 年的春天，南京大戏院经理赵万和专程赴上海邀约金霸王赴宁演出，同时又约请著名勇猛武生王虎辰合作登台。王虎辰的父亲王景山，艺名盖京东，原系梆子青衣，后改京剧花脸。王虎辰自幼随父学戏，又跟父亲到天津等地搭班演出，曾拜前辈名家尚和玉为师。

金少山与王虎辰的头场打炮戏也是《连环套》，这是第三次与菊坛名家的联手合作，同样赢得南京观众热烈的喝彩与掌声。两人的联袂演出场场客满，创下了可观的票房收入。

第四次是金少山与杨派创始人杨小楼的一次历史性合作。打炮戏自然还是武生与花脸的经典拿手代表杰作《连环套》。

这次仍然由天蟾舞台老板顾竹轩出面，邀请两位顶级艺术大师合作。原本金少山有些顾虑，因他知道杨小楼唱《连环套》，窦尔墩一角总是郝寿臣扮演。事后知道，顾竹轩与杨小楼商定，共演两场《连环套》，金少山与郝寿臣各演一场，并由金演首场。金少山心里当然非常乐意，能与杨小楼老板同台演出，真是机会难得。再说，与郝各演一场，彼此双方都有互相观摩、学习的欲望。所以金与郝都表现得洒脱大方，没有丝毫的醋意愠色。在演出中配合得严丝合缝，珠联璧合，双方都相当满意。演出结束回到后台，金少山主动向杨老板感谢抬举关爱。杨小楼也情真意切地拉着少山的手说："好样的，不愧是名门之后，回家吧！京城需要你这样的花脸啊！"

这句话，触动了金少山，于是铭记于怀。老天不负苦心人，经过十年努力，金少山终于在 1937 年由沪返京着手组建"松竹社"，开创了梨园行中首次以花脸挑班的先河。

1937 年春，金少山首次在北京以花脸挑班演出于华乐戏院（现改为"大众剧场"），确定演出四场，即第一场《连环套》、第二场《草桥关》、第三场《清风寨》与《刺王僚》双出、第四场《断后龙袍》。第一天自然又是《连环套》打炮，扮演黄天霸的是特别约请的杨派武生周瑞安。这便是金少山第五次与当时著名武生合演《连环套》。

周瑞安也算是好角。父亲周如奎是唱梆子的著名老生，曾与郭宝臣合办过顺和戏班。周瑞安从小就随父亲练功，打下了坚实的武功基础，嗓子又好，腿功出色，同行称他为"周一腿"。这次与金少山合作拿手戏《连环套》不但信心十足，也很乐意，当时，他还比少山大两岁。

金少山也十分重视这次演出，经过商洽，确定具体角色分配。金的窦尔墩，周的黄天霸，鲍吉祥的彭朋，慈永胜的巴永泰，霍仲三的梁九公，张春彦的施世纶，许德义的关泰，范宝亭的何路通，迟月庭的计全，王福山的朱光祖，刘春利的贺天豹，慈瑞全的大报子，郭春山的酒保，俱是梨园菊坛的名家好角，这样的配合，众星拱月，牡丹绿叶，完美无缺，可谓理想拍档，加上高连奎（高庆奎兄弟）的京胡，白登云的鼓，大锣铙钹等皆是辅佐尚小云的好手。文武场面也堪称一流。金少山的心中自然觉得十分满意。

3 月 21 日晚上，金少山首场演出，大轴是全部《连环套》，开锣戏是李多奎、萧长华的《钓金龟》，压轴是贯大元、陶默庵的《打渔杀家》。华乐戏院门口人头攒动，熙攘喧哗，客满招牌高挂。在京的梨园界名角余叔岩、谭富英、杨宝森、程砚秋、尚小云、荀慧生、尚和玉、郝寿臣、侯喜瑞以及刚出科的高盛麟、裘盛戎等菊坛精英都来看戏捧场，祝贺首演成功。约在 1943 年初夏，上海皇后大戏院总经理张竞寿派人专程赴北京，邀请"松竹社"到沪演出并磋商具体事宜。当时金少山正处在火红鼎盛时期，提出了较高的条件和要求，上海方面欣然全部接受。金少山择日偕武生刘宗扬、旦角李砚秀、花脸叶盛茂、丑角小寿山以及任志秋、李玉泰、杨春龙等 50 多人，乘火车抵达上海。

刘宗扬的父亲刘砚芳是杨小楼的女婿，故受到这位外祖父的另眼看待。对刘宗扬来说，这次能跟随金少山到上海演出也算圆了多年的夙愿。金少山也是为了提携晚辈，才愿与刘宗扬合演打炮戏《连环套》，这是第六次也是最后一次与杨派武生的合作。演出无疑相当出色，引起了轰动。但不幸，刘宗扬演了一个多月，突然生病，医生诊断患了某种急性病，金少山只得派人紧急送回北京医治，刘没多久就去世了。

后来，张竟寿与少山协商，临时聘请林树森协助挎刀继续演出。金与林精诚合作，皇后戏院门前的"客满"牌子竟高挂半年之久，双方皆大欢喜，以花脸挑班如此成功者，金少山可谓梨园行内空前绝后第一人。

六次合作演出《连环套》，除 1925 年在南京与王虎辰合作、1937 年与周瑞安在北京合作外，其余四次均在上海。无论是何时何地，只要第一天的打炮戏贴演《连环套》，总是座无虚席。

与王琴生谈梅兰芳和京剧艺术

———
梅绍武

　　王琴生先生曾和先父梅兰芳同台演出 12 年，对先父在表演、唱腔、化妆和服装等方面的特点或改革有比较深入的了解，同时对京剧改革、遗产的抢救、艺术教育等问题也有独到的见解。我有机会和王老两次畅谈京剧艺术，现征得王先生同意，把 1998 年第二次谈话的部分内容整理出来，刊载如下，以飨读者。

梅兰芳的表演艺术

　　梅绍武（以下简称梅）：您好，王先生。咱们上次谈话是在 1980 年，登载在拙作《我的父亲梅兰芳》（1984 年版）一书中。一晃过去 18 年了。这十几年来，想必您对京剧艺术又有很多思考，不少心得，很想再听您谈谈。

　　王琴生（以下简称王）：好的。首先我还是想谈谈梅大师的品德。当年我们在学戏的时候，常听老前辈讲"艺高不如德高"。作为一位艺术名家，必须要有社会公德、职业道德和做人的美德，能做到这三点才能受人尊敬。而梅大师的确可以称得上是"艺高德高，德高望重"。余叔岩先生当年也讲过一段话："凡是有声望、受人尊敬的演员，都把戏德放在首位，心正才能艺正。不讲修养德行的人，有几个有好结果呢！"余先生本人就是心正艺正。

梅：这几句话对后辈演员很有教育意义。

王：梅大师的高贵品质、民族气节和艺术创新，是大家应该学习的。当年我初次跟梅先生同台演出之后，心情十分激动，就在后台说："包银我不要了！"有人说王琴生在说笑话，我说："我在台上不但学到了梅先生的表演艺术，也学到了梅先生提携后进的美德，这是无价的。"

梅：您是演老生的，怎么学到了我父亲的旦角表演艺术呢？

王：在舞台上，京剧各个行当的表演艺术在规律上都有个共同点，而且是相互借鉴的，俗话说"一行通，行行通"。梅大师是集各个行当之大成，集中国戏曲表演艺术之大成。

梅：他当年学艺确实是什么行当的戏都看。

王：他什么行当的戏都看，而且还爱看别的剧种的戏。他自己说过"我在表演上能有些心得，就是从看戏中得来的。人家好的地方我就吸收过来。"这句话很有道理，也给我很大的启发。大家知道梅先生曾经把武戏《铁笼山》里起霸观星（九锤半）的身段纳入了《穆桂英挂帅》。我想，京剧本身就是"拿来主义"，它从徽、汉、秦、梆、昆各个剧种中吸收精华而形成了京剧艺术。所以我们作为演员，也应该实行"拿来主义"，研究别的行当、别的剧种艺术，从中得到启发，根据自己的条件再创作。作为演员，心胸绝对不能狭隘。我跟梅先生在一起生活多年，就发觉梅先生心胸开阔，从没听他私下里议论过任何人，总是夸奖人家的艺术。说他心胸开阔，举个例子来说吧。20 世纪 30 年代中期，上海有位小报记者，常写文章骂梅先生，还画过一张夜壶上插朵梅花的漫画侮辱梅先生。后来这位记者落魄了，来到梅先生家告帮。谈了半天话，梅先生看出他生活窘迫的境况，便问道："您来看我，有什么要求，尽管提出来。"那位记者支支吾吾地恳求梅先生借他一百块钱。梅先生当即上楼取来二百块钱交给他。那人一见梅先生这样不计前嫌，慷慨资助，回想多年来自己无知冒犯梅先生之事羞愧难当，泪流满面，扑通一声跪倒在地，向他深深赔礼道歉。你看，谁有你父亲这样开阔的胸襟？

梅：从这个例子可以看出我父亲从不记仇，遇到别人困难的时候乐于助人。当年鲁迅先生也常骂我父亲，可是我父亲也从没跟他计较过，还是很尊敬他。

王：就是啊。这就是我刚说的梅先生艺高德高的表现。

梅：您从我父亲的旦角表演艺术吸收过什么呢？

王：梅先生的身段很美。譬如，我在演《珠帘寨》时就用过他的《别姬》中的身段。过去老师没这样教过，我吸收了梅先生的身段，等于造成两个塑形，非常好看，表现出李克用豪壮的气势。

梅：您在上次谈话中说过他把您的戏带出来了。

王：我跟梅先生同台演过《汾河湾》《二堂舍子》《打渔杀家》《抗金兵》等几出戏，确实有这种体会。梅先生在舞台上不是一般泛泛的表演，他能启发同台演员的激情和高度责任感，把同台演员的即兴表演引发出来，使人物的感情恰如其分，特别是唱腔落的地方分寸，盖口留的尺寸非常合适。所以跟梅大师同台演出，并不觉得累，而是觉得轻松，心气儿碰得上，熨帖舒服。一名演员如果呆木，就理解不了梅先生表演艺术的深奥。

另外一点是我跟梅大师同台演出，切身体会到节奏是唱念做打的灵魂。梅大师的节奏，一呼一吸的频率都是和谐的。他的一颦一笑，一个细微的动作，都掌握人物的感情内涵。唱念有内在的韵味儿。他动于内，形于外，不急不温不火，所以梅先生自己说："表演唱段，在舞台上宁可让它亏一点儿，而不要让它过火。"也就是说一过火就显得庸俗了。他讲的就是要恰到好处，既不能多一点，也不能少一点。

梅：就是得有火候。

王：得掌握火候。我们有句行话："得有心计"，心里要有数。梅大师的表演具有程式动作而千姿百态的舞蹈性，用内心活动推动程式，而不是被程式束缚，所得的效果不是写实，而是艺术上的真实感，因此他在舞台上能给观众一个完整、精彩而静美的形象感受。我受到梅大师的启迪确实是多方面的，深深体会到我跟他同台演出，等于入了一次最实际最生动的艺术大学。后来我跟别的演员也演过那几出戏，就感到台上不那么默契，不那么熨帖，心气儿碰不到一块儿。杨小楼先生说过"我跟兰芳演《别姬》，心气儿在一块儿，特别的舒服"。

另外，我跟梅先生演戏，事先并没对过戏，也没排练过，而是台上见。实际上我在上场前是由徐兰沅先生按照谭派的路子给我说了一遍，结果到了台上，跟梅先生配合得非常默契，节奏非常和谐准确，观众看着也很舒服。所以我常说京剧艺术自有它的一套完整体系，梅大师自有他的一套完整的表演体系。我们一定要吃透这个体系。

梅：根据您的体会，您觉得哪些是他的表演艺术的规律呢？

王：首先梅先生在表演和唱念方面结构特别严谨。有人认为梅先生在台上慢，其实他一点儿也不慢。我跟他同台演出才知道他的结构尺寸准确得不得了。他演得层次分明，十分清楚。由于层次清楚，他才能把同台演员的感情激发出来。他的节奏和谐，表演唱念都有铺垫，如果下面应该高，前头就应该低，低不等于没有激情。现在有的演员唱起来一个劲儿拔高，认为是激情，这是绝对错误的。唱得高念得高就是激情？

绝对不是。梅先生自己给自己铺垫得十分有序。另外，他在表演上动中有静，静中有动。你看他动，却很静，动作让观众看得清清楚楚，不是慌手慌脚的，不是没有节奏，没有准地方。静中有动，他在台上其实没有什么动作，没有什么台词，旁边的演员在唱念，他在倾听，却流露出内心深刻的感情，这个动作是内在的。梅先生在舞台上表现最突出的地方是内在的东西，内涵的东西，使人物性格特别鲜明。所以我就给梅先生的表演艺术规律总结为这样几句话：

结构严谨，层次分明；节奏和谐准确，铺垫有序，张弛合适；动中有静，静中有动；人物鲜明。

当然还不仅仅是这些。京剧的传统表演有它的艺术规律，有它的体系，各个行当，无论是在演传统剧目还是新编剧目，都遵循着梅大师这三十四个字的规律。

移步不换形

梅：新中国成立初期，我父亲在天津，一次记者采访时提出京剧改革应该按照"移步不换形"的原则，结果引起京津两地不少文艺评论界人士的异议，认为这是一种阻碍京剧改革的保守看法；他们在"左"倾路线和形而上学的思想支配下提出了"移步必须换形"的对立观点，纷纷写下批判文章准备见报。后来周总理得知这一情况，及时指示天津文化局局长阿英出面制止，我父亲才免遭一场"围剿"。阿英先生后来调到北京工作，在我们家暂住过一个时期。我父亲以后在大小会上发言，都事先征求他的意见，以免再犯错误。阿英先生实际上成了他晚年的亲密顾问。

王：是啊。可是后来在"文化大革命"期间，"移步不换形"又给折腾出来，被诬蔑为"一株大毒草"进行批判。

梅： 父亲虽然已在 1961 年去世，"四人帮"还是给他扣上一顶"反动艺术权威"的大帽子。

王： 真是一场颠倒黑白的无耻闹剧，令人气愤。

梅： 您对"移步不换形"怎么个看法？

王： 这个问题我早就想谈谈，徽班进京二百年，也就是京剧孕育形成和创新发展的二百年。这二百年的历史告诉我们，京剧的改革创新是渐变而不是突变，结果涌现出一大批优秀的艺术家，流派纷呈，出现了京剧三大高峰时期。这三个时期的代表性人物，按照蒋锡武先生的话来说，"即初创形成时期的程长庚，趋向成熟达于第一个高峰时期的谭鑫培，全面发展并趋于完美的巅峰时期的梅兰芳"。这话说得很对。梅先生一生为京剧改革呕心沥血，从实践中悟出"移步不换形"这一原则，也就是说京剧改革应该按照京剧艺术基本规律来发扬、创新、完善而向前推进。"不换形"是让人们承认那还是京剧。如果有人提出"移步换形"，那就再另搞一个剧种，那就不叫京剧了。梅大师在《舞台生活四十年》一书中对京剧改革、创新和发展的一系列论述集中体现了"移步不换形"这一理论原则，而不是改变京剧表演艺术的形态。

梅： 完全符合京剧二百年来渐变创新的历史实际。

王： 京剧二百年来渐变发展而形成了民族戏曲中第一大剧种，也就是靠"移步不换形"所促成的。

京剧艺术形式的特点是写意的，虚中有实，实中有虚，以虚为主，是以艺术真实和以歌舞演故事来塑造人物的。京剧艺术的宝库确实是取之不尽、用之不竭的。这个宝库就在演员身上，所以演员必须具备唱念做打的坚实基本功，才能得心应手。京剧是我国的民族瑰宝，当然也有缺陷和不足之处，特别是在一些传统剧目中。梅先生去其糟粕，逐渐修改而使它完善，拿《贵妃醉酒》来说，原来掺杂着不健康的思想内容，梅先生就把它去掉，改成一出反映宫廷妇女苦闷心情的戏，观众承认它还是载歌载舞的《贵妃醉酒》。

梅：这就是"移步不换形"理论的实践。

王：对，而且改得很好，不露痕迹，思想性却加强了。

京剧跟话剧不同。话剧是以写实为主的，以生活实际塑造人物。焦菊隐先生说过："话剧是从布景中产生表演，我们的戏曲不是从布景里产生表演，而是从表演里产生布景。"梅大师也说过："布景就在演员身上。"这两个剧种是两个体系。几十年来，这两个体系确实产生矛盾，一些高明之士总是要以话剧艺术形式来反对京剧艺术形式，来改造京剧，或者以话剧写实派的眼光来衡量京剧艺术形式。这样的对待无疑只能是损害民族古典艺术的精华。不同的剧种其实应该相互借鉴，取长补短，丰富自己，而不应该相互排斥。

梅：民国初年新文学运动就曾引发过一场论战，一批具有先进思想、以西学为坐标的学者不仅批判中国旧文学，也把矛头指向京剧，曾经发表过一系列文章，把京剧批判得一无是处，主张全盘引进西方戏剧理论与舞台艺术方式，建立一种新的"国剧"。我曾经写过一篇《梅兰芳和国剧学会》的文章，详细谈到了那场论争，其中还摘引了王元化先生最近发表的《京剧与文化传统》一文里的话。

王：王元化先生怎么说的呢？

梅：王先生认为京剧在我国文化传统中占有重要地位，并且说："我感到奇怪的是，五四时期曾有推倒贵族文学提倡平民文学的口号，从来被轻视的大量民间文艺作品，小说、山歌、民谣、竹枝词等，受到了倡导新文化的学人的重视，可是为什么对于同是民间文艺的京剧却采取了痛心疾首的态度呢？是因为它进过宫廷，还是别的什么原因？任何时代都会出现自我相违的偏差。那是一个暴风骤雨、来不及仔细思考而急促作出判断的时代。今天距离那个时代已 70 多年了，已经到了可以平心静气回顾过去、对它作出公允评价的时候了。"

　　王：这话说得非常对，非常公允。

　　梅：最近我还看到一篇文章，是袁良骏先生写的《两位艺术大师为何不相能？——异论鲁迅与梅兰芳》，其中提到鲁迅生前多次在文章中对京剧、对我父亲有十分尖锐的批评和讽刺。袁先生作了分析评论之后，也像王元化先生那样指出："鲁迅对梅兰芳乃至整个京剧艺术的某些偏激情绪，并非鲁迅所独有，而是'五四'一代人的'时代的片面'。作为'五四'新文化运动的先驱者，胡适、陈独秀、李大钊、周作人、钱玄同、刘半农等，都曾把京剧简单目之为宣扬封建迷信的'国粹'，置之彻底扫荡之列。在大呼猛进，摧枯拉朽地扫荡封建旧文化的伟大运动中，有一点片面是难以避免也不足为病的。等到这种文化运动取得根本上的胜利以后，这种片面性也不难纠正。'五四'对我国传统文化的某些过头否定不是已经从总体上得到纠正了吗？对京剧的偏激不过是这种过头否定的一个侧面而已。"

　　王：说到这里，我也看过一篇文章，说鲁迅如果多活几年，知道梅先生蓄须明志，怒对日寇的节操，甚至看到梅先生的成就，也会钦服赞美的。

　　梅：话扯远了，还是回到京剧和话剧之间的区别这个话题吧。

　　王：我常说京剧改革不能蒙着眼睛往前走，就像当年余叔岩先生所说的"不能盲人骑瞎马"。梅先生在 20 世纪 30 年代从北京搬到上海去居住之前跟齐如山先生话别时，齐先生对他有过一段语重心长的话："我今天郑重其事地告诉您一句话，倘若有人怂恿您改良国剧，那您可得慎重，因为大家不懂戏，所以这几年，凡改良戏，都是毁旧戏。那不但不是改良，而且不是改，而是毁而已矣。有两句要紧的话您要记住，万不可用话剧眼光衡量国剧，凡话剧好的地方，在国剧中都是要不得的；国剧中好的地方，在话剧中都是要不得的。"这是齐如山先生对梅大师的叮咛嘱咐。他一针见血地指出京剧与话剧之间的矛盾。程砚秋先生 1933 年在《赴欧观察戏曲音乐报告书》中也讲过"中国如采用欧洲的布景以改良京剧，那无异于饮毒酒而自杀"。

梅： 齐先生当年留学德国、法国，研究外国戏剧，看过不少话剧，最初也曾反对过京剧。

王： 是啊。齐先生回国后强烈反对过京剧，可是经过一段时间观看京剧，研究京剧，他才懂得京剧是民族瑰宝。来了一个一百八十度大转变，认识到万不能用话剧形式来衡量京剧。他写出了反省书，推翻了自己的错误观点，而后他为京剧做出了大量有益的工作，多年来为梅先生编写了 20 多出新戏，还为梅先生 1930 年出访美国演出做了大量准备工作。他还跟梅先生和余叔岩先生共同举办国剧学会，培养人才，创办京剧刊物。齐先生花了 20 多年时间，多方奔走，收集了大量的京剧资料和剧本，写出了大量文字资料，真可以建立一座京剧图书馆。应该承认齐如山先生为京剧做出了卓越贡献。

梅、斯、布三大体系

梅： 最近有一篇题为《"三大戏剧体系说"的误区》的文章，想必您也看到了吧。我觉得文中隐含的意思是说梅兰芳只代表京剧旦角行当的一个流派——梅派，就跟程派、荀派、尚派、张派一样，因此梅兰芳不能跟斯坦尼斯拉夫斯基和布莱希特并列，因为"拿中国戏曲中某个剧种里某个行当的某个表演流派，与西方戏剧里的某些'体系'进行并列，自然是会方枘圆凿的"。"斯氏和布氏都建立起了自身的理论与实践的架构，由此而构成'体系'，梅兰芳并没有这种企图，他甚至没有意识到，也并不需要意识到这一点。"又说"斯氏与布氏体系分别对于戏剧观念作出了独特的理论阐释，并以这种认识去指导自己的戏剧实践，因而获得了不同的舞台美学效果。梅兰芳没有系统理性的参照，他只是遵循着传统的戏剧观来进行自身的创造性实践，他建立了流派，但没有建立'体系'"。您对这种高见有什么看法？

王：说梅先生只代表旦角流派，是站不住脚的，殊不知京剧艺术中的唱念做打的基本规律在各个行当中是有共同点的，我刚才已经说过，俗话说"一行通，行行通"，梅大师集各个行当之大成，集中国戏曲表演艺术之大成。怎么能说梅先生只代表旦角一个行当呢？这还是表明那位作者不懂京剧艺术，是个大外行，还是那句话："梨子是酸是甜，请你亲自尝尝才能知道。"没有长期舞台实践的经验，就没法理解京剧艺术的深邃。说梅兰芳只建立了流派而没有建立体系，这也是孤陋寡闻，梅先生早就说过"我认为谭、杨的表演显示着中国戏曲表演体系，谭鑫培、杨小楼的名字就代表着中国戏曲"。

梅：依我看，以我父亲的名字，或是以程长庚、谭鑫培、杨小楼的名字来代表中国戏曲表演体系，其实都可以，这是一种象征意义。

哲学家叶秀山先生说过："京剧各'行当'的成熟时间有个先后，一般认为京剧（老）生行（当）发展得比较早，其中谭鑫培起了巨大的作用，他的后继者余叔岩等人使之更加定型；旦角则稍晚一些，直到梅兰芳才全面地奠定了基础。也就是说，中国戏剧的代表剧种——京剧自从出了梅兰芳之后，生、旦两个行当，才不仅仅是男女性别上的区别，而是在一整套的表演艺术上显示出自己应有的特点。京剧的生角，离不开谭的系统，而旦角则离不开梅的衣钵。所以我始终觉得，谭、梅两家，不是京剧表演里的一个'流派'，而是京剧艺术的'总代表'。"

王：叶先生对谭、梅二位的表演艺术的贡献分析得很透彻，我同意他的说法：谭、梅两家，不是京剧表演里一个"流派"，而是京剧艺术的"总代表"，当然还应当加上杨小楼先生。不过，梅先生是对外传播京剧艺术的第一人，在国际文艺界声望高，影响大，因此如今国内外都习惯以梅兰芳的名字作为中国戏曲的象征！我看这还是比较合适的。梅大师为人谦虚，所以他宁愿以谭、杨二位而不以自己来代表中国戏曲。

我刚才说过"移步不换形"就是梅先生的理论体系，诚如吴小如教授所言："梅先生的体系乃是根据他一生的艺术实践总结出来的'移步不换形'这一条精辟的理论来忠实执行的。"怎么能说梅先生没有一种戏剧观作出独特的理论阐释，没有系统理性的参照呢？这还是对京剧艺术和梅先生的表演艺术理论没有认真做过研究思考所致吧。

梅：那篇大作里还说了这么一句话："至少有六百年历史的日本传统剧'能乐'无法用芳龄二百岁的京剧里所产生的梅氏体系来概括。"

王：这句话真有点讽刺挖苦的意味儿。但是，众所周知，中国戏曲历史悠久，源远流长，上可追潮到远古，宋元时代就已正式建立。京剧艺术虽被这位作者说成只有"芳龄二百年"，还不及日本传统剧"能乐"的六百年历史长，然而京剧艺术无可置疑地继承了数千年来的中国戏曲的源流，各角色出场时的抖袖理装的种种身段以及许多舞蹈姿势乃至步法都来源于唐朝歌舞；京剧又从徽、汉、秦、梆、昆等剧种中吸收精华而发展成为具有全国意义的第一大剧种"国剧"。唐朝的歌舞《兰陵王破阵乐》在当时就曾传入扶桑，给予日本古典戏剧以影响；梅先生1956 年率领中国访日京剧团第三次访日时，发现中国早已失传的这个唐朝古舞在日本还完整地保存着，当即嘱咐李少春、王鸣仲、韩盛桐等同志学回来，这就不难说明究竟哪国的戏曲历史悠久了。

梅：其实我父亲早在《东游记》一书里就提到过"'能乐'和'狂言'是日本最古的戏剧，它的历史源流，30 年前我曾问过日本朋友，他们这样说：'能乐的来源有两种说法：有人认为是日本固有的艺术，另一派如青木正儿先生等的看法是受了中国元曲的影响。'狂言是一种带有幽默性的讽刺剧，最近日本文艺界的朋友对我说：'狂言是受了唐代参军戏的影响。'"

王：我们常在戏剧史上读到六朝北齐兰陵王长恭戴了面具入阵的故事，这个节目从唐代传入日本，人家如今还好好地保存着这个中国的古代舞蹈，我不禁感到痛心的是当今中国古典戏曲艺术失传的东西真是越来越多了，如再一味地蔑视贬低而不及时重视抢救，早晚也会像对拆古城墙那样，懊悔晚矣！

梅：那篇《"三大戏剧体系说"的误区》的文章倒也承认布莱希特的"间离效果"，也就是"破除幻觉"的理论，是布氏在 1935 年看到我父亲在苏联的表演受到启发才建立的。说开来，"间离效果"岂不早就是咱们中国戏曲中的传统艺术手段或系统理论吗？布莱希特不过是把它借鉴到西方戏剧里而形成他的"独特"理论罢了。

王：追根溯源，老祖宗还是在咱们这边。说句不客气的话，他还是从咱们的民族戏曲中移植过去的，又有什么"独特"可言！

梅：我父亲 1935 年在莫斯科演出，布莱希特当时在苏联政治避难，看到了京剧，赞叹不已。我曾经多方搜寻，却没找到他和我父亲的合影照片，倒是他的前辈德国戏剧家皮斯卡托在爱森斯坦为我父亲拍摄《虹霓关》时的摄影棚里合影过一张照片。

王：恐怕布莱希特当时还不够资格站在梅大师身旁合影留念吧。

梅：《"三大戏剧体系说"的误区》那篇文章里提到了黄佐临先生写的两篇论文：《漫谈"戏剧观"》和《梅兰芳、斯坦尼斯拉夫斯基、布莱希特戏剧观比较》，后一篇原是英文稿，发表在黄佐临、吴祖光和我合写的《京剧与梅兰芳》（新世界出版社，1981 年版）一书中。后

来，黄先生委托我把它译成中文，经他审定后，发表在 1981 年 8 月 12
日的《人民日报》上。

王：那两篇论文我都看过，给人很大的启发。

梅：《"三大戏剧体系说"的误区》那篇文章说三大体系"这个提
法似乎出自著名戏剧导演黄佐临先生……或许这就是所谓'三大戏剧体
系'说的最初由来。但是，佐临先生本人从未暗示过所谓的'三大体
系'的概念"。后一句话未免说得过于武断而主观了。我常跟佐临先生
通信，也曾就"梅氏体系"这一提法向他请教过。我保留了佐临先生的
回信。

王：黄先生是怎么说的呢？

梅：佐临先生在 1987 年 4 月 21 日的复信中是这样说的："'梅氏体
系'我认为完全可以这样称呼。倒不能说外国人把他'供'起来，我
们就也该'供'起来。我们自己应有民族自豪感！像梅先生这样的大
师，我们为什么不能推选他为我们优秀绚丽戏曲传统的总代表?!"

王：这就说明黄先生心中完全有"梅氏体系"这一概念。

梅：再说，佐临先生 1987 年执导《中国梦》那出话剧时，按他自
己的话说，是开始接近"梅、斯、布"综合的追求和愿望。他还写了篇
文章：《〈中国梦〉——东西文化交流之成果》（1988 年版），文中说：
"总之，以上就是我多年以来所梦寐以求的。斯坦尼斯拉夫斯基—布莱
希特—梅兰芳三个体系结合起来的戏剧观，而《中国梦》即是这个追求
之具体实例。我的夙愿是将斯坦尼的内心感应，布莱希特的姿势论和梅
兰芳的程式规范融合在一起。"

王：大概那位作者没细看这篇文章，没看到"三个体系"那四个
字。我知道黄佐临先生既研究外国戏剧，也钟爱京剧，尤其对梅先生的
表演艺术推崇备至，佩服得不得了。

梅：是啊。佐临先生 1986 年 9 月在英国卡迪夫"京剧研讨会"上的书面发言就是《梅兰芳的座右铭》。

王：他说梅先生的座右铭是什么呢？

梅：是这样的：

看我非我，我看我，我也非我；

装谁像谁，谁装谁，谁就像谁。

佐临先生还把这几句话翻译成漂亮的英文，拿我父亲的表演举例阐释说明。

王：这不也是"梅氏体系"独特的理论吗？怎么能说梅先生没有建立"体系"，没有系统的理性参照呢？

梅：早在 1936 年，佐临先生在他的恩师圣丹尼的学馆里学外国戏剧时，就曾请张彭春教授讲授过中国戏曲特征，轰动一时。圣丹尼还请佐临先生回国后替他物色一位毯子功教师，后来由于抗日战争和第二次世界大战爆发而没能实现。

王：你看，人家黄先生多么热爱京剧艺术！

梅：佐临先生在《梅兰芳、斯坦尼斯拉夫斯基和布莱希特的戏剧观比较》那篇论文里，全面论证了中国传统戏曲的八大外在和内在的特征，把它提升到理论高度，指出在运用戏剧手段方面，京剧艺术高超之处并不逊于任何西方戏剧。这篇卓越的比较研究的论文无疑有助于人们，尤其是青年朋友，对祖国传统戏曲的实质加深理解，同时也会使我们为祖国拥有这样一份宝贵的文化遗产而感到自豪。因此，我认为佐临先生写这篇论文的目的并非仅限于《"三大戏剧体系说"的误区》一文所下的结论那样，说："佐临先生是在斯氏体系长期统治中国剧坛（指话剧界）的状况下，极力举出布氏体系来说明西方戏剧并非仅仅拥有一种戏剧观，希望借以打破中国剧坛的单一舞台模式。他虽然对斯氏、布氏和梅氏的本质特征作了归纳与对照，但其研究对象的选择仅仅是出于目的需要，他并没有把它们明确为世界三大戏剧体系，更没有赋予它们以唯有的代表性！"我却觉得佐临先生是有意识地拿梅兰芳作为中国戏曲的总代表来跟斯、布对比，以此来弘扬祖国的优秀民族戏曲。这是他写这篇论文的一个真正而更重要的目的。

王：明眼人都会觉察到这一点。要知道，梅大师的艺术成就和他对京剧艺术发展的巨大影响，已经远非创造一个流派所能概括了。众所周知，他为中国戏曲表演艺术开拓了一条广阔的新路，而且给予了外国戏剧很大的影响。应该说，梅大师是中国戏曲的一面伟大旗帜。我看，梅大师的表演体系在国际地位上是否定不了的。

梅：哲学家叶秀山先生在纪念先父百年诞辰时说过这样一段意味深长的话："我总是觉得，一个民族拥有自己的伟大的艺术家是这个民族的福分。一切的民族都要生存，必须解决衣食住行的物质问题，但有什么样的精神生活，拥有什么样的艺术形式，有什么样的艺术家，各个民族就不一定都一样了。外国有的，中国未必有，也不一定都要有；中国有的，外国未必有，也不一定都要他们有。我们不要求西方人也普及中国的书法艺术，出一两个王羲之；而必须承认人家有贝多芬、舒伯特是人家的福分，而我们有梅兰芳，也是我们的福分。梅兰芳的艺术中国人崇拜，外国人也崇拜，就像我们也崇拜贝多芬一样。我觉得应该提醒的是：不要身在福中不知福。现在我们纪念梅兰芳诞生一百年，就艺术而言，就是要加深对梅兰芳艺术精神的理解、认识，使我们更加珍惜、发扬这种精神。"

王：说得太对了。我们应当更加珍惜、发扬这种精神。

"三大圣"的提法

梅：您这一生除在演戏，平时还有什么别的爱好？

王：我还喜欢临临帖，练练书法。最近我看了《京剧精神》那本书，其中提出把"书圣"王羲之、"诗圣"杜甫和"剧圣"梅兰芳并列为"三大圣"。

梅：您是说湖北蒋锡武先生写的那本书吧，我也看了，真是一本研究京剧艺术很有独到见解的书。上海黄裳先生看后说："体大精深，援引甚富，信是年来少见的用力之作，于京剧衰微之际，见此巨著，可喜之至。"

王：对，蒋先生在那本书的"梅兰芳"一章里论述梅大师的艺术成就后说："在中国古典戏曲范畴内，梅兰芳事实上是终极意义上的人物，今天，该是我们确认并确立他在中国古典戏曲中的这种'剧圣'地位的时候了。"

梅：您对这种提法怎么看？

王：我当然感到非常高兴。蒋先生提出了一个很重要而恰当的定位。应该看到中华民族五千年辉煌的历史长河中，在文化艺术领域里涌现出王、杜、梅"三圣"，我们作为中华民族一员，怎么能不感到骄傲、自豪、光荣呢！我就想，当文化艺术能够使人们普遍认为有价值的时候，那么这个民族就摆脱了愚昧，就有了高度的文明。文化艺术正是文明的表现。

梅：蒋先生这一界定，我料想还是会有人像提出梅、斯、布不能并列对比那样持否定态度。

王：这可以争鸣嘛，有讨论总是好的。依我看，梅大师被称为"剧圣"是恰当的，实至名归。

唯愿国粹褒四海

——记梅兰芳的顾问齐如山、张彭春

谭伯鲁　谭幼竑

京剧是我国国粹，著名京剧演员和京剧理论家大都出身于京剧世家，或与梨园有过一定的深厚渊源。唯有两位是例外，那就是梅兰芳的顾问齐如山和张彭春，正由于这两位大师的努力，使京剧艺术饮誉国际舞台。

齐如山（1877—1962），河北高阳人，祖父为清代进士；父亲齐令辰为李鸿藻大学士家的西席，李石曾的老师；其兄齐筑山为法国中国豆腐公司总经理，与蔡元培、李石曾等同为留法勤工俭学创始人。齐如山19岁入北京同文馆学习法文、德文，前后共五年，曾三次游历西欧，对中外戏剧观摩很多。齐如山对京剧理论上的研究是从民国初期才开始的，那时他第一次看到梅兰芳的表演，认为梅的天赋胜过常人（即嗓音好、身材好、扮相好），虽唱腔、身段（动作）、表情尚不够标准，但通过努力可以提高。因而齐对梅的演出颇感兴趣，每剧必看，看后都有书面评论。最初，齐、梅两氏并不相识。数年间齐用通信方式给梅写了

100多封信，梅对齐的意见虚心接受，边学边改，演技不断提高。这些信件，如今已成为我国京剧史上的重要文献。通过多年的笔墨交往，齐如山认为梅兰芳为人正派，于是两人开始正面往来。为打开当时京剧的冷落局面，齐氏为梅剧团做了不少京剧改革工作，如改编好戏、加重情节、修润唱词、美化唱腔、吸取昆腔、歌舞并重等，使一些曲高和寡的戏重新活跃于氍毹之上。

自1925年至1930年的五年间，齐如山为梅兰芳赴美演出做了很多准备工作，许多有关京剧的对外宣传资料均由他执笔译成英文，送往国外。

齐如山自收集有关京剧材料始，即悉心研究，一生收藏京剧书籍约千余部，其中有数百册乃稀见珍本。因京剧为我国固有的综合性艺术，齐氏除以戏剧为研究中心外，还对音乐、舞蹈、武术、服装、建筑、美术、杂技等有广泛兴趣，并分类整理揣摩，其主要著作有《说剧》《中国剧的组织》《国剧概论》《国剧漫谈》《说评剧》等，对戏剧界颇多影响。我们在深圳"台湾书展"中见到《齐如山先生全集》精装本，共八巨册，更是堪称京剧艺术之瑰宝。

张彭春（1892—1957），天津人，是著名教育家张伯苓的胞弟，与胡适、赵元任、竺可桢等著名学者同批由清华庚款送美国留学，得博士学位，回国后担任过清华、南开两校的教授。他对戏剧很有研究，在南开中学当主任期内，曾组织"南开话剧社"，并亲自编译、导演名剧多种，成绩斐然。当时周恩来及曹禺等人都是他的得意门生及剧团演员。曹禺在第一版《雷雨》首页曾这样写道："这本书是献给我的老师张彭春先生，因为他是第一个使我接近戏剧的人。"足见张对中国戏剧界的影响。以后他一直供职外交界，曾先后担任过驻土耳其、联合国、智利、阿根廷等国大使。

　　张彭春是搞话剧的，但梅兰芳两次出国到美国和苏联演出，却都邀请他担任梅剧团的总导演，获得极高的国际荣誉。1930 年梅剧团访美，在华盛顿举行演出招待会，当时张彭春适在美国讲学，亦被应邀观剧。梅问张："今晚的戏美国人看得懂吗？"张直率地回答说："不懂。如'晴雯撕扇'的故事发生在端阳节，外国没有这个节日，由此而引生的细节，外国人怎样懂呢？"梅称这次如果演坏了，有损中国文化的光彩，遂再三聘请张彭春担任剧团总导演，负责演出。这是我国京剧第一次建立导演制。

　　张彭春尽其所能，在很短的时间内重新安排了节目。他知道，外国人希望看中国的传统剧，但必须选择他们能够理解的故事。外国人虽不懂中国语言，如果表演动作做得好，同样也能了解剧情。另外，每次演出要多样化，如同一桌菜，具备不同的色、香、味，才能引人入胜。每场演出开幕前，张彭春都要穿了礼服上台，以流畅的英语介绍中国京剧的特点，因而备受观众欢迎。

　　在演出宣传上，张彭春担任剧团的对外发言人，招待记者、制定英文海报、各剧说明等，均由齐如山写成中文，再由美侨杨秀女士译成英文，最后由张彭春审核定稿。美国戏剧权威斯塔克扬（Stark Young）系张彭春之老友，正拟研究中国戏，张便安排他参观彩排，请他于演出前在报纸上以显著地位介绍中国剧，演出后又发表长篇剧评，以扩大影响。另外，剧团对道具、服装、音乐、灯光、色彩图案、演出时间长短等，均按张氏建议做了大幅度调整。旧京剧原无谢幕之事，经张氏倡议，在美国首创，由于演出成功，谢幕最多时竟达 15 次。剧团访美得到极大成功，观剧者约 7 万人次，中国京剧从此进入了国际舞台。梅兰芳在访美期间，还被洛杉矶波摩拿学院及南加州大学两个高等学府授予名誉文学博士的荣誉学位。

1935年，梅兰芳应苏联政府邀请前往演出，仍由张彭春任总导演，同样载誉而归。当时还有这样一段插曲：随行的武生演员杨盛春，系梨园世家，自幼受过严格训练，长靠短打无不精通。他过去未曾和张彭春合作过，对这个"搞话剧的"导演颇不以为然，想借排练机会，掂掂张彭春的分量。在排《闹天宫》"盗丹"一段时，杨盛春故意要花招，被张彭春看出，叫其一遍遍地重做，杨知道再也瞒不住这位导演了，只得按标准式样摆出来，直至张说满意为止。事后杨盛春对人说："张先生可真有两下子。"大家笑着说："你刚知道，连梅大爷都听他的！人家是洋博士，懂得人心理。"张彭春排演时一丝不苟的精神令人佩服，对戏剧的造诣真可称得上"学贯中西"。

齐如山和张彭春都不是梨园科班出身，也不是著名票友，拿现在的话讲，对京剧的认识可以说都是"自学成才"。由于他们锲而不舍，悉心研究，利用科学方法，"洋为中用"，所以在京剧改革中取得了重大突破。齐先生的许多有关京剧文献已成为经典著作，奠定了京剧理论基础，指导了京剧改良，丰富了中国文化库藏，享有"京剧莎士比亚"的盛誉是当之无愧的。张先生两度担任梅剧团总导演，访问美苏期间，由于他指挥得当，内外应付自如，令我国传统京剧步出国门，饮誉国际艺坛，促进了中外文化交流，其杰出贡献为世人感叹。

祭父双甲子

——怀念我的父亲梅兰芳

———

梅葆玖

当父亲第一次和毛泽东握手时，毛泽东风趣地提及北平人对梅兰芳的欢迎，说这程度不亚于解放军进北平时的情形。他幽默地对父亲说："您的名气比我大。"

今年是我父亲梅兰芳诞辰 120 周年，也是他故世 53 周年。

梅兰芳是近代世界上伟大的艺术家之一，是我国京剧史上一位承前启后、继往开来的表演艺术家。他一生在艺术上孜孜不倦，勇于探索，不断革新，创造了众多优美的艺术形象，积累了大量的优秀剧目，形成了具有自己独特风格的艺术流派——梅派。他以特有的中正平和的表演手法，流丽酣畅、落落大方的表演风格，甜美圆润、音聚响堂的嗓音和优美动听的唱腔，为人们提供了极为美妙、高雅的艺术享受，荡涤着人们的心灵，为人们所广泛喜爱，也为无数戏曲艺术的后继者树立了师法，成为他们学习的典范。他的成就对人民的精神生活、对戏曲艺术的发展有着深刻而巨大的影响。他留下的戏,全国各京剧院团至今都在上演,有的作了修改、发展,但总的来讲是"移步不换形"。全国戏迷都十分怀念他,没有赶上看过他戏的人,也以各种形式自发地纪念他。

儿子眼中异常忙碌的父亲

1934 年 3 月 29 日,我出生在上海思南路 87 号。母亲共生了我们兄弟姐妹九个人,我最小,名曰小九。母亲自幼在北平南城满族旗人的大杂院长大,姥姥怀着她时就离开了自己不上进的丈夫,所以母女二人一直相依为命,受尽磨难。母亲虽然没有文化,但为人正派,有侠义之风,号称"福大姑"。16 岁时,经老师吴菱仙介绍,嫁给了肩挑两房的吴菱仙同门师兄梅竹芬的独子梅兰芳。因为梅兰芳的结发妻子王明华生的一双儿女均死于麻疹,长辈同意梅兰芳再娶一房,生儿育女。王明华也同意这门亲事,以弥补她本人未能尽到的责任。当时除了我母亲,好几个与她在炕上一起剪纸花的童年小伙伴,按照梨园习俗也都嫁给了梨园行,果素瑛嫁给了程砚秋,冯金芙嫁给了姜妙香。婚后,母亲奉守当年的伦理标准,为这个家庭奉献了一切。婚后 14 年中,她先后生了九个子女:头二个一男一女;第三、四、五个均为男孩,即葆琪、葆琛、葆珍(绍武);第六、七、八均是女孩,即葆珑、葆玥和一位没取名就死了的;最小的小九就是我——葆玖。梅门弟子和我们都尊称母亲为"香妈"。我们兄弟姐妹九人(还不包括王明华生的永儿和五十),就四哥、五哥、七姐和我成人了,其他的都没有保养好,幼年夭折。我觉得这和当时整个社会不重视卫生情况有关,因为死因都是流行病,应该也和过于信任中医有关。如果现代的流感发生在那个年代的话,后果可能不堪设想。

我的三哥葆琪,一双大眼睛跟我父亲非常像。他很受宠爱,父亲练功都带着他，又送他到外交部小学读书。他聪明超凡，自幼就看得出接父亲班的苗头。可是到了 8 岁，流行白喉，空气传播，他不治夭折。如果没有白喉流行，我可能和四哥、五哥一样，做我想做的工程师了，小时候也不用如此辛苦，一边读书上学，一边拼命学戏了。我 8 岁时也犯过病，医生检查后也说是白喉，母亲一听"白喉"二字，当场昏倒在地。

我出生那天，父亲不在家中，正在武汉演出。碰巧那天戏园失火，他就把该期包银的一半拿出来救济同行底包。至今 80 来年过去了，我到武汉演出时，当年底包的第二代、第三代还牵了我的手，重提往事，让我万分感慨！父亲从武汉回上海没几天，河南又发大水，他又去开封救灾义演十天。救灾刚完，又接受苏联邀请，去苏联进行那次极为重要的演出和学术研讨会。我生下来，就是这个环境，父亲太忙了，演出是不断的，逢到假日，经常日夜两场，有时还得双出。因为他要养活戏班里的一大帮人。

为抵抗日本邀演，父亲冒险自己注射伤寒预防针

1937 年"七七"事变发生后，日本侵略者的战火燃烧到了祖国内地。中国人民抗日救亡运动在中国共产党发动和领导下蓬勃开展，"不做亡国奴""誓死抗战到底"的呼声响遍了神州大地。

父亲为了抵制为日本军帝国主义做服务演出，蓄起来胡子不再登台。这件事在抗战期间影响很大。当时，日本侵略者对父亲进行胁迫，逼他演出，父亲在不得已的情况下，只得接连三次冒着生命危险，给自己注射伤寒预防针，使体内发起高烧，以此抵制日本侵略者的要求。

父亲这种以损伤自己身体为代价的爱国行动，展现了其崇高的气节和境界。如果我们从文化的视角来看待它、研究它，就会发觉梅兰芳这

梅葆玖与父亲、母亲及四哥、五哥、七姐在香港合影

种坚贞不屈的爱国思想，完全是受中国传统文化中"舍身取义"理想人格的影响而形成的。这和他为人处世的儒家思想，和他的生死观是一致的。父亲的思想和岳飞的"精忠报国"、文天祥的"人生自古谁无死，留取丹心照汗青"一样，会流芳百世。父亲的爱国精神也在永远地激励着我们。

"唱戏的在小岛上能活吗？"

1948 年这一年，家里还算平静。卢燕（父亲的义女，曾在我家里住过九年）母女去美国已近一年，四哥（葆琛）考上了震旦大学土木系，和我一个学校，我是预科，他是本科。七姐（葆玥）也在震旦女中，父亲请了陈秀华老师来家教她余派戏。她和我一样，一边读书一边学戏，很忙。

社会上，民不聊生。为救同行燃眉之急，父亲为上海伶界联合会和北平国剧公会义演了两天，将义演票款和捐款 3 亿 7000 万元请德高望重的萧长华先生主持，悉数分给了同行。1948 年下半年，除了拍电影《生死恨》，没有演出，但唱片公司的版税每年都会如数送到家里，以帮助我母亲的日常开销。北方内战激烈，上海各大专学校师生都上街游行，"反饥饿、反内战"。我当时还是中学生，没有去参加，但震旦校园里已经不平静了，有的外国神父要准备撤了。家中每天倒还是有不少父亲的学生来吊嗓子、学戏，"梅华诗屋"里坐得满满的。到了 1949 年，战事更吃紧了，国民政府准备要撤了，希望我们全家也撤到台湾去，说房子也有了，一切都准备好了。

1949 年 4 月，父亲的挚友、上海戏剧学院院长、留美的熊佛西先生，带了夏衍先生到了思南路的梅家，希望父亲留下来，迎接新中国的诞生。父亲也同意熊佛老的说法，说："唱戏的在小岛上能活吗？"

5 月 27 日，解放军进了上海。父亲说："共产党的军队，纪律严明。"我们家附近的思南路、复兴路到建国路一带，都非常宁静。

5 月 31 日，梅剧团接受陈毅市长的邀请，在上海南京大戏院（今上海音乐厅）连演三天，热情招待和慰问解放军。父亲很把这件事儿当事儿。陈毅市长威信很高，第一天演出完，陈毅就专门到后台对我父亲表示感谢。我随父亲每天去剧场，这是我第一次看见台下有如此秩序井然的特殊观众，给我留下了十分深刻的印象。几十年来，我参加过无数次慰问解放军和赴朝鲜慰问志愿军的演出，每次都会想起梅剧团那次演出的情景。

6 月 4 日，父亲接受陈毅市长邀请，在八仙桥青年会参加了上海各界知名人士座谈会，上海各报都登了梅兰芳开会的照片。

"梅老板回来了"

1949 年 7 月 2 日至 19 日，全国第一届文学艺术工作者代表大会在北平召开，父亲在会上见到了毛泽东、周恩来、朱德等领导人。当父亲第一次和毛泽东握手时，毛泽东风趣地提及北平人对梅兰芳的欢迎，说这程度不亚于解放军进北平时的情形。毛泽东幽默地对父亲说："您的名气比我大。"

父亲赴北平前，我和母亲、葆玥姐以及许姬传先生等准备同父亲一同北上。母亲准备了好多给亲友的礼物。出发前，熊佛老来告知，到北平会有演出，所以，管服装的郭岐山先生（现在梅剧团管服装、舞美的郭春慧先生的父亲）、老生王少亭等人，还有周信芳、程砚秋、袁雪芬等上海代表共 60 多人，也一起浩浩荡荡来到北平。这是我长到 16 岁第一次出远门，所以特别兴奋。

6 月 24 日，我们从上海出发，到北平已经 27 日了。火车在路上走了三天，路过南京时，刘伯承将军在原国民党的励志社（我父亲 1936 年演《生死恨》大为轰动的礼堂）设宴招待我们。为避空袭，我们在南京白鹭洲停了 17 个小时。路过济南时，正值午夜，那天晚上的月亮非常好，碧天如水，皎洁的月光照到泰山顶上，愈发显出泰山的崇高和伟大，奇峰突起，好看极了。葆玥姐是念中文的，诗兴大发，念了许多古诗人描写明月的佳句，也使我想起昆曲里写月的曲词。"月明如水浸楼台"，"月明云淡露华浓"，古人写景的技巧真有独到之处。火车几乎每站都要停，父亲每到一站都要下车和沿途的戏迷打招呼，毕竟大家都有十多年没有见到梅兰芳了。天津的欢迎阵势最大，父亲答应天津的观众，等北平的事儿完了，第一站就到天津来演。

北平站终于到了，人山人海，"梅老板回来了"的消息不胫而走，老百姓都想来看一看梅兰芳。在京的同行，如尚小云、荀慧生、谭富英、萧长华、姜妙香全来了。

我们到北平后住在东单史家胡同的陈关锋家中，就是现在的干面胡同红十字会宾馆。这住宅以前正门在史家胡同，后门在干面胡同，现在后门成正门了。这是一个西式的旧洋房，不是四合院，北平城里很少有，可谓"画廊金粉半寒星，池馆苍苔一片青"。陈关锋是新华银行经理，冯六爷（耿光）是新华银行的董事长，和父亲都是老朋友。陈关锋先生的夫人那时去了国外，当时还有一对音乐家夫妇住在那里。父亲除了开会，其他时间都到这儿来吃饭休息。因为演出忙，饮食无序，父亲肠胃不好，母亲还特意邀我父亲的学生王佩瑜一起来北平，料理我父亲的饮食卫生，因为她是营养学专家。

这是我第一次离开上海到北平，从小在上海法租界长大，就那么一个小天地，到了北平真的吓了一大跳，怎么那么大啊！一切都很好，唯一不能接受的是豆汁儿那股味儿，实在是……

文代会期间，父亲演出了《霸王别姬》，还在当时文化工作有关领导的安排下，观摩了延安平剧院演出的《中山狼》《进长安》和现代戏《四劝》。7月底，为救同行之急，父亲在长安大戏院演了四场义务戏，票款全数由李八爷（李春林，现程派名师李文敏的父亲，梅剧团总管）管理，支付同行救急。

参加政协一届全体会议

9月4日，父亲又一次动身北上，到北平参加中国人民政治协商会议第一届全体会议。他和许姬传先生住在六国饭店全国政协会议招待所。出席会议的岁数大的代表都安排在二楼，便于上下楼。代表的伙食，按规定到饭厅集体进膳，晨8时早餐稀饭馒头，12时午餐，6时晚餐，摇铃通知。还给代表们发放理发券、洗衣券、乘车证，招待得很周到。代表中也有父亲多年的老友，如周孝怀、张难先、江翔云、李步青、陈望道等，他们都是思想开明、齿德俱尊的老人。尤其是张难先老人，以前做过浙江省主席，当年已 76 岁高龄了。他饱经沧桑，阅历丰富，国民政府时期数十年来始终不愿参加政治协商会议，不想多事，但是这次召开的人民政治协商会议，这一批人都欢欣鼓舞，不顾衰老，毅然参加。会议中，父亲和这些人都发了言。他们的发言引发了全场极为热烈的掌声。这掌声可以说是为庆贺这些久经事变的老人，也可以说是庆贺人民政协本身。这些老朋友和父亲一样选择了几十年，现在终于感觉选对了。

张难先以前在国民党里以廉俭著称，他十分仰慕父亲蓄须明志的民族气节，这次知道父亲也来参加会议，特地备了一个扇面，请父亲画梅，引为佳话。到六国饭店特地拜访父亲的，还有一对十分特殊的父子，他们是 662 位代表中唯一的一对父子。父亲陈已生，儿子陈震中，父亲是上海工商界人士，儿子是代表学生的中华全国学生联合会副主席。这对父子出自一个颇具传奇色彩的家庭，陈已生的父亲陈汝康是光绪年间"戊戌变法"维新派的重要成员，这父子二人则在抗日救亡的烽火中同日寇进行了不屈不挠的斗争。祖孙三辈，子秉父志，先后参加了"公车上书"、"戊戌变法"、抗日战争到新中国成立绵延半个多世纪的近代中国大变革。陈氏家族中不少女眷都是梅派名票，她们热爱梅派，虽都生活在上海，但一直无缘结识父亲，这次借此机会，这对父子特意来拜访父亲。

会议期间，父亲演了一次戏，并在共和国成立的第二天，在政协联欢会上作了一次节目主持人。主持和现在电视里的节目主持人差不多，有两位，另一位是田汉。票戏的人都是文化界的领导同志和政协委员中的京剧爱好者，这可以说是全国政协京昆室的前奏了。但今天全国政协京昆室大多是政协委员中的专业演员，一般委员能上台唱一出的不多了，尤其是中年的不多了，青年更少。

晚会没有戏单。据说，许姬传那天迟到了，进门已经是第二出《钟馗嫁妹》，侯益隆的徒弟演的。下面是云燕铭的《鸿鸾喜》，演到"投江"为止，不带"棒打"。压轴是谭富英的《定军山》，带"斩渊"。大轴是父亲的《宇宙锋》，12点钟上场。据阿英同志（当时天津市委宣传部长）回忆："那天（梅兰芳）嗓音甜润，做功表演深刻，台下一点声音也没有，安静极了。我们坐的地方距离戏台有十几排，但是《反二黄》里'懒睁杏眼，倒凤颠鸾，一声来唤'，几个低腔，每一个字都送到耳边，异常清楚。我觉得近三五年来听梅剧以这次为最舒服。……优美的戏剧，能够净化观众的心灵，使之升华。那天晚上真是到了那种境界。"父亲事后自己也回忆说："因为环境与心情的和谐，演得非常舒适。"

政协开完会后，因父亲离开北平近20年了，20岁左右的人没有听过梅兰芳的戏，市民要求演出的呼声极高。长安戏院（老长安，西长安街路南）方面，也托尚小云（父亲的表妹夫）来说，要求帮几天忙。父亲也觉得应该和市民观众见见面，于是约定开完会，唱十天。

演员大部分是梅剧团的老人，小生俞振飞，从上海赶来，其余萧长华、刘连荣、王少亭原来就在北平，老生约了奚啸伯。因为奚啸伯内人过去后，情绪很不好，父亲为此相约他参加。同时也对杨宝森打了招呼，杨宝森也认为应该帮奚啸伯的忙，原来他们交情就很好。戏码由父亲自己圈定，点定了《起解》《贩马记》《宇宙锋》《别姬》《凤还巢》五出戏。当时戏改已经开始，父亲说："觉得还没有大毛病，加以部分修改，比较容易。"在长安戏院演出的十天中，有四场《别姬》，因为买票拥挤，票柜上的玻璃都被打破了，警察也无法维持秩序，长安院方要求多演《别姬》，以解决这种困难。

父亲带我为中央首长演出

1950 年 12 月 31 日，这是值得纪念的一天，父亲带着我到中南海怀仁堂为中央首长演出《金山寺·断桥》。第二天，即 1951 年 1 月 1 日元旦，我又到怀仁堂演了《玉堂春》。

那时我才 17 岁，还在上海念书，要到 1951 年暑假才能完全离开学校。1950 年 12 月 13 日，我在长安大戏院参加中央人民政府文化部主办的京剧招待晚会，和父亲、姜六爷合演了《游园惊梦》。我们前面演的是谭元寿的《问樵闹府》，再前面是戏曲实验学校学生谢锐青等演的《金山水斗》。到年底那天，父亲说要去中南海演《水斗·断桥》，第二天还有我的《玉堂春》。之前没有人跟我说过，父母也不说，我只知道跟着父亲走就行了。

演出那一天，父亲因为不能见客，没有进首长休息厅。第二天，我演《玉春堂》那天，父亲来看我扮戏。周恩来总理在开场前对父亲说："除夕看老一辈艺术家，今天看青年一代。你来看戏，一定很高兴吧。"那天父亲也见到了毛主席，回到家中还对我母亲说："今天在休息室里见到毛主席了。他含笑和我说，昨天看了《金山寺·断桥》，你演的白娘子扮相与众不同，想得很妙，浑身穿白，头顶一个红线球。毛主席看戏可真仔细！这么多年，还从来没有人谈过白娘子的扮相。的确，我是花了很多时间来研究，才改成现在这个样子的。"

那天我自己唱得也比较满意，因为这出戏在上海参加夏声戏校演出时经常贴（广告），已经唱熟了。台下也很安静地听戏，完了才鼓掌。

梅家的住宅

1949 年父亲到北平参加第一届文代会时，周总理曾对父亲说："我希望你到北平来主持即将成立的中国戏曲研究院，你可以住到旧居无量大人胡同。"后来，父亲通过阿英同志转告周总理，说那房他在新中国成立前已卖给柯家了，现在如果住进去，人家会怀疑他倚靠政府的力量强占此屋。父亲让阿英同志把这层意思转告周总理，希望总理能了解他的苦衷。事后，总理派了政务院申伯纯同志陪父亲看房，就到了护国寺街一号。

那是一个四合院的规格，只有北房和东西厢房，南面是杂草地。父亲表示："现在就我和许姬传二人，足够住了。"就拍板了。那房当时是招待所，邓宝珊将军还住在里面。到 1950 年下半年，我母亲带着我们来时，南房也盖起来了，就是如今这个样儿了。

近半个世纪，北京人都知道梅家住西旧帘子胡同 29 号，这是梅家唯一的房产，有产权证。这所房子当年是《大公报》经理胡政之的女婿王先生的私房，由当年为梅兰芳管理经济的老友、新华银行北平分行经理曹少璋租赁居住。那年，业主要出售此房，父亲得讯，就对曹少璋说："你问房主卖多少钱，我买下来，省得你搬家了。"当时大概花了6000 多元，也就唱几天戏的收入。后来稍加整修粉刷，作为招待外面来的亲友的住处。新中国成立后冯六爷夫妇从上海到北京，就住过此地。

父亲逝世后，母亲因住在护国寺触景伤情，就搬到西旧帘子胡同。1966 年，"文革"风暴席卷北京城，护国寺梅宅大门内贴满了批梅兰芳的大字报，不久我们被扫地出门。除了我住我岳父家中，其他人全都搬到了西旧帘子胡同。前几年，西城区改造，又动迁至和平门新壁街的一宅新的四合院，我住北屋，南屋是范梅强（梅葆玥的儿子），东、西厢房归四哥、五哥的后代居住。梅家从李铁拐斜街开始，随着父亲在艺术上的成功和影响，共搬了六次家，住得最长的是上海思南路，而北京和平门是最后的乔迁。

1986年10月27日，"梅兰芳纪念馆"在梅兰芳生前最后十年居住的北京护国寺一号开幕。中央有好几位领导参加了开幕典礼，习仲勋同志代表党中央即兴讲话。他和当年陈毅同志一样，称梅兰芳是"一代完人"。

回顾父亲的一生，他一直坚持颂扬美善，鞭挞丑恶。他热爱祖国，被中国人誉为"一代宗师""一代完人"，被外国人誉为"罕见的艺术上端庄正派的风格大师""伟大的演员""美的创造者"。他不仅是一位京剧表演艺术家，还有多方面的爱好，诗词、绘画、音乐、书法、花卉和武术他样样都通，对佛学、音韵学、民俗学、服饰学、花卉学、宫廷典籍以及丝竹乐器等也颇为熟稔。他学习这些并不是以此作为谋生的手段，以之换取物质上的享受，而是把各种文化的熏陶和艺术的尝试当作磨炼自己艺术修养的手段，以提升自己的艺术品位，提高自己的艺术修养，保持较佳的艺术创作精神状态。正因为把这些都融汇到自己的表演艺术当中去，才创立了国际上独特的表演艺术体系。我现在已年逾80，这些是我向父亲一辈子都学不完的地方。

党的十八大要我们建设优秀传统文化传承体系，弘扬中华优秀传统文化，党中央的声音代表了民族的意志。我们面临着时代的挑战，如何使前辈们创造的宝贵艺术财富在新的时代发扬光大，如何像梅兰芳那样继往开来，接过旧的、完善现在的、发展将来的，已成迫在眉睫的事了。

清梅余韵久绵长

——怀念梅葆玖先生

普通人梅葆玖

吴迎口述　于洋采访整理

因为我的母亲和葆玖的母亲是朋友，所以我十一二岁的时候就认识了他。后来，我们各自念书，有时候我会到梅家去看看他。长大之后彼此比较忙，"文革"前，如果他来上海、我去北京，就见见面，但也一直通信；"文革"结束后，我们一起为梅派做了一些事。在我眼中，他就是一个普普通通的人。

"我来压轴"

1988 年，葆玖跟我说，他可能要跟他父亲一样要到政协里去做点事儿。我跟他说，去政协可以搞团结、搞统战工作，既然各个国家和地区都有梅派的爱好者，那么大家可以一起唱唱戏，学学梅派、学学梅兰芳的做人。这是一个纽带，也可以说是一个载体，其就是为了一个国家的兴旺。这里用了梅葆玖的原话，他说过："其实我们唱唱戏也是为了国家的兴旺。"

因为葆玖打小是出生在上海的，我们结识也是在上海，很多老朋友更是都在上海，所以后来我就跟上海市委统战部的海外联谊会提议搞一次比较大的活动，海外联谊会非常支持。同年，海外联谊会与上海市政协一起举办了海内外梅兰芳艺术大会演，我是组委会成员之一。当时规

模相当大，几乎把全国比较出名的梅派演员全部请来了上海，一共大概有 89 位，除了葆玖以外，还有杜近芳、童芷苓、杨荣环、李维康、李炳淑等。那时候条件不好，住的都是很普通的宾馆，他也不挑，还连着演了八九天的戏。并且，按计划是请几位最主要的演员来大轴，但无论如何也排不过来，所以必定要有人压轴。葆玖就非常谦虚地说："我来压轴。"其他演员看到梅兰芳的儿子都这样说了，于是也都很谦让。

葆玖都是在默默无闻地做事，从来都不宣传自己。我们打小都是如此，尽管经历了很多事儿，但谁也不愿意多说。后来全国政协的中国文史出版社让我写了一本梅葆玖的传记，他看了很高兴地对我说："你写的东西没有一句是捧我的话，也没有一句是废话，都是实实在在的一件一件事儿谈下来的。"有人说我这本书太干了，一点儿都没有为梅葆玖树立高大的形象。我想，他们真是不了解他，梅葆玖哪有什么高大形象？他就是一个普普通通的唱戏的人，除了全国政协委员之外没有任何职务，完全就是一个老百姓。

在上海演出，台湾也来人演全本的《洛神》。那时，台湾同胞不太容易到大陆来，葆玖就对我说："台湾同胞过来大陆演戏，你跟我一起到机场去接吧。"他就是这样，从没把自己当成什么大人物。

"最佳邻居"

葆玖得过很多奖，其中他最看重的有两个：一个是施瓦辛格作为加利福尼亚州州长代表美国政府文化部门签发的"美国政府大奖"，由美国驻华大使颁发，还在北京公开举行了授奖仪式。另一个奖则非常有意思，是葆玖住的干面胡同街道里的那些大爷大妈评出来的"最佳邻居奖"。他认为，这两个奖同等重要。一个是来自国外的认同，一个是来自每天碰面的街坊的认可。

葆玖从来都不去参加评奖活动，也从来都不去做评委，即便那是梅兰芳金奖的评委。他说评奖里面事儿太多、太复杂了，他不愿意惹是非；而且，用零点零几分去判断京剧艺术，这种计量的方式，本身就不科学，所以也不要去怪人家通路子。因此，他很少鼓励自己的学生参加比赛。可一旦有人去参赛，葆玖还是会很关心。一次，我跟葆玖没通知任何人就跑去看他学生田慧的决赛。没想到田慧在复赛的时候还是第二名，到决赛却突然变成了倒数第二名。田慧那会儿还是个小青年，受不了这种打击，当着师父的面一下子就哭了。葆玖就一个劲儿地安慰她："你可千万别哭啊，不能把嗓子哭哑了！"

葆玖很念旧情。20 世纪 80 年代，有一次演出票很难搞，他特意跟我讲，有位邻居的票一定要给送去。我为难地说，票很紧张。他说："他们家里包了饺子，他把热乎乎的饺子拿给我吃。不管怎么着，那是人家的一片真心。"粉碎"四人帮"后，到上海头一次演出的票特别难搞，我家里的电话都被打爆了。可葆玖跟我讲，有几个人的票是一定要

1948 年 4 月 9 日于上海天蟾舞台，梅葆玖与梅兰芳（左）合影

留下的：首先是他的奶妈余妈和老伴、梅家的老管家老方。他说："毕竟那么多'运动'都是他们一直跟我妈妈守在一起过来的。"还有一位是小时候给他们烧菜的大厨王寿山，是非常有名的梅府家宴的祖师爷。他们的情，葆玖都记在心里，还惦记着回报人家。

"古怪"人家

梅兰芳对葆玖的影响很深。1947 年，梅葆玖在教会学校上学的时候，学校没钱，维持不下去了。葆玖跟爸妈商量，梅兰芳听后立刻提议让他和葆玥姐弟俩义演一场救急，他对葆玖说："反正《二进宫》你刚学，葆玥也学会了，咱们再请裘盛戎吧！"因为裘盛戎那时候是地位最高的花脸了，并且刚好在上海。裘盛戎亲口保证说："二老放心，我一定把两个小老板给傍严实了。"后来裘盛戎成了全国最好的花脸了，见面还跟梅葆玖说："那一年我 30 多岁，你才十三四岁，我帮你没错吧?"葆玖跟我说："虽然我们就那么一次合作演出，但意义非常深远。"我问："后来赚了多少钱?"他说："那一晚的演出，大概可以让学校活个五六年吧。"这是因为除了亲朋好友捧场之外，还有个私人电台知道了这件事，马上积极运作，一方面实况转播，一方面号召大家捐钱。他们弄得很巧妙，在转播的过程中发出一个信息，譬如说南京东路几栋几号严小姐捐款 100 元，那些票友听到了相互之间要比的，心想："这个严小姐我可不能输给她，那我就来个 120 元吧!"这样越比越高，简直成拍卖会了。结果就为学校募集了很多钱。

这后续还有个有趣的事儿：学校的神父不知道该怎么感谢他们，他比较擅长油画，就画了一张圣母玛利亚的肖像，又做了个框子裱好，非常认真地送到梅家。梅兰芳觉得这幅画很好看，就在客厅旁边的墙上挂了起来，还特意在前面放了两根白蜡烛。这种画是不能随便挂的，只有信教的人才挂，所以这一举动引起了言慧珠、顾正秋等徒弟们的骚动："哎呀，不得了了! 好不容易抗日战争胜利了，师父的胡子刮掉了，怎么又信教了?"梅兰芳也不解释，就是笑笑。

葆玖开始随梅剧团演出的时候，他父亲梅兰芳每场戏就给他十块钱。葆玖拿了钱就拉着我们去买零件，他要做很多木头飞机，分别去送给好朋友。梅兰芳看见他，很了然地问："钱不够了吧?"他说："还差两块多钱。"梅兰芳就一分不少也一分不多地给了他两块多钱。在那时的我看来，他们很古怪，上海的有钱人家不是那样的。有人说，葆玖从小就娇生惯养，其实不是的。他小时候太苦了：白天要上学，他是童子军，又是升旗手，很早就得起；晚上又得学戏、吊嗓子。哪一个小孩是这么活的? 而且那时大人管得太厉害了，他妈妈是旗人，规矩特别多，但凡有一点儿不对他都得跪下。这些，我都是看在眼里的。

在唱戏上，葆玖是很刻苦的。有一次，歌唱家胡松华特意打电话来问："葆玖，你都 76 了，那么好的声音是怎么出来的？"葆玖还打哈哈："我不是跟你学的嘛！"胡松华有个《赞歌》，葆玖还学他的唱呢。如果不是那么刻苦，不是那么用功、实实在在地下功夫，根本就不可能七十几岁还能那么唱，因为男旦的声音没有天分那么一说，那完全是靠练出来的。

葆玖对他的父亲非常尊重。他去世前曾在给我的小信中说："深感父亲一生就是在这中正从容的思想下走完了一生，也是完美智慧的一生，留给后人的楷模，一代完人的形象，就是源自于中正从容的儒家思想。因此复制下来共勉之！"而后他又在电话里和我说："有的学生，已经给了很多机会，台上不理想，不是嗓子不行，正是在台上台下不懂中正从容的重要。"

记忆中的"小梅先生"

李玉芙口述　于洋采访整理

今年 3 月，梅葆玖小梅先生突然晕倒，住进协和医院特护病房。我去看他，反复地唤他醒来。我说："《大唐贵妃》等你排练，要求拜你门下的几位学生还没举行拜师礼，还有……"我还让胡文阁也在小梅先生跟前多说他晕倒前急于要做的事情，我总觉得能唤醒他，能唤醒他……后来，我去了外地出差，不想却听到了最不愿听的消息：小梅先生真的走了……

"我就是一干活儿的"

1959 年，我与十几位同学毕业后到了梅兰芳剧团，我们吃住、学戏、练功、演出都在梅剧团的驻地——东安市场北门的吉祥戏院。并

1981 年 8 月 31 日，梅派弟子在人民大会堂前合影。前排右一为李玉芙，后排左六为梅葆玖

且，在这儿我们还能天天看到梅兰芳先生、梅葆玖先生的演出，我们尊称他们为老梅先生、小梅先生。小梅先生的嗓子特别冲，常演《玉堂春》《西施》《生死恨》等唱功繁重的戏，还有新排的《胭脂》《三女抢板》，唱做并重的《天女散花》也是他常演的戏。小梅先生那时二十五六岁，比我只大四岁，很快就与我们这些年轻人打成了一片。1960年，小梅先生和我一起演新排的《龙凤环》，还一起下基层劳动、排戏、演出。有一次排戏休息时，他叫我们："过来，过来！给你们听段录音！"我们还不懂呢，心想，什么歌，有什么好听的？一听，里头打呼噜呢。我们问那是谁的呼噜，他嘎嘎乐："你们猜不着吧，许姬传许先生的！"因为老梅先生有话，许先生没什么亲人，他们梅家一定给他养老。所以，许先生就住他们家。这不，许先生睡着了打呼，小梅先生就给录下来了。后来小梅先生提起老梅剧团，还笑着对我说："那时咱们

两个旦角一起上《龙凤环》，你还反串小生呢！排戏休息时，我给你们听录音，逗得你们笑个不停，哈哈哈……"

小梅先生有个很出名的个人爱好就是玩汽车，这是打老梅先生那儿来的。过去讲，艺人里头一个有汽车的就是梅兰芳先生，那是国家给配的。那时候我听说小梅先生能开车，感觉太神奇了，因为从没听说过演员还能开车。那时候我们学校里大部分老师都是穿长袍、拿小茶壶、抽烟袋的老先生，但老梅先生一般都是西装革履的，他的思想不是局限在梨园、长袍马褂这个小圈子，而是跟外界广泛地交朋友，我想，在这点上，小梅先生可能是受他的影响。小梅先生不光会开车，还对机械方面特别有兴趣。我上干面胡同他家去，看到满屋子全是机器。头几年有一天，电视台有个业余爱好者带着摄像机参加我们的聚会，他刚把摄像机拿出来，葆玖眼尖，马上说就，哎，你这机器不错，是不是索尼什么什么的？立刻就把型号说了出来，特别懂。

小梅先生是一个特别有意思的人。有一次我们去密云演出，吃完饭该扮戏了，大家都在化妆什么的，一问还有谁没来呢？再一看，玖爷哪儿去了？找去！正让找的时候，小梅先生跟孟俊泉乐着就回来了。原来，这两人是逮蛐蛐去了。城里逮不着，到了密云一下子逮了好几只，乐得不行。还有一天我们出外演出，有一大车人。车开起来，他说："你们光坐着，别闷得慌，我给你们放侯宝林先生的相声！"他把带子搁录音机里放，大伙儿听着都乐。我还经常在旁边听他们闹："玖爷，你来，来，学一个猪叫！"小梅先生就学猪叫。现在我想起来这些事就乐，就好像是昨天才发生的事。

生活中，小梅先生就是一个很平凡、很朴实、很实在的人，一点儿都没有"我是梅兰芳的儿子，我是公子哥儿"的架子。有人称他为京剧大师，对此他特别谦虚地说："我爸是京剧大师，我就是一干活儿的。"

2014年，我们去泰州演出，本来夜场演出结束，吃完晚饭就很晚了，很多人还过来请他签名。那天他一直签到晚上12点多，不论谁来都给签。我们都感觉太累了，签也签不动了，但他仍然特别认真。他身上老带着笔、照片，随时准备给人签。有一次我们到日本演出，业余时间大伙儿都跑去百元店买东西，那儿是最便宜的地方了。一会儿工夫，小梅先生来了。有人问他："您还上这儿买来？"他反问："我怎么不能买呀？你们能买，我也能买。回去自个儿用、送人，都挺好的嘛！"有人写文章称小梅先生就是"干面胡同一个老头"，我倒没觉得他是"老头"，只是觉得他很平和。我女儿的同学是报社记者，有一次刚好拍到他一张照片，他在干面胡同里骑着自行车，遇见熟人还一手扶把，一手跟人打招呼呢。

"老梅先生"与"小梅先生"

小梅先生很了不起，可以说是家学渊源。那样一个大家庭，小梅先生最小，香妈（福芝芳）特别疼他，梅兰芳先生则对他要求很严。小梅先生在上海的时候，梅兰芳先生特意送他和葆玥去法国教会学校上学。通常科班里出来的人没有什么文化，一般艺人，像我父亲（李妙兰，喜连成第一科"喜"字辈学生，攻青衣）能给我讲讲《聊斋》我都挺纳闷的，尽管他能读懂文言文，但从没上过学。可是老梅先生几个子女都是大学生。

同时，老梅先生还请很多位老先生给小梅先生教戏，特别是要他到王幼卿先生家去学打基础的传统戏。小梅先生常说："我父亲让我认认真真、老老实实把《大登殿》《武家坡》等老戏学好，王先生也是一字一句地给我抠唱，一招一式地给我练身段。"于是，他谨遵父命，京昆戏都学得瓷实。他这基础不但打得厚，而且打得好，会的戏也多。在拍电影《梅兰芳》的时候小梅先生去配音，我特别惊讶：皮黄那就不用说了，梅先生的戏他都会；昆曲也非常扎实。老梅先生的要求，他都做到了。

老梅先生对我们这些晚辈一向关爱有加。有一次，大年初一早场我演《凤还巢》，9 点开演，8 点半我在后台还没上场，一看，老梅先生来给大家拜年了。老梅先生那时候那么忙，却大年初一起大早给全团拜年。试问，谁不尊重？1960 年 5 月，老梅先生带全团巡回演出，第一站在天津，按规矩头三天打炮是主演，但在梅剧团，老梅先生不打炮。一开始我们还不明白为什么，后来一想，如果是老梅先生打炮，那我们还怎么唱啊？所以，头一天是小梅先生的《玉堂春》，第二天是葆玥姐的《辕门斩子》，第三天是我新排演的神话剧《柳长青》。这样，我们三天唱完了，先给天津观众亮亮相，老梅先生再开始唱。这样的安排是相当特殊的。受父亲影响，小梅先生也一直都是很谦逊平和的，梅剧团里也始终其乐融融。

小梅先生跟老梅先生合演过不少戏，其中《穆桂英挂帅》是独一份儿的，后来音配像里没配这版，我觉得非常惋惜。在这个版本里，老梅先生演穆桂英，小梅先生演杨文广，葆玥姐演杨金花。小梅先生过去唱旦角，他姐姐过去唱老生，这里又反串回来，分别演武小生和旦角。并且，父亲与子女同在台上演出，他俩演的又是子女，像是特意给"正"了过来，让人感觉非常亲切。这部戏里最吃力的就是小梅先生了。他过去唱惯了旦角，为了演"刀劈王伦"的武小生，真是下足了功夫。最后这部戏效果非常好，演了好多场，观众们特别满足，尤其想多看小梅先生怎么演。这部戏也成就了一段特别的佳话。

梅葆玖积累大量资料的美国刻读机

两件"大功劳"

"文革"以后，小梅先生为梅派做了两件大事，其中一件就是恢复梅先生的戏。当时我特别注意小梅先生的唱，因为他唱的戏有的我还不会，比如《生死恨》《穆桂英挂帅》等，那时候都没学，而他已经在尽快地恢复了。还有《西施》，也是小梅先生常演的剧目。那时候梅先生不演了，小梅先生嗓子好，都是他来。他一唱我就到剧场去看，还拿个小录音机录，马上下来我就学，学完我也唱。那时候不知道怎么的，没人催，也没想所谓的紧迫感，我们就自觉这么做。因为小梅先生大戏一出一出地演，他这么做就自然而然地带动了大家。他演戏很拼命，一次，他正演着《霸王别姬》，哮喘病就犯了，他强忍着舞剑，戏演完了幕布一关他就趴在了台上。他还把昆曲《断桥》排了出来，在长安大戏院的演出很成功很完美。我知道这出戏特别难演，特地做了花篮送去后

2016 年春节前，李玉芙（右）及外孙女司梅敏慧（左）与梅葆玖（中）合影

台祝贺他。我们特别佩服他，《断桥》那么难演他都演下来了，很了不起。

小梅先生演戏非常认真细致，到台上再小的事儿都很重视。有一次我们要演《生死恨》，他注意到舞台上纺车搁得太正了，就拿手弄一下，还解释说："稍微挪一下，把这边再斜一点儿，这样整个把观众面都照顾到了。"我注意看了一下，哎哟，是不一样。为观众着想，这也是当初梅兰芳先生秉承的一个原则。这么多年，老梅先生的戏，所有的唱都传了下来，就是因为他说："我要创新腔，一定要考虑观众耳朵的习惯。"老梅先生首先考虑的是观众，而且还要跟着时代前进，大家才都对他的戏百听不厌、百唱不厌。小梅先生也是这样做的，后来他准备在《大唐·贵妃》里搁交响乐，就是想着要适应青年观众的欣赏习惯。

更难能可贵的是，对此，小梅先生认为，这不光是为父亲、为一个家族而做的事，而是作为一个国家的国粹、国剧，梅派是有代表性的，他是梅派举大旗的人，有责任往下传。

小梅先生教戏毫无保留，这是不容易做到的。比方"挂帅"，这出戏是老梅先生晚年排的，太有厚度、太深沉了，很难唱，一般人不敢动。后来小梅先生演了，我觉得根据自己积累的程度，也可以动这部戏了，就去跟他学。梅家在西旧帘子胡同有个院子，地方很宽敞，能走得开。"挂帅"全剧有三场戏，小梅先生从头到尾给我走一遍，一个累字都没说。我说："你歇会儿吧。"他说："不，把末场走完。"我说"九锤半"的身段动作还不太清楚，他就毫不犹豫地说："那我再给你来一遍。"

还有一次，小梅先生对我说："哎，给你一个录音，我爸1953年的实况录音《宇宙锋》。你听听他那反二黄怎么唱，那节奏特好。"我一听真是，那节奏一点都不拖，往前推着唱。这是他主动给我的。还有的录音是我跟他要的，无论要什么，说完了他都是回去就做，录完了就给我。他的录音也特别多。绍武是把梅先生的文字资料整理得很全面，而小梅先生则把梅先生的音像资料收得很全。并且，他收徒弟的时候就拿给人家，还嘱咐他们："我父亲的录音，我希望你们不要光听他后期的，要多听听他早期的，因为早期嗓子各方面都好；后期你得琢磨他的韵味了，他唱的那些东西很深的了。"

小梅先生为梅派做的另一件大事就是恢复梅剧团。"文革"刚结束时，大家都很困难，既没有钱也不敢想，都是闷头在做自己力所能及的事。20世纪80年代初至90年代初，为纪念梅兰芳先生，在北京、天津、上海、香港，都举办了演出、讲座等活动，并且出版了大量梅兰芳先生的资料。在此基础上，开始筹备恢复梅剧团。1995年，小梅先生先是找了一些香港名票，想请他们出资帮助成立一个小范围的梅剧团临时演戏，还找了一位上海的企业家赞助，等等。最后获得了北京市委市政府的支持。北京市政府拨了 300 万，还成立了一个梅兰芳基金会，并在北京京剧院下设梅兰芳剧团。这样，小梅先生的愿望实现了，他的辛苦终于没有白费。我听说了，心里特别高兴。小梅先生呼吁说，老梅剧团的人能回来的尽量回来。他还特意专门派人请我回去，于是我就带着京胡舒健、二胡卢慧沙从三团离开，回到了梅剧团。

小梅先生做的这两件大事，对于梅派艺术的传承是功德无量的。这些年，小梅先生国内外到处奔波，美国演完以后到俄罗斯，在俄罗斯演完、剧团回国了，他又飞到日本去做讲座，就这么一直忙一直忙。他从没觉得"我老了，我就可以休息了"，直到去世前还在给《大唐贵妃》定版。小梅先生对得起梅家的教育，这几十年来他非常努力，亲力亲为，为继承、传承、传播梅派艺术做了大量工作。他不但举办多场纪念活动、整理梅派各种资料，还以身示范，台下忙着教学排戏，台上也未曾间断演出。小梅先生和他父亲一样，一直坚守舞台，为梅派艺术鞠躬尽瘁。他绝对称得上是梅派的传承人、掌旗人。

舞台下的梅葆玖先生

汪 涛

我见到舞台上的梅葆玖先生已经有许多年了。记得第一次看他的表演，还是 20 世纪 50 年代观看吴祖光导演的《梅兰芳舞台艺术》时，见到了梅葆玖饰演的《断桥》中的小青，当时我只是一个十几岁的初中学生，对京剧一无所知，但对梅葆玖的表演深感震撼，特别是他的演唱，嗓音宽亮，韵味清醇。

改革开放，梅葆玖先生恢复舞台演出后，我又多次有幸在剧场和电视上一睹他的艺术风采。20 世纪 80 年代后期，梅葆玖到香港演出。当

梅葆玖先生赠给作者的照片

时我正好在新华社香港分社工作，记得香港当地报纸好评如潮，说他舞
台上的表演，"比女人更像女人"，迷倒了广大观众。

此后，因为工作上的关系，我又有幸与舞台下的梅葆玖先生有了直
接的接触。以下就是当年我同梅葆玖先生在一起的几桩往事。

"京剧要吸引观众，不能急，要一点一滴去做"

我第一次同梅葆玖先生直接接触，是在 1997 年秋天。当时全国政
协组织了一批全国政协委员到上海视察，梅葆玖先生是视察团成员，我
则作为跟团工作人员随行。我平时喜爱京剧，对弘扬京剧艺术也有些个
人理解，于是想利用这次出差机会，直接向梅葆玖先生请教。但我毕竟
是京剧这门行当的门外汉，又同梅葆玖先生素无交往，因此担心会被拒
之门外。

作者（右）与梅葆玖先生

那天晚上，我怀着忐忑不安的心情拨通了梅先生房间的电话，表明了想法。令我意外的是，他很热情地请我到他房间去。到了梅先生的房间寒暄几句以后，我就直奔主题，说："我们国家曾经经过的那些不太正常的历史时期，造成演员断层，观众也断层。演员断层还好办，毕竟还有一批老的京剧艺术家在，如果选择一批条件好、有志于京剧事业的年轻人去京剧院校培养深造，请老艺术家当老师，有个十年八年，京剧舞台就会出现繁花似锦、流派纷呈的繁荣景象。但京剧的观众是个大问题，现在到剧场观看京剧的，大多是老人，年轻人对京剧了解得又少、又没什么兴趣，他们认为京剧节奏慢，看不懂、听不懂，宁愿花高价去观看流行歌手的演唱，而不愿到剧场看京剧演出。因此想请教您，观众断层的问题当如何解决？"

梅先生听后说："京剧要吸引观众，不能急，要一点一滴去做。现在专业京剧院团做了一些工作，如派出小分队到大学演出折子戏，向大

梅葆玖给作者的信

学生们讲解京剧知识，辅导一些学校的京剧爱好者组织业余京剧队。同时，每年再抽调一些京剧演员到基层、农村演出，一点点地扩大京剧的影响。"梅葆玖先生一席话，不仅解答了我的疑惑，也使我对京剧院团的演员们为振兴京剧甘守清贫，默默而又孜孜不倦的可贵努力产生了深深的敬意。

12 年后，在全国政协举行的一次大会上，听到有来自京剧界的政协委员热议京剧进入中小学课堂话题，这引起了我的兴趣。我受当年与梅葆玖先生那次谈话的启发，写了一篇《也谈京剧进课堂》的短文，寄给梅先生征求意见，梅先生很快给我回了信，信中说："短文很好，振兴京剧要（用）一点一滴（的）精神去做，不要求太快，应该从文化高度来认识，再走进京剧领域，相信将来的观众是有基础的。"2010 年 11 月，联合国教科文组织将京剧列入"人类非物质文化遗产代表作名录"，我想，这或许就是梅葆玖先生所说的"一点一滴"做出来的吧。

"男旦不应当受排斥"

当年，社会上曾一度出现过否定男旦的言论，甚至当时在举行青年京剧演员电视大奖赛时，个别评委都不赞成男旦参加比赛。为此我专门写信给梅葆玖先生，谈了个人看法并请他指教。对此梅葆玖先生的态度很鲜明，他说："作为表演艺术，男、女演员饰演旦角都可以，舞台上不是也有女老生、女花脸吗？所以男旦也是允许的，况且四大名旦都是男演员。男旦不应当受歧视，各类形式的比赛，只要表演水准达到一定要求，男旦不应当受排斥。"

晚年的梅葆玖先生花费了很大精力带徒弟，致力于京剧梅派艺术的传承。我认识一位曾在中国戏曲学院学习梅派的青年演员，毕业前夕被上海京剧院"挖"走了。到了上海京剧院后，领导要她改唱荀派，演花旦。她有些犹豫，认为自己在学校几年学唱的十多出梅派戏全丢掉了，现在从头学荀派戏，也未必能学好、演好。她找到我，说想调回北京，仍唱梅派。于是我就联系了梅葆玖先生。梅先生说："每个周六下午，国际票房（在建国饭店后院）都有活动，到时请她来。"尽管这位青年演员后来受到上海京剧院的重用，不再提调回北京的事了，但梅葆玖先生这一个"请"字，尽显对后生晚辈的尊重和提携，令我至今难忘。

2014 年是梅兰芳大师诞辰 120 周年，受梅兰芳精湛艺术和爱国情怀的感染，我决心写一篇纪念文章，并为此作了不少资料上的准备。文稿写好后，我寄给了梅葆玖先生，请他指教和审定。梅先生很快回了信，他谦虚地说："拜读之后，深受教益，我将你的大作复印一下，分发给我的学生们读读，相信会受益良多，能更清晰地认识到全方位的梅兰芳！"

梅葆玖继承了梅氏家风和梅大师的高贵品质，待人总是彬彬有礼、温文尔雅、谦虚谨慎、平易近人，从未摆出大艺术家的架子。自我同他相识后，每年元旦、春节期间，我都会给他寄贺卡，他也每次都回赠由他自制的、印有他本人照片和演出剧照的贺卡，年年如此。从梅葆玖先生身上，我感受到了什么是教养，什么是待人一片真诚，什么是人格魅力，这些都让我受益终身。

程砚秋生命中的三个重要人物

———

戴　霞

　　程砚秋是著名的京剧表演艺术家，1904 年 1 月 1 日生于北京，20 世纪 20 年代，就以其独特的表演艺术与梅兰芳、尚小云、荀慧生被称为京剧界的四大名旦。代表作有《红拂传》《窦娥冤》《文姬归汉》《荒山泪》《碧玉簪》《梅妃》《青霜剑》等。程砚秋对京剧艺术刻苦钻研，以唱功见长，表演时擅长用千变万化的水袖表达人物喜怒哀乐的感情。他独特的程腔，优美的身段，漂亮的水袖，堪称是京剧艺术的瑰宝。在他创造的几十个角色中，表演、扮相、念白、台风、表情、戏路等都与众不同，每出戏都有创新。他念白清楚、深沉典雅而又略带凄凉；他善演悲剧，能恰到好处地通过面部表情表达人物的抑郁、悲伤、烦闷、愤懑；他的表演是与观众心灵沟通的过程。

　　程砚秋早年拜荣蝶仙、王瑶卿为师，后又对梅兰芳执弟子礼，以基本功扎实见长。他曾到欧洲留学考察，巧妙地将西方戏剧的精华融入中国戏曲中，其独特的表演艺术受到京剧同行的赞许。荀慧生先生就对程的艺术造诣非常钦佩，曾将长子荀令香送去学艺，程砚秋欣然应诺。以后程砚秋又应尚小云之邀，收其次子尚长麟为徒。

对于喜爱程派艺术的人来说，程砚秋永远是个遗憾：在"四大名旦"中，他年纪最小，演艺生涯开始得最晚，可他又是他们之中最早逝去的。梅兰芳、尚小云、荀慧生都有后人继承其事业，而程砚秋独树一帜幽咽婉转的"程腔"，却没有由其子女世袭下去。

程砚秋不仅戏唱得好，人品也极佳。人们喜爱程砚秋的艺术，也敬佩他的为人。不了解程砚秋的人，也就很难深入领略其艺术魅力。程砚秋在艺术和文化修养上有高深的造诣，在个人品德上也有很好的声誉，在艺术创造中总是不知疲倦地求索、创新，在思想上不断追求进步，这与他人生中的三个重要人物不无关系。他们就是恩人罗瘿公、夫人果素瑛和入党介绍人周恩来。

瘿公栽培　一举成名

程砚秋原名承麟，祖上本满洲官宦。其父世袭爵禄，他有三个哥哥，一家人其乐融融，过着无忧无虑优哉游哉的生活。可是好景不长，在承麟刚刚会喊"爸爸"的时候，父亲突然得了急病，没几天就谢世了。父亲去世后，两个哥哥仍在皇宫当差，母亲则带着年幼的三哥和小承麟靠着父亲留下的一些财产生活。头几年生活还勉强过得去，但渐渐便力不能支了，没有生活来源的母亲只能靠变卖家产维持生计。为了生存，他们不得不搬到北京南城天桥一带的穷汉市。那是一个又小又破的大杂院，除了睡觉铺的席子和盖的破被以外，家里几乎什么东西都没有了。母亲帮助别人做些针线活儿，全家人勉强得以生存。

同院一个唱戏的叔叔见他们娘仁实在太苦了，就想帮帮他们。他见小承麟长相不错，就和程母商量，建议让孩子去学戏。

承麟被介绍到当时小有名气的刀马旦演员荣蝶仙那里，程家在契书上写明，学艺期间，生死不保，如半途停止，须向师傅交纳赎金。虽然写下的是八年学徒，但学成以后还要"自愿"为师傅服务一年。荣蝶仙性格暴躁，承麟刚去他家的时候，根本不能练功学戏，整天带小孩、干家务，像一个用人。过了一段时间，母亲去荣家看望儿子，见师傅根本就不提让儿子学戏的事儿，心里很是着急，于是又托人找荣蝶仙说情。终于，师傅开始让承麟学戏了，他初学武生，又学武旦和花衫。渐渐的，师傅发现承麟的嗓子不赖，认为他天生就是块唱戏的料，而且勤奋好学能吃苦，心中不禁窃喜，这以后可是棵摇钱树啊！于是，决定让承麟学唱青衣。

承麟学戏确实很用功。那年代学旦角，每天练功时脚上都要绑着木跷（踩跷是花旦和武旦演员必学的一门技巧）。除了学戏，承麟还要踩着跷给师傅干活，即使是睡觉，木跷也不能拿下来。虽是遭受了巨大的痛苦，但想到母亲的辛劳，懂事的承麟还是以坚强的毅力默默忍受着练功所带来的痛苦，他发誓，一定要学成！

承麟的童年和少年是在痛苦和残酷中度过的。他早年的艺名叫程菊农，后更名艳秋，号玉霜。从1932年起，又改名为砚秋。学戏期间，师傅常带他去唱堂会，这给他创造了向名家学习的好机会。他向陈啸云学青衣，又有花旦和武生的功底，11岁初次登台表演时，就以文武各功技压群芳，得到行家们的一片称赞，人们都说他的嗓子像陈德霖（近代京剧青衣兼刀马旦演员，为清"内廷供奉"）。他经常为孙菊仙等名角配戏，并受到他们的扶持。

正当他的表演引起人们关注、受到好评时，刚刚进入青春期的他，嗓子开始倒仓，但他却不得不经常到戏园子唱戏，为师傅挣钱。此时，荣蝶仙又接到一个甜活，他接受了别人的包银，便不顾徒弟嗓子的痛苦，准备带着徒弟去上海戏园子唱戏。程砚秋非常痛苦，如此唱下去，自己嗓子不就完了吗？可要是不服从师傅的安排，就算是违约，要赔偿给师傅 700 块银圆啊！

眼看这个有前途的少年就要毁于一旦，一些人很是着急。这时，著名诗人、戏曲作家罗瘿公对程砚秋的遭遇深感同情。罗瘿公早年曾就读于广雅书院，是康有为的弟子。他家学渊源，其父曾为前清翰林院编修，他本人则中光绪二十九年副贡。他听说荣蝶仙要强行带徒弟去上海唱戏，非常气愤。他爱才心切，为了替程砚秋赎身，一介书生的他，拉下脸来向银行借了 700 块钱，还清了荣蝶仙作为出师的赔偿，把程砚秋从荣蝶仙那里接了出来。为了让程砚秋安心调养练功，他特地重新租了房子，把程家从天桥的贫民窟中接了出来。

此后的三年时间里，罗瘿公给程砚秋规定了每天的功课：上午练声，请阎岚秋（著名的武旦兼刀马旦演员）教其刀马、打武把子，下午经常请乔蕙兰、谢昆泉、张云卿等名家教习昆曲，还请人教其绘画，一周观摩三次电影，并让名医指点他调理嗓子。不仅如此，罗瘿公亲自教程砚秋学习国文，一起吟咏诗词歌赋，指导书法，帮助他分析剧本，了解剧情，安排他向京剧名家王瑶卿先生学唱。后来，程砚秋又在罗瘿公的介绍下，正式拜京剧大师梅兰芳为师。

在罗瘿公的精心培养和细心呵护下，程砚秋勤学苦练，不仅嗓子恢复了，在表演和文化修养方面进步得也很快。他根据自己嗓音的特点，仔细揣摩，反复思索，渐渐形成自己个性化的演唱风格，这就是独特的"程腔"。他搭班与余叔岩、梅兰芳、高庆奎等名角合作演出，获得广泛赞誉。为使程砚秋在艺术上有更大的发展，演出上能有更大的自主性，罗瘿公又开始张罗着让他独立挑班，于是便成立了和声社。程砚秋排演的许多戏都是罗瘿公编剧，王瑶卿导演并设计唱腔。三人合作得天衣无缝，获得很大的成功。

　　旧社会许多演员在学戏时，大都吃了不少苦头，可一旦唱红了，某些别有用心的人就变着法教这些演员吃喝嫖赌，目的是从他们身上榨取钱财。部分演员也忘记当初学艺之苦，为寻找快活而走下坡路。程砚秋成名之后，这些不怀好意的人自然也不放过他，拉着他打麻将。一开始，程砚秋觉得好玩，消遣消遣。谁知玩着玩着就上瘾了，经常玩得昏天黑地，没完没了。

　　程砚秋虽已成名角，钱也挣得不少，可母亲却总是精打细算，攒钱为他置办戏箱行头。年轻的妻子平日里也总是省吃俭用，能不花的钱绝对不花。然而，这些苦心积攒下的钱，却被程砚秋在一次狂赌中全部输光了，足足有 600 块银圆！

　　罗瘿公知道这件事后非常生气。他恨铁不成钢，无法接受程砚秋的堕落，下决心一定要挽救这个青年。他亲笔写信，让砚秋以自己的事业为重，痛改前非。看到恩师为自己的过错这样牵肠挂肚，程砚秋幡然悔悟，从此再也不去打牌赌博了。

　　如果说罗瘿公当初从荣蝶仙那里为程砚秋赎身是使其第一次脱离火坑的话，那么这是他第二次把这个前途无量的后生从火坑里解救出来。通过这件事，两个人的心拉得更近了。后来罗瘿公重病缠身，程砚秋经常日夜陪伴。罗瘿公于 1924 年 9 月 23 日去世，年仅 44 岁。这一年砚秋 20 岁，他满含悲痛地操持葬事，承担了葬礼的全部开销，把恩师厚葬于京郊。在以后的岁月里，程砚秋念念不忘罗瘿公的提携与栽培。

恩爱夫妻　和睦家庭

　　罗瘿公在程砚秋变嗓调养之时，曾介绍他向梅兰芳学戏，程砚秋因此而经常去梅家。师母王明华对这个眉清目秀而又勤奋好学的少年很有好感，寻思着给他介绍对象，便想到和自己有亲戚关系的余素霞的女儿。余家也是梨园世家，素霞的爷爷余三胜是清末著名的须生，以嗓音醇厚唱腔优美而著称，他与程长庚、张二奎被称为"京剧三鼎甲"和"老生三杰"，谭鑫培都曾拜其为师。素霞的父亲余紫云则是著名的旦角演员，清代著名画师沈容圃所绘《同光十三绝》中，就绘有余紫云在《彩楼配》中饰演王宝钏的画像。素霞的弟弟余叔岩也是著名的须生演员。程砚秋的这门亲事真让师母给说成了，程余两家十分高兴。然而余家的亲戚见二闺女和程砚秋订了婚，却不由得暗中担心：程家的日子过得如此紧巴，姑娘嫁过去不是遭罪嘛！他们劝素霞放弃这门亲事。

余素霞虽出身于梨园世家，但她识文断字，通情达理。作为母亲，她又何尝不希望自己的女儿嫁个殷实的人家，但她相信这个话语不多却为人厚道老实的青年人，她是可以将二闺女素瑛托付给他的。

1922 年，对于程砚秋来说，是非同寻常的，罗瘿公第一次带他到大上海演出，一炮打响并获得好评。也就在这一年，他同果素瑛订了婚。从此，18 岁的他独立挑班，开始了艺术上的追求与创新。以后，他以自己独特的演唱艺术征服了观众。在 1927 年举行的"首届京剧旦角名伶评选"中，他与梅兰芳、尚小云、荀慧生一起被评选为"四大名旦"。有人甚至认为，以程砚秋为代表的程派唱腔，是京剧旦角演唱的最高水平。

程砚秋自从有了贤内助果素瑛，能腾出更多的时间来潜心钻研京剧艺术。他排演了十几出新戏，每排一出新戏，就尝试着在里面增加新腔。他不断求索探新，终于成为著名的京剧艺术家。素瑛对京剧也是非常热爱并有很深的造诣，但结婚以后，为了丈夫的事业，她相夫教子，孝敬婆婆，全身心操持家务，使丈夫得以专心于京剧艺术。妻子的做法也深深感动着程砚秋。

程砚秋出名以后，其艺术魅力为许多有钱的太太、小姐所倾慕，所以，每逢他唱完戏后，经常有一些女士在等他。她们到后台找他，不是请他吃饭就是要和他交朋友。更有甚者，一些有钱的女人为了要嫁给程砚秋，逢其演出，便包上等座位为其捧场。还有的托人送相片给程砚秋，带话说知道他已经结婚，自己心甘情愿做他的姨太太。对此，程砚秋淡然处之。程砚秋对妻子忠贞不移的态度，当时是有口皆碑。每逢遇到什么事情，他总喜欢和妻子商量。在外边碰上高兴或是烦心的事，回到家里总是向妻子倾诉。他在 1944 年 7 月 1 日的日记里，就有"与素瑛畅谈人生"的记载。他视她为知己，他评价妻子是一个有"正义品质"的妇女。

由于程砚秋幼时学戏受了许多苦，因此他们夫妇不愿意儿女们再学戏受苦。但他们对子女要求非常严格。儿子们个个学有专长。

由于长期的辛苦劳累，刚过 50 岁的程砚秋便疾病缠身，但他把全部心思都用于工作，并不把疾病当回事。1958 年初，程砚秋接到请他带京剧团访问欧洲几国的任务，立即着手筹备这项工作，紧张地为演员们说戏排戏。连续的工作加上身心劳累，使他终因心脏病突发而住进医院。果素瑛赶到医院，但程砚秋已经带着诸多遗憾，静静地走了。果素瑛万分悲痛，在很长的一段时间里，她都沉浸在无比的悲痛之中。

果素瑛不光缅怀丈夫，同时也惦记着程派艺术。虽然四个儿女没有一个是搞戏曲工作的，但她仍希望程派艺术能够流传下去。为使程派艺术一代一代地流传下来，为给从事程派表演和研究的人们留下宝贵的资料，果素瑛在程砚秋逝世后，数十年来一直整理并研究丈夫生前留下的资料，为整理编辑程砚秋文集做了大量的工作，并撰写了《追忆砚秋生平》一文。她曾对三儿子程永江说，你大哥是搞外文的，你二哥是搞机电的，整理你父亲的东西就靠你了。永江不负母亲的重托，为完成母亲未了的心愿，他在母亲数年积累的基础上，从事研究程砚秋的工作 30

余年。已经或将要出版的作品有：《程砚秋戏剧文集》《程砚秋日记集》《程砚秋剧本集》《程砚秋藏曲集》以及画册等。

为了发扬抢救和保护程派表演艺术，永江曾经想把程砚秋弟子的表演录像保存下来。他把这个想法与程砚秋的大弟子赵荣琛商量，躺在医院的赵荣琛先生十分赞同，但他自己却已力不从心，不久便辞世。后永江又把这一想法对程砚秋的另一弟子王吟秋先生说起，他对王吟秋说，你可以不化装，我把您表演时的身段录下来就可以。可当两人愉快合作半个月后，王吟秋先生突然被歹徒杀害，这使永江非常难过。程永江打算进一步与程派传人合作，抢救程派表演艺术。

艺德高尚　总理赏识

由于程砚秋幼年的遭遇和学戏时的痛苦，使他对黑暗的旧中国无比痛恨，对邪恶势力敢于抗争。日寇侵略中国的时候，他拒绝参加为东条英机捐飞机等一切演出。日伪政权因此三天两头找他的麻烦，要他参加演出，但都被他一口回绝。特务们并不善罢甘休。一次，程砚秋从上海演出回到北京，刚一下火车就被特务、流氓追打。程砚秋使出幼年练就的过硬本领，毫无畏惧地与六七个特务格斗，将他们打得落花流水。为摆脱日伪纠缠，他索性隐居到京郊青龙桥，宁可扛锄当农民，也决不为日寇演出，这就是程砚秋崇高的民族气节。

笔者为撰写《中国戏曲研究院暨中国艺术研究院戏曲研究所大事记》一文时，曾翻阅过 50 年前中国戏曲研究院的业务档案，见到了1957 年 9 月 8 日程砚秋填写的入党志愿书影印件。他在自己的社会经历一栏上写道："因年幼家贫，不能读书，十二岁时去学戏，至十六岁时出师即演戏，至廿九岁。曾出国观摩戏剧（至苏联、德国、法国、意大利、瑞士），一年后归国复演出。至七七事变，逐渐减少演出。后即至北京西郊万寿山后青龙桥种地，直至'八一五'日本投降后复演出。"字虽不多，但忠实地记录了程砚秋抗战时的生活情况。

共产党刚进北京城，程砚秋便演戏三天，以表自己欢庆解放之情。这段日子，也是他有生以来最愉快的日子。新中国成立前，程砚秋把自己演戏的收入积蓄购置了房产，新中国成立后，他除了留下自己居住的房子外，把其他五处房产全部交给国家。他还把新中国成立前持有的所有工矿投资股票交给有关企业管理机构转为公股。

新中国成立后，党和国家非常尊重艺术家。北京刚解放不久，周恩来总理亲临程宅看望程砚秋。遗憾的是，程砚秋出去理发没在家，总理留了张便条给他。当晚，程砚秋到怀仁堂参加演出，周总理和邓颖超特地来到后台看望他，和他握手，这使他非常感动。1951 年中国戏曲研究院成立时，程砚秋任副院长。他以极大的热情投入工作当中。他参加了首届政协会议，又被选为人大代表；他为抗美援朝参加义演，又赴朝鲜参加慰问志愿军演出；他到外地搞调研，搞教学，为观众演出，全国许多地方都留下了他的足迹。可当戏曲研究院的工作人员将他的工资送到家里时，他却说我没做什么工作，把工资又退了回去。

周总理非常了解程砚秋的为人。1956 年冬，程砚秋随人大代表团访问莫斯科，回国时恰巧与周总理同乘一列火车。闲谈之中，总理赞扬程砚秋在抗战时的民族气节，并鼓励他积极进步，表示愿意做他的入党介绍人。1957 年 9 月 8 日，程砚秋填写了入党志愿书，周总理在程砚秋的入党志愿书上是这样填写他的意见的：

程砚秋同志在旧社会经过个人的奋斗，在艺术上取得相当高的成就，在政治上能够坚持民族气节，这都是难能可贵的。解放后，他接受党的领导，努力为人民服务，政治上积极要求进步，这就具备了入党的基本条件。他的入党申请，如得到党组织批准，今后对他的要求就应该更加严格。我曾经对他说，在他被批准为预备党员期间，他应该努力学习，积极参加集体生活，力图与劳动群众相结合，好继续克服个人主义思想作风，并且热心传授推广自己艺术上的成就，以便提高自己的阶级觉悟，发扬为劳动人民服务的精神。

周恩来　一九五七年十月十一日

贺龙元帅也很了解程砚秋。1951年冬，程砚秋去哈尔滨演出，当他得知贺龙要带慰问团赴朝时，立刻给贺老总和文化部拍电报，请求随慰问团去朝鲜。全国解放初期，程砚秋去大西南考察演出。贺龙考虑到那里刚解放不久，一些地方不太安全，就派了一个排的战士保护程砚秋的安全。他到大西北演出时，贺龙亲自到他的驻地看望，还把打败日本将官缴获的指挥刀赠送给他。在昆明的时候，程砚秋到照相馆化装成贺龙的样子照了张相，贺老总觉得这张相片化装得非常像自己，很是称赞了一番。程砚秋非常崇拜贺龙，崇拜军人，他说自己要是不去唱戏，一定会成为军人的。贺龙是程砚秋的第二入党介绍人，他在程砚秋的入党志愿书上写下了如下意见：

程砚秋同志，经历了几十年旧社会的生活磨炼，具有较强的民族意识和正义感。解放后，在党的影响和教育下，拥护党的主张，接受党的领导，政治上积极要求进步。在党和国家各次重大运动中，能响应党的号召，积极参加社会活动，在艺术界起了相当大的作用。最近提出了加入共产党的申请，决心献身于共产主义事业，这就证明了砚秋同志，已具备了入党的条件。但是在旧社会里生活很久的人，思想作风必不可免的会受到不少影响，加入党之后，必须不断地改造自己，而党对砚秋同志在政治上、思想上的要求会更加严格，因此要接受党的教育，积极参加党的组织生活，勇于掌握批评和自我批评的武器，努力提高自己，深入群众，深入实际，虚心学习。树立坚强的集体主义思想和群众观念，更好地为人民服务。

贺龙　一九五七年十一月十六日

在中国戏曲研究院召开的支部大会上，出席大会的 25 名党员，一致通过吸收程砚秋为中共预备党员。程砚秋先生于 1958 年 3 月 9 日逝世，中共文化部党委批准追认他为中共正式党员。

周总理不但关心程砚秋的政治前途，也关心他的艺术前途。周总理是一个程派爱好者，他希望程派艺术能够永久流传下去。一次，周总理在招待完外宾时，把一些演员留了下来，他对程砚秋说，我给你介绍一个徒弟吧，他指着江新蓉说，这是从解放区来的江新蓉同志。程砚秋当场欣然同意，江新蓉就要给程砚秋磕头，总理说磕头就免了吧。于是江新蓉给老师鞠了三个躬。事后程砚秋认认真真地把自己许多看家本事毫无保留地传授给江新蓉，江新蓉也刻苦认真地向老师学戏。程砚秋逝世时，她万分悲痛，为老师守灵一周。江新蓉虽然没来得及将老师全部艺术精华学到手，但她却从老师那里学会了怎样做人，做一个正直的人。

1954 年秋，周总理和邓颖超请吴祖光夫妇、老舍夫妇、曹禺夫妇到家里做客，当周总理得知吴祖光先生正在筹备拍摄梅兰芳舞台艺术的影片时，他为程砚秋又胖又高的身材不能拍电影而叹息。吴祖光告诉总理：电影可以解决舞台上克服不了的问题，即把舞台布景放大，就可以显示出人物的瘦小，电影是最能"弄虚作假"的。

吴祖光在导演完梅兰芳舞台艺术影片的次日，便接到新影厂兼北影厂厂长钱筱璋打来的电话，说总理请他导演程砚秋舞台艺术的影片。总理对该片拍摄工作设想得非常细致周到，包括舞台的布景道具，配角演员的高矮选择等，都作了具体指示。总理期望通过影片，把程砚秋的唱、念、做各方面的长处都表现出来。程砚秋一度为自己晚年体形发胖而苦恼，周总理耐心予以解劝。在总理的关怀下，由吴祖光导演的程砚秋代表作《荒山泪》，仅用了 20 天的时间就完成了从剧本改写到排练的过程。此剧是反对暴政的，程砚秋在影片中充分表现出他对旧社会的仇恨。他结合剧情，融汇了舞蹈、武术等艺术手段，展示了 200 多种水袖表演。1957 年春，全国电影工作者会议结束后的一个联欢晚会上，周总理十分高兴地对吴祖光说："我看了《荒山泪》，改编得不错，比以前饱满得多，程砚秋的表演得到了全面的发挥。由于你们也发挥了电影镜头的作用，使观众看到了在剧场里看不到的角度。这部片子应当好好宣传一下，你应当写一些文章……好好介绍给观众。"

程砚秋去世后，周总理非常关心程派艺术如何继承的问题。程砚秋逝世一周年之际，程派弟子传人举行了纪念演出，周总理每晚必到剧场观看。有关单位根据总理的建议，出版了《程砚秋文集》《程砚秋舞台艺术》和《程砚秋演出剧本选集》，并举办了纪念程砚秋艺术展览。在总理的关怀下，1960 年 1 月，有关部门把程门弟子抽调到一起，组建了程派剧团。3 月 9 日，在程砚秋先生逝世两周年的纪念演出中，周恩来和邓颖超观看了由赵荣琛、王吟秋主演的《玉堂春》和《火焰驹》。1961 年 3 月 9 日，周总理又与程派剧团一起观看了赵荣琛演出的程派早期喜剧《风流棒》，以纪念程先生逝世三周年。

程砚秋先生离开我们已经 40 余年了，他所创立的程派艺术正由他的弟子传人承接下去。程腔的魅力，使今天的观众也为之倾倒。今年，是程砚秋先生诞辰 100 周年纪念，撰此文以志怀念之情。

"卿云楼主" 王玉蓉

———

刘嵩崑

安化楼的王玉蓉（1913—1994），原名王佩芬，曾用艺名王艳芳，生于上海一个木匠家庭。曾就读于"明德中学"，立志从医。不料刚刚读到初二，其父病重，因生活所迫而辍学。后经人介绍从于莲仙学京剧，艺宗程（砚秋）派，曾献艺于厦门、宁波、无锡、苏州、南京等地。

王玉蓉于南京夫子庙群芳阁、天韵楼、飞龙阁等茶楼演唱时，同台献艺者还有绿牡丹、李晓峰和后来成为京韵大鼓艺术家的"小彩舞"骆玉笙等。

荣登歌星皇后座　平地无故起风波

王玉蓉虽为秦淮歌女，仍不愿荒废学业，遂考入"南京女子中学"。每日清晨以王佩芬学名入学深造，待华灯初上之时，用王艳芳艺名前往茶楼卖艺。"群芳阁"茶楼老板为招揽生意，举办"南京歌后"选举，尽管竞争激烈，但王艳芳凭她那无人匹敌的天赋歌喉，荣登皇后宝座。因此竟遭人嫉妒，某歌星怀恨在心，扬言："有你，我就不得好过；有我，叫你也好过不了！"于是，她买通了一帮人，只要王艳芳登台演唱，这伙人立即以口哨、倒好起哄，甚至将瓜皮、茶杯等物抛向台上，随之骂声四起不堪入耳。为避免伤姐妹间和气，王艳芳宽宏大度，并未采取针锋相对之争。心想若不参加竞选，焉能有此不快之事发生，她真后悔当个什么"皇后"！

歌女读书被开除　报界舆论连篇书

孰料一波方平一波又起，一次周末王艳芳正在后台候场。无意从台帘缝隙中，发现台下坐着一位面孔熟悉的观众，仔细端详原来是校长傅况麟，她顿时脑袋"嗡"的一声，心想这下可糟了，要是校长认出我来怎么办？正忐忑不安之际，偏巧该轮到她出场演唱了，事已至此，只得硬着头皮上场，心中还暗自祈祷："老天爷保佑，千万别让校长把我认出来！"她上台时还耍了个小聪明，为避开视线，斜着身、侧着脸走向舞台，而且仰头平视不看台下，歌罢便迅速下场。

周一她早早起来，一路小跑直奔学校而去，正巧遇见一位心直口快的同学，立即把那害怕听到的消息告诉了她："学校说你到茶楼卖唱，有伤风化，已贴出布告把你开除了！"最害怕的结果还是发生了。消息不胫而走，记者纷纷前来采访，很快便以《为何校长能茶楼听曲，歌女不能入校读书》的醒目标题见于报端，这位校长亦立即撰文反驳，随之又有《歌女可是公民？》的文章声援王艳芳，一时报纸上展开了笔战。此事轰动各地，许多报刊纷纷载文，为王艳芳伸张正义。傅校长见报纸攻击甚烈，便急忙召开了记者招待会，言校方初不知王系歌女，为整顿校风，故将其开除，虽舆论强烈，但社会当局却认为校长处置得当。

遭此厄运的王佩芬，心灰意懒，既无心献艺，亦无意求学。虽有金陵女子中学愿意收她为旁听生但她婉言谢绝了。接连遭受打击，使她无心在宁留恋，满怀惆怅悄悄地离开了南京……

巧遇同窗赠盘缠　北上拜师"古瑁轩"

王佩芬回到上海后，易名为"王玉蓉"。平日闭门读书看报，闲时票房歌唱消遣。无意之中，巧遇同窗好友顾菊英，如今人家竟是师长夫人。这位顾太太对玉蓉深表同情，劝她若要成京派名角，只有进京深造，要拜师就必须拜"通天教主"王瑶卿，才能有出头之日，并慷慨地包揽了她的全部学艺费用，当即给她路费2000元，而且每月定期汇款200元生活费用。王玉蓉深感友情的真挚，依依惜别顾菊英，带着友人的亲笔引荐信，登程北上进京投师。

是年王玉蓉仅21岁，那个年月对一个女孩子来说，离乡背井到举目无亲的京都投拜名师谈何容易。几经周折，终于在西四"同和居"遇到了古道热肠的东家刘三爷，经他介绍，通过王瑶卿爱子王幼卿的引荐，来到位于前门外煤市街的大马神庙28号（今培英胡同20号），终于夙愿得偿，拜在了王瑶卿门下。

"丰泽园"饭庄的拜师会上，有人问她是唱哪派的？她回答"程派"，程砚秋在旁一听便问道："爱唱哪一出？"她说："唱的最多的是《芦花河》。"于是王瑶卿就让她唱了一段，唱罢众人鼓掌称赞。众人的夸赞使王玉蓉心里美滋滋的。忽听王瑶卿说："光嗓子好有什么用？没味还不说，唱的甭说'板'啦，连'眼'都没有。"一听这话，真好比冷水浇头，一下子凉了半截，心想这下可全完了，花了那么多钱拜师，最后落个"连'眼'都没有"。一阵心酸流下了泪水，王瑶卿的妹夫姚玉芙劝她："别哭哇！你师父是说你学得不瓷实，没有掌握好板眼的尺寸，这样要求你，是为你好。"荀慧生等人都劝她好好跟师父学。

王瑶卿问她："你想成好角儿吗？"她说："不想成好角儿我干嘛来

了!""吃得了苦吗?""只要能学好戏,什么苦都能吃。"王瑶卿点点头,因为她是上海人,有些字发音不准,必须通过吊嗓纠正,并让她对着镜子找口形。在吊嗓之前,让她一口气喝足了水,只要胡琴一响,就再也不许喝了,目的就是培养她在台上不"饮场"的习惯。就这样一炷香接一炷香地唱下去,有时一唱就是两三个钟头,当发现不对之处,立即给予纠正,只有这个时候,才能稍事休息一下,跟着接茬儿往下唱,就是嗓子唱哑了,也不许停止。忽然有一天竟一字不出,这下可把她急坏了。王瑶卿却面带笑容说:"以前你是想怎么唱就怎么唱,不受字眼管着,嗓子好着哪。现在有字眼一管着,不会唱了,所以唱不出来了。等到几出戏一唱下来,嗓子会使了,你的嗓子就会一劳永逸了。不要紧,先休息一下,过几天就会好的。"

王瑶卿教她的第一出戏是《女起解》,王玉蓉认为:全本的《玉堂春》都唱了,干嘛……可又不敢说,师父看出了徒弟的心思,就说:"你唱的那叫什么呀?'忽听得唤苏三'的'忽'字就给人家'糊'住了!"说得她也乐了。这才下决心从头学,开始这个"忽"字怎么也忽不上来。这出戏整整教了她20天,是她师父一个字一个字地"抠",一板一眼地"敲"出来的。对这个南方人来说,她师父确实费了很大心血,为的就是给她打下坚实的基础。

王瑶卿常对她说:"学戏不要着急,它跟存钱一样,钱存在银行里,花起来方便。"开始她不理解,后来才真正体会到,银行里要是只存几块钱,要想花几百元就办不到了。她暗自庆幸自己不仅拜的是"名"师,更重要的是"明"师。师父有时顾不上教她,便让师兄程玉菁教她。并请武功教师教她练武功、打把子。当时她不解地问:"我唱文戏,干吗还练刀枪把子?"王瑶卿说:"文戏不少地方要借用武的身段,没有武功身上就不好看。"在学戏期间,王瑶卿不仅不让她去唱戏,也不许她乱看戏，怕她看乱了、学杂了。在大马神庙"古瑁轩"的几年里，她不仅学会了青衣、花旦、刀马旦等诸多剧目，关键是学到了"王派"的精髓。艺成后，王瑶卿准备给她组班进戏园子演出，可她在京城内毫无名气，"王玉蓉"何许人也，观众没听说过，名字叫不响，票当然不好卖出去，所以哪个戏园子也不敢接，师徒为此一筹莫展。

初露锋芒才华展　　三渡难关进长安

1937 年 2 月初，位于西长安街西口内路南的"长安大戏院"落成，东家杨主生煞费苦心从上海请来名净金少山为戏院开幕演出《白良关》。不久，社会上传说长安的戏台方向不对，朝东是个"白虎台"。既然是凶台，当然请谁来唱也不好请。还传说那天夜里"祭台"时，本来只有一人装扮女鬼，竟然出现了两个鬼影等怪事，越传越玄乎，这下更没人敢来了。当时长安首任经理金仲仁，是荀慧生"庆生社"的著名小生，与张春彦、芙蓉草、马富禄被誉称为荀氏的"四大金刚"，故荀慧生曾于长安开张后演出一期。金仲仁与王瑶卿为莫逆之交，这天来到古瑁轩，进门就对王瑶卿说："您说，那么好的戏园子，请谁谁都不愿唱，真急死人了！"王瑶卿从来不迷信，听罢顿时喜上眉梢，便说："您先别着急，我这个女徒弟她不怕鬼，我让她去唱。"金仲仁认为这 1200 多个座席的大戏园子，若是贴出"王玉蓉"三个字，人家不认不上座怎么办？趁王玉蓉出去之时，忙问："她行吗？""我是她师父，没把握我能让她唱吗？""我还不相信您吗？不过配角您可千万找硬点儿的才好。"

戏园子解决了，王瑶卿立即让管事的赵世兴赶快约人组班，并一再嘱咐要找个名老生来，捧捧这个初出茅庐的女徒弟。管事的走后，"古瑁轩"忽然静了下来，王瑶卿低头不语，原来他心中也没底，若是万一票卖不出去怎么办？恰在此时来了三位贵宾，一位是大名鼎鼎的中医汪逢春，一位是农学院院长庞敦敏，另一位是晚清末代状元陆润庠的儿媳"瓣萝轩主"张女士。这三位都是王瑶卿的好友，闲谈之中了解此事，三人合计后当即拍板道："我们和玉蓉都是南方人，绝不能在京城丢南方人的脸，戏票我们包了！"这下金仲仁和王氏师徒全乐了，尤其王玉蓉感激得两眼都涌出了泪水，连连道谢。

万事俱备，只欠东风。谁知赵世兴奔走多处却请不来一位名气较大的老生演员，原来人家一问傍谁唱啊？一听"王玉蓉"，对不起！给多少钱也没人来，可难坏了管事的，无奈只得如实回禀，这下可把"通天教主"气急了。当即对管事的说："你再跑一趟，只要他有鼻子有眼儿，能唱就得。"最后找到票友下海的管绍华，他个头、扮相俱佳，且有一条高、宽、脆、亮的好嗓子。王瑶卿又在唱腔、吐字、归韵、气口、身段等诸多方面对其进行纠正，使管绍华获益匪浅，后来还落个"探母管"的雅号，1981年病故，享年80岁。

一炮而红时运转　百代公司灌唱盘

演出这天，剧界同人和亲友所赠贺幛、花篮等物，摆满了舞台前沿和大厅。场内观众坐的是满坑满谷，到场全是有关人员的家属和亲友、老乡和邻居，甚至理发店、澡堂子和饭馆等处的熟人都请到了。送票时还千叮咛万嘱咐："务必赏光！"

王玉蓉连过三关，多年渴望的时刻终于来到，好事也接踵而来。百代唱片公司正想灌制《四郎探母》的唱片，公司委托驻北京代表傅祥巽负责物色演员。傅与助手至各戏园观摩选择，当天演这出戏者不仅此一家，而这二位偏偏选中了"长安"这场，理由是戏院新开张，必然是好角儿。到了戏院又见"客满"的牌子早已戳在门口，心理作用促使他们更是非看不可，于是找到戏院说明来意，最后戏院的田华亭把仅有的两张包厢票让给了他们，此时戏已开演，二人高兴地飞奔上楼。场内气氛极为高涨，台下观众全是捧场的，台上演员阵容又是旗鼓相当，而且全都格外卖力气。场内掌声、叫好声接连不断，剧场内沸腾了。在后台把场的王瑶卿笑容满面，几年的心血耕耘，终于看到了成果。

傅祥巽看罢喜笑颜开，当即拍板，散戏后便迫不及待地找到管事的说："我们决定灌制你们这出《四郎探母》，而且是全部的。"赵世兴当然高兴，但不敢做主，便说："这么大的事，我做不了主，得征求她师父同意才成。"他不敢怠慢，忙找到王瑶卿师徒俩，只见他们正谈论这场演出，便连忙插话："王大爷，告诉您一件喜事儿，百代公司要灌王老板这出全部《四郎探母》的唱片。"王瑶卿感到有些意外，忙问"你是不是听错了"？"绝对没错儿！"王瑶卿略一沉思说："你去告诉他们，不灌！要灌了唱片就会影响我们的营业演出。"管事的当时没反应过来，心想这送上门儿来的好事，干吗往外推呀？正在迷惑不解，只见王瑶卿一笑拍着他的肩膀又说："你可不能真放手哇！"赵世兴茅塞顿开，原来是"欲擒故纵"。越是不让灌，他们是越想灌，最后是非灌不可。经过反复商谈，不得不抬高价码才成定局。

根据灌制唱片的要求，对唱腔过门和武场伴奏，进行了反复研究删繁就简。上半年在南河沿"欧美同学会"留音室灌制了《坐宫》，当时王瑶卿、王玉蓉、管绍华、傅祥巽四人合影留念，并刊载于《北洋画报》上。下半年在上海灌制了从《盗令》到《回令》部分。这套《四郎探母》唱片共16张32面，是第一套连续性京剧唱片。唱片号《坐宫》为38002～38007，《盗令》为35408～35412，《回令》为35418～35485。剧中人：王玉蓉饰铁镜公主、管绍华饰杨延辉、李宝櫆饰杨延昭、李多奎饰佘太君、吴彩霞饰萧太后、沈曼华饰杨宗保、朱斌仙和贾松龄饰的俩国舅，王瑶卿任艺术指导。该套唱片首次发行时，在硬皮唱片套封面印有王玉蓉、管绍华二人剧照。上市后极为畅销，又经电台一广播，结果大街小巷到处能听到"丫头，带路哇"！

王玉蓉就此一炮而红，声誉与日俱增。后来百代唱片公司又以 9600 元的高额酬金要灌制她的《武家坡》。原本欲与谭富英合作，但未实现。又与马连良洽商，遵王瑶卿之意，除付给"脑门钱"（伴奏人员的酬金）外，王玉蓉分文不取，就这样一套 6 张的《武家坡》唱片又面世了。

王玉蓉曾应百代唱片公司邀请，赴缅甸、新加坡、菲律宾、马来西亚等国旅游观光。亲眼看到了各国华侨争购她演唱的《四郎探母》和《武家坡》唱片的情景。

铁嗓钢喉"王八出"　　寓所师名"卿云楼"

《武家坡》仅是全部《王宝钏》（即全部《红鬃烈马》）的一折，王玉蓉曾把《花园赠金》《彩楼配》《三击掌》《平贵别窑》《探寒窑》《武家坡》《算军粮》《大登殿》这王宝钏的八出戏，在王瑶卿的授意下，串联成一台戏，她饰王宝钏，一人到底，一气呵成。这是一般演员望尘莫及的，为此王玉蓉曾有"王八出"之雅号，被誉为"铁嗓钢喉"而享誉剧坛。

王玉蓉享名后，曾与胡铁畊、陈巨来、俞逸芬三位名家同时拜袁寒云为师学习绘画。由于她先后拜了王瑶卿和袁寒云两位名师，其师兄胡铁畊便将两师之名各取一字，为王之寓所起名为"卿云楼"。

"卿云楼主"王玉蓉，享名后曾居位于长安大戏院南侧的安福胡同，后迁至西单北大街北段东侧的小酱坊胡同 2 号。1958 年调往长春，任吉林省京剧团副团长，毛世来任团长。1960 年剧团改为剧院建制，王玉蓉与梁小鸾任副院长。退休后返京定居崇外安化楼。1994 年 6 月 8 日病逝于天坛医院，享年 82 岁，安葬于华夏陵园。

我的梨园往事

宋宝罗口述　徐忠友整理

为冯玉祥唱戏

1916 年 10 月 21 日，我出生在北京的一个梨园之家。我的父亲宋永珍 16 岁即搭班演出，艺名为"十六红"，后经侯俊山举荐，进京投奔田际云，搭入"玉成班"，一出《红梅阁》享誉京城，后来的名旦小翠花、尚小云都曾向他请教。我的母亲原姓杨，艺名"宋凤云"，一出《十八扯》轰动北京城，被誉为"坤伶第一名丑"。孟小冬、碧云霞等都拜在她门下，称她为干妈，有人还戏称她为戏曲界的"名妈"。

每天晚上及星期日白天，母亲都会带着我和兄弟姐妹们到北京城南游艺园后台看京戏。从此，我对戏曲产生了浓厚的兴趣，回家后还独自模仿唱戏。后来因故无法继续上学，父母便决定让我学唱戏。父亲先后请来张立英、黄少山、张春彦、宋继亭、朱殿卿等老师，使我成了一个多面手。

年轻时的宋宝罗

7 岁那一年，我在北京天桥东歌舞台剧场登台献艺。第一天演出的是老生戏《上天台》，一出戏演完后，便被观众视为"梨园小神童"；第二天，演老旦戏《滑油山》《游六殿》；第三天，演花脸戏《探阴山》。三天的"打炮戏"轰动京城，《益世报》《群强报》等大小报纸都报道了我演出的消息，使我一下成为北京戏剧界的"小明星"。

1924 年 10 月 23 日，冯玉祥在第二次直奉战争中发动"北京政变"，把宣统皇帝赶出了皇宫。中秋节，他在北京郊区南苑请戏班连唱三天大戏庆祝，其间亦请我登场。第一天我唱老生戏《击鼓骂曹》，冯玉祥和夫人李德全胸挂红花坐在前排观看，不时鼓掌喝彩。演出结束后，冯玉祥还抓了一把花生给我，李德全则给了我两块大洋作为奖赏。第二天我唱的是《张松献地图》中的张松，第三天我唱的是《斩颜良》中的关公。可那青龙偃月刀太沉了，我还拿不太动，到开打的时候，干脆一刀就把颜良斩了，引得观众哄堂大笑。

随后，孟小冬教我演《击鼓骂曹》等戏，使我进步更快了。

给徐悲鸿刻印章

9 岁那年，我和哥哥在父亲带领下，跟群益戏班的演员到山西、山东、河北、天津等地巡演，在天津劝业场演出时的一场花脸戏，由于化妆师用了烟锅灰勾脸，我右眼不慎中毒，先是红肿，几天后就失明了。我被紧急送到北京同仁医院，后来治疗了一年才治好了右眼，但左眼却因此散光，一时不能上台演出。

养病期间，我在家中跟父亲学了《刀劈三关》《骂阎罗》等戏，接着又跟名师雷喜福边学戏边偶尔演出，到十三四岁时，眼睛基本恢复，我又可以正式登台演出了。

15 岁那年，我在河南郑州一连唱了几个月戏，后来又前往开封去演出。当时正逢盛夏，天气非常闷热，我演了几场后便再也唱不下去了，于是下台休息。没想到第二天早上起床后，喉咙竟发不出声音来了，我只好再度暂别戏台。倒嗓后，我虽经名医治疗，但一时难以好转。为了不让时间白白浪费，我就向李洪春、张春彦等人借来戏本看，有些还认真用毛笔抄下来。

这时，我家刚从施家胡同搬到延寿街三眼井胡同 21 号，这一带不仅住有张君秋、王玉蓉、吴素秋、李洪春、杨小楼等大师，而且与琉璃厂相距不远，周围还有朵云轩、荣宝斋等书画古玩店。更幸运的是著名书画家马谌汀先生就租住在我家的南屋。马先生很喜欢我，还教我画画，在他的画室里我有幸结识了齐白石、李苦禅、王青芳、陈半丁等书画大家。经马先生介绍，我拜于非音为师，学习工笔花鸟画，并在老师启发下学了篆刻。

北京中山公园内有个水榭林园，是著名书画社湖社的活动场所。湖社天天有笔会，经常办画展，我常常往那儿跑，其间又结识了徐悲鸿、张大千、徐燕荪等大画家。1934 年的一个春日，几位画家合作一幅丹青，徐悲鸿勾描几笔，数只麻雀便灵动纸上，可题款完了突然发现自己没带印章，觉得很是扫兴。我一看水榭里有石头、刻刀，便灵机一动，自己跑角落里现场刻了一方"悲鸿"的印章。徐悲鸿一见大喜，便用这枚印章加盖在画上，后来他的很多画上用的也是它。

此后我还为张大千、于右任、孔祥熙、周信芳等许多名人刻过印章，并一一收入印谱。该印谱后来请张伯苓写跋，徐世昌题写"铁划银钩"，金锡侯则题写"直追秦汉"等。

七七事变后，为了安定人心，华北当局便大搞娱乐活动。当时，荀慧生、谭富英、马连良、金少山等名角在天津中国大戏院演出，这让我又重新燃起了演戏的念头。想不到，停了五年没演戏的我吊了几天嗓子后，音色竟然比以前还好，刘（鸿声）派、汪（桂芬）派的戏都能唱。

不久，程砚秋先生率团到津公演，演出的剧目一公布，戏票很快就卖完了。可在演出前一天，有位老生演员突发高烧不能来津参演，程先生急得火烧眉毛。此时，我的画界忘年交、谭富英的岳父姜妙香先生便向他推荐，让我来演《阳平关》中的黄忠一角。程先生让我去试戏，看到我扮相俊美、声音洪亮，便同意让我正式参演。我与程先生同台演出，后来又与郑冰如、宋玉茹合作演出，都非常成功。

随后，我到东北、上海、江浙等地巡演，曾多次受到日寇的骚扰追杀，也受过国民党军阀恐吓，还曾经历过逃难的日子，但我克服了这种种困难，在艺术表演上坚守本心，并在戏剧舞台上日趋成熟。

为毛主席唱戏

上海解放后，我先在上海复兴公园举办了一场扇面义卖画展，所得全部捐献给上海市政府慰问解放军。接着，我又参与梅兰芳、周信芳等

宋宝罗 70 年代末在上海演出《汉献帝》

举办的慰问解放军义演活动，在《王宝钏》中扮演了薛平贵一角。那段时间，我经常去马斯南路梅兰芳家玩，有一天还在他家遇到了陈毅市长。当天，梅兰芳在一幅扇面上画了一株红梅送给我，我又请陈毅题了首梅花诗，便兴高采烈满载而归。

1958 年 9 月的一天晚上，我正在杭州新中国剧院唱戏，演出结束后，我听工作人员说，刚才周总理就站在后面看戏。几天后，浙江省公安局警卫处的同志用小车把我接到西泠饭店，我便见到了周总理。握手之后，周总理说："宝罗同志，前几天我看过你演的《碰碑》，唱得很好，是刘（鸿声）派？"我回答说："是的。"周总理说："等一会请你唱一段好吗？"我笑道："好的。"一会儿琴师来了，我便唱了其中的反二黄唱段。周总理听后一边鼓掌一边说："好极了，好极了！"不久，受周总理推荐，我多次为毛主席唱戏。

第一次是 1958 年的一天晚上，浙江省公安局警卫处的小车把我从东坡剧院接到杭州饭店，说有重要任务。往里走，我便看到毛主席、刘少奇、王光美、陈老总和班禅大师等，原来毛主席等中央领导是陪金日成及朝鲜劳动党代表团来杭访问的。

这时，有位工作人员走过来对我说："宋先生，请您给毛主席等中央首长和朝鲜贵宾唱一段戏吧。"我回答说："好的，那我就唱一段《二进宫》吧。"我走到舞池中央唱完后，毛主席边鼓掌边说："唱得好！"周总理接着走过来对我说："你再给毛主席唱段《空城计》好不好？"于是，我又唱了一段《空城计》。毛主席听后热情地与我握手，并高兴地说："谢谢你！"接着，刘少奇又点了一段《斩黄袍》。我唱完后，大厅里便响起了热烈的掌声。演出结束后，毛主席、刘少奇、周总理、陈毅、金日成等中朝领导人还与我们这些演职人员合影留念。

1962 年 12 月 26 日是毛主席 70 岁寿辰，我又应邀为他唱《朱耷卖画》。由于我曾潜心修习过书画，所以这次我与其他京剧表演不同，在唱戏的同时还要画公鸡。当我正在握着大笔画鸡身的时候，无意中碰到毛主席的身体，这才知道他早已轻轻走到我的身边，背着手仔细看我的画稿。我激动极了，原来要唱六句或者八句才能将雄鸡画好，这次唱了四句便画好了。毛主席评价说："戏唱得好，画也不错，用笔很准。"我用小楷笔题款："敬献给毛主席。"他很高兴地说："你可以写上一句'一唱雄鸡天下白'嘛！"

从 1958 年春至 1963 年春的六年里，我先后 40 多次为毛主席、周总理、刘少奇、朱德、叶剑英、陈毅等中央领导唱戏，得到了他们的高度评价。

叶剑英评价我为好演员

1967 年春夏之交，造反派在南京图书馆发现了一张 1945 年 10 月的老报纸，头版头条便是蒋介石在舞台上和我握手的照片，旁边还有宋美

作画中的宋宝罗

龄、何应钦、陈诚和美国将军马歇尔。那是庆祝抗战胜利的一场表演，蒋介石前往观看，并在演出结束后上台与主要演职员握手。没想到这却成了我的"罪证"，让我变成了"历史反革命分子"。

1970年，毛主席来到杭州视察。一次晚会上，他问时任浙江省革命委员会第一副主任陈励耘："那位会唱京戏、会画大公鸡的宋宝罗怎么没有来？"陈励耘回答："他的问题还没搞清楚。"毛主席不快地问："他有什么问题？"陈励耘回答："听说他给蒋介石唱过戏。"毛主席生气地说："演戏是演员的工作，蒋介石叫他唱戏他敢不唱？你们真是乱弹琴！"从此，造反派不敢再对我进行迫害了。

"文革"结束后，我重新回到了戏台，受到了观众的热烈欢迎。我还作为文艺界的代表，当选为浙江省政协常委，被赋予参政议政的重任。这在当时称为"解放"。

后来，叶剑英来浙江视察。我为他唱过一段《李陵碑》，受到他的好评。几天后，叶帅便接见了我，并详细了解了我的情况。随后晚会开始，我随叶帅步入剧场，他对在场的浙江省、杭州市及相关部门的领导说："宋宝罗在'文革'中被造反派打成所谓的反革命，这是错误的。他是我们的好演员、好同志!"叶帅洪亮的声音刚落，我的泪水便夺眶而出……这天是叶帅80岁诞辰，我以满腔热情演唱了他的诗作《八十抒怀》。当唱到"满目青山夕照明"时，全场掌声雷动，叶帅也站起来鼓掌。

如今我已101岁了，这些往事一直在我心间，永生难忘。

忆父亲对京剧艺术的继承创新

李浩天口述　高芳采访整理

从小对李派艺术耳濡目染

我出身梨园世家，自幼开始练功。那时候家里天天给我送到剧场，记得一起练功的还有金弟、金生、金泰等叶家的孩子。我从小就看戏，每到父亲演出，我就在拉胡琴的外头一个小板凳上坐着看。那时候我什么都不懂，有一次李玉茹跟我父亲唱《武家坡》，我因为平时老跟她玩，一看是她，正唱着戏呢我就跑上台去了。

后来我上了北京市戏曲学校。有一天，给我们家拉三轮的老穆突然去了，他把我拉回家，我一进门，父亲就问我："你都学什么了?"我说了《辕门斩子》《黄金台》等好几出。"你唱一段儿我听听。"他用胡琴给我拉了一个导板。唱完以后，问我武戏会什么，我又表演了走列。"好，行了，等你毕业以后再说吧。"我当时也不知道怎么回事儿。后来想，第一他是想看看我怎么样，第二呢，因为我正在学校跟老师学，他没法说。这就过去了。

17 岁毕业以后，我正式开始跟父亲学戏。文戏像《二进宫》《击鼓骂曹》，武戏《一箭仇》《恶虎村》……父亲什么戏都教，天天拉、天天唱，我就这样学。父亲教得比别人都细，我就好好听着，他怎么教我就怎么学。听着听着，学着学着，对父亲李派艺术的理解也一步一步地加深。

"不变"中求"变"

父亲学戏，小时候一开始学的是余（叔岩）派和杨（小楼）派。他的文戏老师是陈秀华，陈先生教余派；武戏老师是丁永利，丁先生教的是杨派。父亲在艺术上成长起来以后，又跟余叔岩先生本人学，像《别母乱箭》《战宛城》，他都学过。余先生不仅教戏，还亲自给我父亲"把场"。父亲头一次上台时，开戏之前，等观众都坐好了，余先生从下场门出来，在台上走一过场，到上场门进去，意思是说，我来了，他是我的学生。然后才正式开戏。

父亲学的是余派，但是到后来又在余派的基础上有所发展，走出了自己的特色，被后世誉为"李派"。他是谁好就学谁，学完以后再化成自己的。他的派别是沿着文戏"余"、武戏"杨"的总根儿，然后再吸收了各家的长处。比如说《响马传》中有一段唱，其中就有马派的东西：

当年结拜二贤庄，单雄信对我叙衷肠。

揭开了绿林名册把底亮，我把那响马弟兄当作手足行。

今日有人劫皇纲，杨林行文到大堂。

差遣了樊虎、连明、秦琼来查访，一路行来暗思量。

尤俊达、武南庄，事有可疑我探端详。

二位贤弟随我往。

李少春（1919—1975）

　　父亲对于京剧的改革都是在无形当中的改革，他的唱腔跟其他流派有很多地方不太一样，但他是让你听着是一样基础上的不一样，多少有变化。不光马派，他的文戏连麒派的东西都有。武戏他又重点吸收了盖（叫天）派。记得父亲在教我的时候说，《一箭仇》你就按盖派的来。他是什么都吸收，再巧妙地糅到自己的表演中，一般人还看不出来。但是我们作为内行都能看出：这是从哪儿化来的、那是从哪儿化来的……我后来也接受了他这个理念，这儿学、那儿学。当然，跟父亲相比，我学的就少多了，也没他掌握得好。

　　父亲也擅长在唱法上进行革新。比如《响马传》中一段西皮摇板：

　　漫天撒谎俱是假，嘴巧舌能信口答。

　　庄主面前替我回句话，

　　你就说他热孝在身，我不敢惊动他。

　　像这样的唱法，都是父亲根据人物和剧情特点新编出来的，过去老戏里没有。《响马传·秦琼观阵》中"分明是子母连环震地胆，挫骨扬灰险恶的烈火山"，这唱过去也没有。再比如《二进宫》中一句"千岁爷进寒宫休要慌忙，进寒宫听学生细听……"父亲教的跟我在戏校时学的就不一样，在有些字的处理上，父亲唱的更原汁原味。"九里山前摆下战场，逼得个楚项羽乌江命丧"，父亲对"乌江"两个字的处理，跟以前唱法比，区别就是一个好懂，一个不好懂，父亲的"乌江"就是原味儿。父亲说，唱戏从一开始不知道怎么唱而学唱，再到知道怎么唱，然后一步步往上升，到最高境界的时候，就是说话。

　　《野猪林》里"发配"一场有一段高拨子导板：

　　一路上，无情棍，实难再忍。

　　俺林冲遭陷阱，平白的冤屈何处鸣？

　　我到如今，身披锁链受非刑，

　　我有翅难腾。

　　奸贼做事心太狠，害得我夫妻两离分。

　　长亭别妻话难尽，好似钢刀刺我心。

　　但愿得，我妻无恙逃过陷阱。

　　二差官做事太欺人，劝你们住手休凶狠，

　　八十万禁军教头谁不闻？！

　　我忍无可忍难饮恨，看你们还敢乱胡行！

　　过去北方的京剧不用拨子，南方戏里才有。父亲把南方的拨子拿过来用在这儿，就用得很合适。

余叔岩（前坐者）与李少春（后排左）、孟小冬
（后排右）合影（1938）

编剧不是闭门造车

父亲的改革精神还体现在唱词上。他有时候亲自动笔写戏词，《野
猪林》就是他自个儿写的。翁偶虹先生给我父亲写的比较多，是跟着我
父亲的一个编剧，《响马传》就是出自他的手笔。翁先生写词不是闭门
造车，他找演员商量。比如《响马传》中有这样一句："这就是愈描愈
真，亲口供状，大有文章。"过去京剧没这样的词儿，都是几言几言地
下来。而它既不是七言，也不是九言，就是一句大白话。翁先生打算这
么写，他先找演员，演员一琢磨："行，就这么写吧！"他就这么写了。
再比如，"好弟兄，一路上，说说讲讲"，这是十个字。演员一说：

李少春《野猪林》剧照

"成，就这么写！"就这么定了。编剧跟演员通气、商量，演员也得能够消化才行。等演员到台上，"好弟兄，一路上，说说讲讲"，十个字唱出去了；"这就是愈描愈真，亲口供状，大有文章"，15 个字，也给唱出去了，观众听着还觉得挺舒服。

《响马传》有一场"炸街"。那时候《响马传》其他的场次翁先生都润色好了，这场戏是后加的。怎么编出来的呢？孙胜武、霍德瑞、曹韵清，这几位老先生边排戏边商量："这儿得加场戏。"翁先生过来："怎么加？"这位说："这个地方得安人。""好好，那你们俩在这儿。"那位说："这儿得安人。""好好，再过来俩，你们在这儿。"这班没有演员了，把外班的找过来。大家你一言我一语，说完了以后，翁先生拿着笔、拿着纸："你刚才说的什么词？"他记下来。"他刚才说什么词？"他再记下来。这儿记下，那儿记下，记完以后他再一润色，好，一场戏出来了。

李少春《林冲夜奔》

　　而现在我们的京剧排新戏，大都是编剧闭门造车写本子，写的词没法念，也没法唱。演员很苦恼："这词儿……"有能自己改的就改了，有的还得找编剧改。而且，一出新戏在上演之前，剧团里能看到本子的演员的并不多，就主演看，有词儿的看，再就是领导看看。

京剧一定要改革

　　李派的传人现在有几个，我的学生里，傅希如、蓝天我教得最多，他们俩都是上海的，经常来北京跟我学。受父亲影响，我在教学生时，都是把戏给教好了，由学生在唱的过程当中自己去体会、发展，我不限制。

　　现在京剧的观众越来越少。解放前，除了京剧没别的，其他的剧种不行，歌舞团也很少，看京剧的人就多。新中国成立以后，50 年代的时候行，60 年代也还可以，后来有了样板戏，样板戏一过，其他的文艺形式都发展起来，京剧就开始衰落。今天的京剧总体上没什么发展，还是在唱那些老戏。排的新戏，也没见哪出落着了。倒是唱出来了，赶着会演，"哗"全来了，会演完了就没了　　谁唱它挣钱？现在是导演制，一个戏怎么排，一切都按导演说的办，还能出得来流派吗？流派可都是靠演员自己创出来的。现在没有谁能再创出一个新流派来，对演员来说，都是以前有什么戏就学什么戏，这个戏怎么下来的就怎么学。另外，现在的演员条件确实不错，在演唱技巧上可能比以前强，但是在艺术修养上就不如以前。

大家也都在探索京剧应该怎么办，像这几年就出现了小剧场的形式。但是，现在京剧的表现形式我认为还是挺落后。比如说，舞台上出来四个人，代表的是千军万马，可是千军万马一出来不是这样的，应该增加表演的真实感，再多上几个。可是反过来说，这京剧团里就这点儿人，没那么多。这又是矛盾。所以，京剧怎么发展我说不好，不过就现在的样子不成，将来得变样儿才行。

我的京剧学艺生涯

马崇仁口述　马龙撰文

　　我 1923 年出生，今年已是 90 岁的老人了，正所谓"耄耋之年"。能够有今天的幸福生活，我真是没有想到。我的祖父祖母、父亲母亲、老师先生们，甚至与我同年的师兄弟们，多数都没有活到我这个年龄，我还有什么不知足的。人老了就会很怀旧，此时此刻我的确很怀念他们。

　　在我 90 岁之际，我想把我所亲身经历的学艺往事谈一谈，既是对老前辈的一种纪念，也是对我自己的一种回顾。现在我患有眼疾，记忆力也在逐渐退化，我只能只言片语、东鳞西爪地在我的脑海里搜寻了。我希望通过对这些往事记述，能够给热爱京剧事业的青年人一点启迪，让他们能够温故而知新。哪怕只有一两句话对他们有益处，我也就心满意足了。

想学戏，你吃得了苦吗

　　我们马家可以说是京城回民之中的名门望族。准确地说，应该是形成望族在前，在父亲马连良成名之后才算名门。我的曾祖父马永祥有六个儿子，按大排行论，他们分别是马西园、马心如、马崑山、马振东、五子（过早去世，姓名不详）及马沛霖。

马西园是我的祖父，他当年经营"门马茶馆"，其中设有清音桌，逐渐形成了远近闻名的京剧票房，因此与梨园界的伶人们交上了朋友，家中从此有许多人热爱京剧，后来便从事了这一行。二爷爷马心如曾是勤行出身，到上海后发现那里没有什么像样的清真饭馆，生活不太方便，于是与友人共同投资经营了饭馆"洪长兴"。今天这个饭庄还在，已经是沪上著名的老字号了。三爷爷就是马家头一个下海从艺的马崑山，他在上海的京剧戏班里唱老生，以嗓音洪亮、气力长足著称。在《四郎探母》的"见娘"表演中，他一边唱"儿去去就来"，一边走入下场门，声音在后台延绵不断，然后再从上场门走出来，声音再渐渐收住。这一手绝活，顿时令台下"炸了窝"，让他在上海滩扬名立万。他后来把票友出身的四爷爷、六爷爷都拉到了上海。马振东唱青衣，马沛霖唱丑行。

到了我父亲马连良这一辈，人丁就更加兴旺了。按大排行排列，马心如的长子马春樵是老大，工武生红净。老二是父亲的胞兄马春轩，工小生。老四是马四立，艺名马春风。他是马振东的儿子，先工丑行，后在剧团任管事、坐中，相当于今天的舞台监督。这三位名字里都有个"春"字，是因为他们都是上海小金台科班"春"字辈的学生。马全增行五，他是我六爷爷的儿子，梨园经励科出身，就是今天的业务人员。往下就是我父亲的胞弟马连贵，一直在乐队中负责大锣。再往下就是马崑山的儿子马最良、马宏良，均以唱马派老生闻名。还有就是马春樵的弟弟马庆云、马庆龙等，都以工武生享名。父亲马连良行三，梨园界都称他"马三爷"就是这么来的。

到我这一辈，马君武、我、马荣祥、马崇年、马小曼等一直干专业京剧演员，我们马家从事京剧事业的人就整整三代人了，算得上是名副其实的梨园世家了。

我1923年出生。从我小时候记事时起，我们家已经住在崇文区翟家口豆腐巷7号了。这是个三进的四合院，外带西跨院。这是父亲用多年在上海演出所得包银分几次购置的，也是他孝敬父母的一片心意。前院北房爷爷、奶奶住，伯伯马连贵一家住东房，西房改造成做礼拜的大殿，南房是接待普通朋友的南客厅。南客厅西墙开了一道门，可通西跨院的南房，父亲马连良喜欢在西院南房里吊嗓子。父母住在西院北房。中院是一个过道，又叫廊子。中院西屋是厨房，我和二弟马崇义、表弟杨松岩住中西院通道旁的两间房子，六姑马慧敏一家住后院，杨叔岩是六姑的长子。

为了教育我们几个孩子早日成才，父亲为我们请了私塾先生在家授课，从《三字经》《千字文》学起。先生的名字叫关仲莹。关先生就住在马家，很有责任心。他的文学功底很好，写的一手好字，还擅长篆刻。他对创作改编京剧剧本很有心得，与父亲一直关系良好，到了30年代父亲大排马派本戏的时候，关先生是当时的主创人员之一。像《楚宫恨史》《全部一捧雪》《新白蟒台》等，都是出自关先生的手笔。

豆腐巷里有位姓白的回族邻居，给我们介绍了一位教英文的洪先生，每天在家给我们上课。至今我还记得什么table（桌子）、apple（苹果）、chair（椅子）等，都是洪老师的功劳。后来还请过一位洋教堂里的神父，教我弟弟他们英文。父亲的思想一向开明，在任何方面总是超前一步。当时请先生在家教英文的家庭很少，回族家庭这样做的就更少了，戏班出身的家庭更是少之又少。

父亲这种重视教育的思想应该是受到祖父马西园的影响。祖父认为回族之所以落后受人欺负，其中一个主要原因是自身文化水准较低。前清时就没什么人愿意参加科举考试，对学习文化兴致不高，因此制约了回族同胞的发展。为了能够让自己的同胞在社会上有能力、有地位，祖父身体力行从点滴做起，热心回民的公益事业，积极投身并参与普及教育的工作。

我们学校基本就是花市清真寺的一部分，但不从礼拜寺正门进去，走位于手帕胡同的后门。教室是礼拜寺的中式配殿改造而成的，有游廊抱柱，上有阿文匾额。我们都有统一的校服，还有童子军制服。记得有一个留着大胡子的哈老师，他是阿訇，负责教我们读古兰经。有一个教语文的马老师，后来他儿子马有光成了我太太满羡懿的姐夫。我上学的时候父亲已经红遍大江南北，马派之说不胫而走。由于受到父亲的耳濡目染以及家中京剧艺术氛围的熏陶，所以在念书时我的心思经常离开课堂，想象着自己也能像父亲一样，驰骋于红氍毹之上，掌声彩声不绝于耳。每想至此，不觉已飘飘然，如入仙境一般……

终于有一天，我大着胆子向父亲表明了心迹——我想学戏。父亲马连良可能没想到我有这个主意，这与他和祖父对我们几个子女的规划不太一致。他们希望通过读书上进，使我们有很好的学识与修养，把我们都培养成文化人，以改变回族同胞的落后面貌，达到改换门庭的目的。但当我的想法与大人们不一样时，他们并没有像当时大多数家长一样，觉得长辈的意志不可违，而是认真地思考了几日并给我以答复。

其实梨园子弟子承父业是顺理成章的事情，也是业内多年存在的普遍现象。一天，父亲郑重其事地对我说："想学戏，你吃得了苦吗？"我不假思索地回答："吃得了。"父亲微微笑道："傻小子，你知道当一个京剧演员要吃多少苦吗？学戏很苦的，普通人能有的生活享受你都不能有。为了保护嗓子，你就不能想吃什么就吃什么。一年三百六十五天，你要曲不离口、拳不离手。必须冬练三九、夏练三伏，才能成为一个好角儿，你做得到吗？"我当时为了能够学戏，就非常爽快地答应了父亲。但父亲却两眼直勾勾地盯着我，认真地说："那你要说到做到啊。"

通过这次严肃的父子交谈，我才逐渐懂得父亲的意思。我要矢志从事京剧事业，就必须作好吃苦的准备，并要为此付出代价。多年以后我能够登台了，我还暗自庆幸我学戏找对了时候。因为从几年之后的日伪时期开始，跳梁小丑横行于世，艺人成了任人欺辱勒索的对象。子女们就是条件再好，父亲也不让学戏了，当时的戏饭已成了气饭。

改名马金仁

当时春樵大伯正在教他的长子马君武学戏，于是父亲让我跟春樵大伯从基本功学起。每天早上六七点钟就去崇文区茶食胡同的广兴园练

马连良子女。左起：崇礼、崇义、崇仁、萍秋

功。这是个老戏园子，是老前辈余玉琴开的。后来还在梨园公会（老精
忠庙）练过一阵，父亲的跟包满广龙负责帮我抄功，他也是门里出身。
春樵大伯是武生花脸的路子，他就算我的开蒙老师了。我虽然没有跟他
学什么正戏，但到头来还是应了戏班里的行话——跟谁学就像谁。我这
一辈子武生、老生、红净、花脸都唱过，我自己觉得我也是武生花脸的
路子。

　　基本功练了一年多，在我9岁的时候，父亲准备把我送入科班学
戏。一天，他带着我去"华乐"见了叶春善师爷，说想让我上富连成科
班。叶师爷很高兴地说："来吧。"我入科的事没费吹灰之力就算成了，
我还以为不定怎么考我呐，心想还是父亲面子大。当时要是入了富连
成，我应该是排大"世"字辈。后来叶师爷去世了，再入科的学生就排
小"世"字辈了，师父就变成叶家大爷叶龙章了。

同学李玉茹反串老生黄忠

由于父亲工作忙应酬多，我入科的事一直没有再跟进。到了1933年，中华戏校的校长焦菊隐与父亲来往密切，他希望父亲能够同意去他的戏校教戏。我的伯伯马连贵看我在家没事，就帮我联系入科的事，伯伯与正在戏校教戏的陆喜才、律佩芳相熟，也觉得戏校的条件比富连成好，就带我去了中华戏校。

中华戏校是南京国民政府中央委员李石曾批的经费，据说是庚子赔款的一部分，由焦菊隐校长主办的。焦校长是革新派，我们的思想多少也受到一些影响。从表面上看，中华戏校与富连成最大的区别是我们有文化课，他们没有。其实焦校长希望培养的是学生，而不是学徒。我们学校里只挂孙中山画像，从来也不供祖师爷。当时戏班里的保守势力就放过狠话，戏校出来的甭想搭班，他们不认祖师爷，跟咱们不是一路。

中华戏校在木厂胡同路南，据说这个几进的大四合院是李莲英的府第，路北就是华伦大药房。我们宿舍不够住，学校就租了"华伦"的一部分房子，我就住在这里。我们几十人一个大屋，睡单人上下铺的双层铁床，每人一套雪白的被褥。十分干净整齐，卫生条件比科班好多了。出"华伦"的后门就是豆腐巷的路南，我们家就在这条胡同迤西路北。虽然近在咫尺走路不用两分钟，但戏校根本不让回家，也没有寒暑假，这点与富连成科班倒是一样。

我到戏校后见了教务长沈三玉，他看了看我说："这孩子是学花脸的材料。"从此，我排"金"字辈，改名马金仁，开始了我的坐科生涯。每天早上6点起床，我们谁也不想起，总想多睡一会儿。但学校有个管"叫起儿"的老师，手里永远拿着一支长藤条，每天早上去宿舍提溜我们。他说话有点怯口，每天总是重复那句话："起来！起来！我就怎么那么纳闷，你们怎么就那么懒乜?!"一边说一边用藤条梆那些还没起来的同学，我们每天都被他赶出宿舍。

起床后先喊嗓子，然后吃早饭，8点钟上课。刚刚入科不久的先练基本功，高年级的同学就去学戏了。练功有练功厅，学戏的分组在各屋。我们是男女混校，按"德、和、金、玉"排辈分，我们和"玉"字辈的一起练功。经常站成一排在墙根底下拿大顶，每天练三把顶。由老师从一数到一百，算一把顶。练到第三把的时候最难坚持，大家都憋着一口气。谁要先顶不住松了气，就会有传染的效果。有一次我和李玉茹挨着，这个胖乎乎的师妹还真有股犟劲，汗珠子啪啪地往下掉，她愣是咬牙挺住了。可这时我怎么也顶不住了，实在等不到老师数到一百了，我身子一侧歪就摔了下来，把玉茹也连带着砸了下来。这一下可麻烦了，只见我们同学就像多米诺骨牌一样，稀里哗啦东倒西歪地倒了一地，真丢人！

学校虽然管吃管住，可当时还没有回民食堂。春樵大伯的长子马君武也上了戏校，改名马金武。我六姑的次子也进了戏校，叫杨金胤，我们仁都是"金"字辈的。另外还有冯玉增、王玉敏等几个回民同学，都是各家给送饭。我们家离学校最近，每天家里的用人彭大爷定时给我送。在师兄弟当中我的家里条件最好，饭菜质量又高，每次彭大爷送饭，都伴随着一阵香风，馋得许多同学直往下咽口水。有几个高年级的大师兄干脆就"劫道"了，等彭大爷一走就大喊一声："别动！谁也别动！"他先上来猛吃几口，有两三位这样的"帮"着我吃，等到我吃的时候就没什么了。

没过多久这事被教务长知道了，于是老师就急了，把几个大师兄找来训话，对他们大发雷霆地说："你们知不知道，马先生是多大的角儿？他有多忙？焦校长好不容易把人家请来给你们教戏，你们在这儿欺负金仁。马先生要是生气不教了，我看你们谁负得了这个责任?！你们这是在自毁前程！"一顿教训之后，顿时把师哥们吓得哑口无言。弄得我也觉得挺别扭，就好像我在背后给他们打了小报告似的。

父亲知道此事后不但没生气，反而安慰起了老师："小孩子淘气闹着玩，有什么呀？吃就吃吧，正长身体哪，亏嘴。别再吓着孩子呵，否则我这一世的英名可就完了。"从这天起，彭大爷每天用大提盒给送饭，大伙儿和我一块儿吃饭，戏校的回民伙食基本上被马家免费承办了。直到戏校搬家到沙滩椅子胡同，才有了回民食堂，由冯玉增的父亲掌灶。

我们每个星期日是探视的日子，家里可以来人送点好吃好喝的东西，大家也好解解馋。家里条件差的同学可就惨了，不但没人来，也没人送吃的，王金璐师哥就是其中一员。他干爹家里穷，买不起点心饽饽等食品，有时用几分钱买一包大栅栏二妙堂咖啡馆的点心渣给他，他边吃边流眼泪，看着别人想着自己，心里真不是滋味。想想当年他真不容易，否则也磨炼不出这个好角儿。我每周都在廊子里等着我姐姐马萍秋，每次都是她来给我送吃的，并把我的换洗衣服拿走，一直坚持了四

马崇仁为青年演员韩巨明说戏

年多，所以我与我姐姐感情很好。

在练基本功的同时，我们还要上文化课，这是富连成科班所没有的。上课与练功、排戏时间分开。按入学后的学生文化程度，老师把我们分成甲一、甲二、甲三和补习班四个等级班。甲一班文化水平最高，王金璐是甲一班的。甲三班是初小水平，我是甲三班的。补习班的文化水平最低，可这班后来净出好角儿，宋德珠、侯玉兰等都是补习班出身。我们还有英文课，记得教英文的老师好像是王金璐的干妈。

对着城墙练念白

练功有近两年的时间以后，我们才开始正式学戏。按各个行当分小组学习，在本行当学完了的前提下，可以去听别的行当的戏。各行学完

马崇仁与二弟崇义（左）

之后，由朱玉康老师负责合成。合成以后没有什么问题了，下午就去中和、广和戏院实习演出了。这两个戏院我们每三个月一转，与戏院二八分账，戏校拿八成。当时我们的演出很便宜，戏院晚上接好角的大班演出才能赚钱。

我跟沈福山老师学架子花脸，沈先生是侯派的路子，他教我的头一出戏是《下河东》。我的欧阳芳，朱金琴的呼延寿亭。沈先生教完之后，就让师哥周和桐再给我加工。

学了一段时间后就实习演出了，这是我头一次正式登台唱戏，这天是 1934 年 6 月 10 日的白天，在"华乐"。记得我正在后台扮戏，就听见后台里一阵骚动，有几个师兄弟向我跑来。有人兴奋地高声跟我说："金仁，快去看哎，马老板来了！你爸爸来了！"

我和几个同学扒台帘往前台一看，只见父亲被戏院经理等一大帮人前呼后拥地围着，许多观众都在争睹他的庐山真面目，他也彬彬有礼地与人打着招呼。原来父亲来看我的戏了。我心里说不出是紧张还是高兴，心想别出错就是大功告成，否则该给他丢人了。看完戏后，父亲还算满意，来到后台一个劲儿地叮嘱我："你呀，好好跟老师学，切勿擅作主张，凡事要一丝不苟、严谨认真。"

《下河东》圆满完成之后，下一步应该安排我学《雍凉关》的马谡。这时候我的嗓子开始闹别扭，就是开始倒仓了。在沈福山老师之后，张春芳老师也教过花脸戏。他的外号叫"萨敦"，杨小楼杨老板演《状元印》，张春芳必演萨敦这个活儿。我的变声期很苦，有时张嘴连声音都没有，戏校只好安排我跟着打武行，来个一般的上下手活儿。

中华戏校对学生的培养的确下本，哪位大角儿的戏好就请过来授课。这时父亲就开始给关德咸、王和霖、王金璐他们上课了。当时王金璐还没改武生，是学文武老生的。给王和霖开蒙的老师是张连福，是父亲的师兄弟。他教戏很严格，不满意就爱用戒尺搅和嘴，主要教大路的戏。他对马派艺术极为推崇，并主张王和霖学马。张先生常对王和霖说："你要想吃蹦虾仁就得学马连良，否则那虾仁不会自己往你嘴里蹦！"

戏校知道好角儿有重要演出的时候，就安排学生去观摩大家的演出。我那时学武戏，演出完了就挺累了。有一次让我们去看杨老板的戏，今天想想真是太难得了。可是当时我们小孩的艺术修养还不够，看不出杨老板到底好在哪里。就见老先生在台上的表演不温不火的，武戏文唱，眼睛好像老抬不起来。本来我们就困了，看了他的演出之后就更没精神了。我们那个年龄段的人，还不具备能够欣赏杨老板艺术的修养与水准，就是不懂啊。我觉得还不如让我看李万春过瘾，那才叫提神给劲儿呢！

由于家中世代信奉伊斯兰教，所以男子在少年时期要施行割礼是免不了的。我在戏校三四年了，一直不能回家。大人们看我一直在打把子，没学什么正戏，就给我请了假，要我回家受割礼。

我在家养了一个星期，就基本不疼了。四年没在家里住过了，在家真舒服！这四年家里变化挺大。母亲王慧茹1934年初去世，爷爷去年无常了，家中里里外外的大事小情都由继母陈慧琏料理。父亲比以前更忙了，从1930年扶风社时期开始，基本上一年一出新戏。《安居平五路》《要离刺庆忌》《苏武牧羊》《假金牌》《楚宫恨史》《羊角哀》《全部一捧雪》《胭脂宝褶》等，都是这一时期的作品，马派艺术正在步入上升期的轨道，所谓"豆腐巷里出好戏"就是这个阶段。

我借着割礼养伤的机会在家多待了些日子，后来干脆就坡下驴自动退学了。这一时期，我们家在中华戏校的三个"金"字辈的孩子都先后离开了戏校。马君武回家跟春樵大伯学本门的武生去了，他家传的这种南北两派结合的戏路子，北京的老师还真教不了。后来果然家学渊源，在扶风社接了马春樵的班，成了三牌武生。杨金胤去了富连成，排"元"字辈，学老生，改名杨元勋。父亲觉得不能老让我在戏校这么混下去了，他对戏校给予我的培养计划不太认同，觉得回家也好，给我重新制订了学艺规划。我的情况有点像小斗子尚长春，尚小云先生觉得富连成不培养长春，就干脆回家自己培养了。从此我又恢复了家名——马崇仁。

我从戏校回家以后，我的同学李德斌、周和桐、王和霖、王金璐时常借机会来家里找我玩。当时他们都在戏校有点小名气了，对他们的管理也比较放松。他们都比较有心，主要是为了能借机多接触我父亲，将来能搭上扶风社的班或者多点机会得到父亲的指点，父亲也很喜欢他们。当时父亲整天忙着筹建新新大戏院的事，总带着我们几个去工地视察。父亲让我向他们学习，做个有心的孩子。

　　父亲针对我的情况有一套自己的想法，只是当时我也不懂。但我有一样好，就是特别相信他，他说的准没错，按照他说的办就是了，就是比较听话。首先，父亲让我每天早上去东便门去练功。根据我倒仓的情况，让我多念少唱。让我对着城墙练念白，哈气不停地打在墙皮上，练到把墙皮打出一片湿迹。为了练得喷口有力，冬天也要念到墙皮被我喷湿了才行。当时也不懂得科学的练声方法，每天我和李慕良一起到东便门喊嗓子。在那里练功的还有姜凤山等人，姜那时候正在学唱花脸。李慕良的嗓子也比较苦，他自己也感觉不行。后来他主要练京胡，他和姜凤山后来都成了著名琴师。

　　年轻人哪有愿意早起的，特别是冬天，都想多睡一会儿，可这根本办不到。一天，我还没起的时候，父亲已经起来了。当时我跟二弟、三弟住前院东屋，父亲就走过来催我起床。老三崇礼说："大哥，来不及了，您还藏起来！"我急忙藏到衣架后面，不敢出声。父亲进来后问他们俩："你大哥呐？"他们赶快帮我打马虎眼，说我早走了，父亲才离开。有这一回我就够了，再不敢偷懒了。以前曾经听我爷爷说，就是在当年我父亲刚刚结婚的第二天早晨，爷爷怕父亲开始养成懒惰的习惯，从此每天他比父亲起得还早，早晨天不亮的时候就打着灯笼等着父亲，陪着父亲一起去练功喊嗓子，天天如此，坚持不懈。从此父亲成了我学习的榜样。

　　业内许多人都知道我回家学戏了，于是大家在一起交流的时候就多了。一天，经励科佟瑞三居然来约我，让我陪阎世善唱一出《穆柯寨》，让我来杨延昭。我是初生牛犊不怕虎，虽然不会就愣给接了。先找哈宝山四伯给我说了说，他是唱二路老生的，有准尺寸。然后又找我的四伯马四立给我加工，居然也给唱下来了。父亲为了让我在唱上用功，就请来一位叫耿少峰的琴师给我吊嗓子，每月给人家付钱。我的嗓子逐渐恢复，念白倒是挺响堂的，就是唱起来不行，总是找不着准确发声的位置。根据我的实际情况，父亲决定让我到万春大哥那里去。

多学，多看，多记，多问

我在去李万春那边之前，父亲又一次意味深长地与我谈了一次话。这时我已经懂事多了，所以父子间的这番谈话我记得很清楚，它令我受用了一辈子。父亲对我说："你到万春那儿去，让你来什么活儿就来什么活儿。不许挑肥拣瘦，不许讲价钱。主要是为了锻炼舞台经验，不是靠你养家糊口。你要多学，多看，多记，多问，即使你现在用不着，早晚会用上；即使你台上没用上，将来也可以给人说戏，艺不压身呀！钱上吃亏不要紧，最主要是艺术上要过硬。在艺术上要有心，在金钱上要没心。宁让艺术压着金钱，别让金钱压着艺术，否则会让人戳脊梁骨。"

我每天从李万春那边回来，父亲都问我在班中遇到什么问题，然后给我讲述他在科班时是如何对待这些问题的。每天讲的最多的还是那句话，"什么活儿都要来，而且要把它演好。"父亲说："我在科班的时候就是什么活都来，要争取多上台。每一次上台，就多一次经验。每演一个活儿，就多学点本事。就是扮个龙套，也要好好来。"

父亲给我讲了不少他在科班学戏的事，我才知道他在未成名之前，不但常唱二路老生，而且还唱过《取洛阳》的小生、《法门寺》的老旦，就连《五人义》里的那个有南方口音的小花脸他也来过，台底下对他演的这个角色特别欢迎，有人还认为马连良改小花脸更合适，因此他才打下了那么丰厚的艺术基础。

那时候，我觉得有词儿、有身段的活儿，不论大小，多演才能长本事。这龙套在台上不过是戳着、站着，有什么意思？父亲看出了我的心思，就很严肃地对我说："你可别小看了跑龙套，那同样是学能耐的好机会。"父亲说，他刚出科的时候，想观摩好角的演出，可没钱买票看戏。有一次余叔岩先生演出《打棍出箱》，父亲本身有这出，很想看看余先生是怎么演的。于是，他就带着一个干馒头，白天就进了戏园子，躲在包厢里不出来，一直等到夜场开戏，就找个柱子的后面站着看演出。当年的老先生都比较保守，如果他看见有同行来"偷艺"，就把一些绝活或者是艺术上较为高超的地方临时改了，不让他人得到。

父亲说："你看，想看好角的戏多不容易呀！如果你能扮一个龙套，站在台上，你就能学很多东西。不能傻站着看热闹，要用心看，用心学。你是学老生的，比如说在《审头刺汤》里来个龙套，你就要学陆炳的念和唱，怎么演，怎么动作。你是学小花脸的，就要学人家怎么演汤勤。这样天长日久，就能学到很多东西。"

说到跑龙套重要，父亲讲了这么一件事："在早年，有个专门跑龙套的前辈叫百本莲。他是龙套头，跑了一辈子龙套。凡是他跑过龙套的戏，他都能背通本。不但会词儿，就连扮相、唱腔、身段、位置，他都记得清清楚楚。有些名角要排一出比较生疏的戏，记不全，都请他来说戏，跟他学。你看，人家这跑龙套的多有心胸。"

经过父亲这么一说，我才明白为什么父亲一再强调"要什么活儿都来"的道理。父亲还对我说："活儿不论大小，都要尽力把它来好，不泡汤，不敷衍。先说扮相，不管来龙套，来院子，首先要剃头刮脸，脸上干干净净。然后要三白，护领白、水袖白、靴底白。这样扮出来，观众就看着你精神。不论有词没词，该怎么走怎么走，该怎么站怎么站。要站有站相、坐有坐相，严肃认真、一丝不苟。养成习惯，将来演主要角色才能演好。不然，演小活儿吊儿郎当，习惯成自然，养成坏毛病，到演主要角色时也改不过来了。"此后，我就踏踏实实地在李万春那边"上班"了，遵照父亲的教导，多上台，多实践，一点一滴地积累舞台

马连良嫡孙马龙在请伯父马崇仁讲述自己的学艺生涯

经验。

我有不会的戏就回家向父亲请教，父亲很高兴并对我说："我说你学是一方面，另一方面我演戏你要认真看，边看边体会，不明白的要及时问。搞明白了，即使你将来不演了，还可以给人说。"父亲的意思是体会比言传身教更重要，体会到他在舞台上的心劲，才能得到艺术的"真传"。他对我几十年前说的这番话后来都应验了，让我受益匪浅。我后来给马长礼、张学津、马少良、张克他们说马派戏，以及后来搞"音配像"，父亲留给我的东西都用上了。

李万春当时自己挑班的班社叫永春社，他还办了一个科班鸣春社。他久占庆乐戏院，白天鸣春社的学生唱，晚上他挑着永春社唱，每周他唱八场。我在永春社什么活儿都来，以老生为主，基本上都是边边角角的零碎活。每天给我开十九吊六的戏份，不到 5 毛钱，当时 40 吊是一块钱。本来应该开 20 吊，被管账的硬扣了四个铜子儿，当时两个铜子儿能买一个烧饼。在鸣春社就是实习演出，没有收入。李万春的演出比一般的大角频率高，也有他的道理，我觉得主要是他的负担太重。为了培养武戏人才，他自己负担着鸣春社科班。背后没有任何财团支持，每天要往里搭多少钱呀！他不玩儿命唱戏行吗？！

李万春红的基础是他有一颗永远上进的心。我们在一起的时候，他已经红了近 20 年，但他从未对自己放松过。他发起组织了一个"文武习进会"，有我、李慕良、迟金声等一批青年演员，父亲让我每天早晨从家走到"庆乐"，不准坐铛铛车（当时北京的有轨电车）、不准骑车，更不准坐家里的汽车了。父亲说走路是百练之祖，为了让我练气。他没事就早上遛弯儿，练了一辈子。

我们每天早晨 8 点去"庆乐"报到，然后排队、点名、报数、练功。迟到者不但要站在队尾等候批评，而且还要负责给大伙儿练功之后买早点。有一次我们在"庆乐"耍大枪，我一不小心把迟金声的眼睛给扎了一下。由于李万春执行起来一丝不苟，大家练功就直功直令了。我们这个团队后来知名度越来越高，甚至有些票友朋友也要求加入我们的行列。

李万春常常鼓励我放大胆唱马派戏，于是我在白天和鸣春社的学生们一起实习演出。白天唱戏不给钱，但一般的鼓师不会打马派戏。扶风社白天没戏，我就爹着胆子去找父亲的鼓师乔玉泉。乔三爷白天没事，很给面子，唱了《失印救火》《范仲禹》《安居平五路》《马义救主》等几出以念白、做工为主的戏，我也没忘给乔三爷买包茶叶意思一下。

其实李万春让我唱马派戏还有另一个原因，他当时没对我讲。他的永春社基本每天都唱戏，不像其他的大角一样，在京时一般一周唱一两次。他虽然以武生挑班，但不可能天天唱武戏，中间需要唱文戏调剂一下。他喜欢唱马派戏，但他管着两个班社，根本没时间向我父亲学习，因此他希望我多会一些马派戏，将来他唱的时候就有主心骨了。他太聪明了，什么事都能想在前面。

他唱马派戏时总愿意我在旁边，他可以随时咨询。有一次他唱《九更天》，魏连芳的旦角。每一次上场前都与我对一遍台上的位置，居然也让他给唱下来了，还得了不少好。一次在上海演出《范仲禹》，他出外应酬赶不及回来。这出戏一般老生只唱"问樵闹府"和"打棍出箱"两折，只有马派唱全的，没人会马派的路子，他就打电话让我先替他顶上。幸亏我父亲给我说过前面"别家行路"一折，我只好硬着头皮上去了。等快演到"问樵"了，三楼的观众看出了破绽，对我大喊："你不是李万春，下去！"这时李万春刚刚赶回来，楼下的观众还没明白内幕呐，他已经上场了。

经过了多年的舞台实践，我在永春社那边主要给李万春配戏，文武全来。《火并王伦》里我演阮小七，《康小八》里我演陈三秃，《铁公鸡》里我演老帅，《古城会》里我演刘备，《走麦城》里我演廖化。万春大哥演出的剧目比较繁杂，南派、北派的戏路都有，很锻炼人。

"师大爷，要了命了"

在李万春的班社锻炼了近两年后，通过对我的观察与了解，根据我的嗓音条件，父亲开始进一步实施对我的培养计划。他认为我应该先在武生艺术方面加强学习，决定为我聘请一位教武生的老师。在请谁担任我的老师这件事上，也让父亲煞费了苦心。当时最有声望的杨派武戏老师是丁永利，但父亲觉得丁先生教我不合适。他认为丁先生只适合说戏，就是给已经有了武生基础，而且非常不错的好苗子指点武戏。而我是从头学起，与前者不在一个水平上。茹富兰教武小生好，又和我不对工。最后，他觉得何连涛的戏路比较适合我的发展，又对何先生比较知根知底，就决定约请何连涛了。

父亲在富连成时与何连涛同科，何是师哥。何连涛也是"科里红"，比父亲成名稍早些。他以擅演勾脸武生戏驰名，广和楼门口插一把大枪，观众就知道今晚大轴是何的《挑滑车》；插一支钢叉，就说明今晚是何的《金钱豹》。父亲成名后，一般都是他唱压轴，何先生唱大轴。老哥俩常常合演《借东风·烧战船》《八大锤》《宦海潮》等剧目，有着十几年的友谊。

何连涛出科后拜武生大家尚和玉为师，宗尚派。开头几年还不错，后来就无声无息了，师兄弟们都以为他去外埠发展了。父亲决定请他教我的时候，费了九牛二虎之力才打听到他的下落。当时何先生带着几个外甥董德斌、董德义等在天桥唱草台子，这对于何这样在大班唱过的好角来说，就等于落魄了，自己都不愿意跟别人提，何况他人了。

旧时的艺人多数对自己没有什么人生规划，特别是唱武戏的，认为自己有一身本领，今天身无分文也不要紧，明天一登台就能把银子拿下了。如果再染上一些不良的嗜好，三四十岁就走了的不新鲜，寅吃卯粮的大有人在，何先生当时的境遇就差不多。据说何先生在天桥也唱不动了，主要给"董家班"排戏把场，心力体力都不行了。再加上他有口嗜好，越抽越没钱，越没钱越抽。父亲听说后没有回避，反而说更要请何先生了。

何先生到豆腐巷家中后觉得无地自容，当年齐头并进的师兄弟，如今一个穷困潦倒，一个如日中天，老哥儿俩一见面心里都不是滋味。何先生羞愧难当地说，自己对不住师父，给富连成丢脸了，没脸在这儿给孩子教戏。父亲没让何连涛多说话，上前拉住师哥的手就说："师哥，您到哪儿都是我师哥，把孩子就交给您了。崇仁，过来给你师大爷磕头。"从此，我跟随何先生学武生。

父亲每月给何先生 40 块大洋的学费，何先生的生活逐渐安定了，身体也越来越精神，每天在豆腐巷前院的当院给我拉戏不知疲倦。他教我的第一出戏是《铁笼山》，讲得十分到位清楚。他强调姜维打八将时的"三险"要特别注意，一手扔刀一手接锤的同时，还要留神自己头上的甩发。弄不好就会使甩发遮眼，既掉了刀又漏了锤。何先生在教戏的时候，父亲有时就在一边看着，他从来不指手画脚、说三道四，让何先生觉得很轻松。

但父亲的脑子一直没停，有什么不合适的地方他都记下了。在学习《铁笼山》时，在"观星"之后，"出兵"之前，姜维有一段曲牌"八声甘州歌"，唱的是"扬威奋勇，看愁云惨惨，杀气濛濛……"应该边舞边唱。何先生可能这段也记不清了，含糊其词地一带而过。下课后父亲就对我说，这段"大字"必须要会唱，要不然你的身段就没准地方，身段都是跟着词儿走的，去找你金璐师哥要这段"大字"，然后再学唱。

《铁笼山》学了半年多，就让我在"吉祥"唱了一次，看完戏后父亲与何先生都不甚满意。何先生对父亲说："崇仁没腿呀！"就是说我在戏校时没有经过"撕腿"的训练，腿上的大筋都没有拉开，所以唱武生戏的许多规范动作就不能表演到位，这样的演出能让人满意吗？另外何先生还有一层意思，就是说我都十七八岁了，再撕腿可就难了。

父亲没有丝毫的犹豫，非常严厉地对我说："你的腿功太差，唱武戏没腿怎么成？请何先生给你撕腿！"这是一段令我不堪回首的经历。撕腿本是七八岁小孩儿练的童子功，那时候筋软容易撕。当时我已经成年，腰腿都硬了，比别人晚十年之后再撕腿，谈何容易。

撕腿的滋味真难受，估计不亚于"老虎凳"那样的酷刑。我后背靠墙，两腿劈叉坐在地上，横着掰腿呈一字形，腿两旁码上砖头，控时间。15 分钟左右人就不行了，疼得连哭带叫，浑身汗水和泪水都混合在

《铁笼山》马崇仁饰姜维

一起。每次撕完腿后，为了"不存筋"，已经动弹不得的我还会被人搀起来，在当院里跑上十几圈。跑完了再踢腿，再搬腿，然后再踢腿，才能保证不存筋，腿才能练出来。

我每次一边撕腿，一边哭，一边叫唤："师大爷，要了命了！我不行了，疼死了！"估计凄惨程度跟在牢房里受刑一样。家里人看着心疼，奶奶、母亲听着也受不了了，大家都出来为我求情，说别让我练了。可父亲却不为所动，板着面孔严肃地说："谁也不许管，这是用功、上课。要想人前显贵，必须背后受罪！"就这样，一段时间后，生生地把我的腿功给撕出来了，从此才奠定了我作为一个合格的京剧演员的基础。

不久快过年了，李华亭请几位青年演员给他唱一场"搭桌戏"。就是演员冲他的面子，唱戏不拿戏份，赚的钱都归他。约了我的《铁笼山》，赵金蓉的《玉堂春》和万啸甫的《打渔杀家》等戏。在"新新"

后台扮戏的时候，父亲过来对我说："勾脸戴甩发的戏不容易扮，你勒头的位置较高，戴上网子脑门就塌了，不好看，还容易搽头。给你个小棉垫，你垫上之后再戴网子，脑门也鼓起来了，扮戏就美了。"我戴上之后果然效果非常好，而且还很舒服，真是一举两得。心里真佩服父亲，花脸的玩意儿他也有研究。后来我拍《铁笼山》戏像的时候，袁世海给我勾脸，看见我这个小棉垫后很兴奋，他也没见过，不久他便学以致用了，后来小棉垫在许多唱花脸的当中就流行开了。这回《铁笼山》唱完以后，何先生就比较满意了。

在此之后，何先生给我排《金雁桥》。该剧又名《擒张任》，是三国的故事。这出戏我春樵大伯很拿手，曾经给我说过梗概，主要表演张任与张飞的对打。何先生让他的外甥董德斌、董德义以及伊克勤等陪我练开打。伊克勤是父亲的勒头师傅伊德玉的儿子，他的张飞。我的大刀对他的双刀，我的大刀一漫他的头，他反应稍微迟钝了一点，没及时往下缩头，一刀正砍在他的脖子上。幸亏是木头刀，那也把伊克勤砍得够呛。父亲在北屋廊子下正看着，一个劲儿地埋怨我："你干吗那么玩儿命啊，手里头要有准头，得停得住！"

一日四本《收关胜》

父亲为了让我有实践机会，在学完《艳阳楼》后，就让我在扶风社的演出时唱一回。为了捧我，父亲请他的师兄刘连荣给我勾脸，让我实在觉得有些受宠若惊，心里就开始不踏实。在扶风社唱戏，不像在鸣春社，这里全是大角，连龙套都一个个倍儿精神，我算老几呀？！特别是与父亲同台，我的历练不够，心里能不紧张吗？

我四伯马四立派戏更绝。这天在"新新"演出，前面是李多奎的《望儿楼》，中间是我的《艳阳楼》，蹲底是父亲的《苏武牧羊》。《望儿楼》是李多爷的拿手好戏，那掌声彩声就甭提了。我哪里经过这阵势啊，这么热的场子我根本就接不住，怎么上的台我都忘了。开打以后，高登有个"大刀过脖"。没想到大刀被绺子结硌了一下，刀就走偏了，我一下没接住，大刀就掉地下了，台底下倒好就上来了。我顿时就紧张得不行，头一次得倒好，真不是滋味。

我越紧张越出错，高登有个后背甩枪的动作，我又没接住，倒好又一次无情地送上台来。我当时就觉得无地自容，我这眼可现大了，这不是给父亲丢人、给扶风社抹黑吗?! 我怎么收场啊？糊里糊涂地就把戏唱完了。到后台后没想到父亲一句批评我的话都没说，反而不停地安慰我："没关系，儿子，别怕。得倒好很正常，唱戏的不得倒好谁得倒好啊？让卖菜的得倒好？越是在这种时候越得沉住气，不能紧张，下回多注意就是了。"

从这以后，何先生又教了我《收关胜》《八蜡庙》《战滁州》等戏。何先生不舒服期间，父亲又请了他的师哥诸连顺教戏。诸先生以教戏严、打人狠著称，黄元庆能够成名可以说是诸先生打出来的。他又教了我一出《赵家楼》，都是主演使刀的戏。我也开始陆续参加扶风社的演出，四伯马四立总是派我演《收关胜》。我兄弟崇义、崇礼就跟我开玩笑："大哥，您真可以，一日四本《收关胜》啊！"我就问四伯，干吗老唱《收关胜》啊？马四立说："我就为让你练大刀片，你小子将来就知道好处了！"

练完了大刀练单刀，何先生还教了我一个漂亮的刀下场。先用右手耍一个刀花，然后"缠头裹脑"，紧接着颠起单刀，右手再倒提刀柄藏于胁下，同时向右轻轻一摆髯口再向左甩髯口，左手向前立掌一挡，亮住，非常潇洒帅气。有一次扶风社全体唱义务戏《八蜡庙》，父亲的前褚彪，我的后褚彪。我在开打的时候把这个身段给用上了，观众非常认可，"噢！马派！"给我叫好，都说"马家门惯来这一手"。这以后我才明白，原来父亲也喜欢使这个身段，多年后在香港拍的《打渔杀家》电影里还使了这个动作。何先生无形之中教了我一个马派的戏路，我的内心十分感激他。

我头一次随扶风社出外是去天津，在中国大戏院演出。头天我前面演《战滁州》，后面赶一个《甘露寺》的前部赵云。"中国"的化妆间有等级之分，父亲的化妆间在一楼，主要演员如叶盛兰等的化妆间在二楼，我们普通演员的化妆间在地下室。父亲亲自下楼为我安排扮戏，他的师兄弟冯连恩、韩富信等是"中国"的坐班班底，父亲请他们二位帮忙给我勾脸。

余国栋是负责父亲服装的，他扮大衣箱的戏比较好，武戏就不太利落。于是父亲请给叶盛兰扮戏的郭二哥帮忙。"中国"的班底们就不停地议论纷纷："这位武生是谁呀？这份儿也忒大了吧，怎么都惊动角儿了？"有人明显地瞧不起，还阴阳怪气地说："这位您不知道吧，他是角儿的儿子！"

《战滁州》是武老生戏，又名《师生反目》。我的脱脱，挂白满。娄廷玉的徐达，带黑三。娄是"中国"的班底，尚和玉先生的弟子，在天津是响当当的武生名家，给我感觉份儿挺大的。大家都是初次合作，人家都冲着父亲的面子，很客气。打鼓的郭老五问我："爷们儿，您这个《战滁州》是什么路子？"我说："尚派。"他马上就说："那得嘞，甭说了，台上见吧。"我跟娄廷玉打了一阵对刀、六股档等，没出任何纰漏，非常圆满地把戏唱完了。这时候娄廷玉才过来跟我说话："没想到你小子手里头还真好，有尺寸，停得住。"

《甘露寺》头场下来之后，我看父亲等角儿们经常换彩裤，我也学着想换一条。于是把红彩裤脱了，换了一条蓝彩裤。这时我二姨父马连

马崇仁（左三）、迟金声（左二）与音配像演员朱强（左一）等合影

昆正好在旁边，他连忙说："爷们儿，你干吗呀？咱们台上是有规矩的地方，赵云就穿红的，没有换彩裤的道理。外江派了您呐，别假溜儿啊。"京朝派的规矩多，头一天随扶风社出外唱戏就让我领教了。

　　一天派我和韩富信的《赵家楼》，我的采花贼华云龙，韩先生的王通，我们俩有一趟对刀。唱完之后韩富信问我："崇仁，谁给你说的《赵家楼》？"我说："诸大爷。"韩富信说："你的对刀不对。老先生教戏是科班的路子，不通大路。大班有大班的唱法，我再给你说说吧。"通过这次天津之行我明白了一个道理，要想在梨园行里站住脚，必须有过硬的本领，至少基础得结实，内行所谓"是这里事"，人家才会瞧得起你，才会对你好，否则甭管你是谁的儿子，都没用。台上不论关系远近，是难得的好传统。

　　随扶风社在天津演出之后又到了青岛。一天演出《青石山》，我的关平。这个人物与关公、周仓一起讲究塑形美，要求人物造型如泥塑木雕一般，不是个累活儿，这戏最累的是武旦。可我一边唱着一边觉得乏力，"四门镜"之后就觉得特累。自己知道演出的效果不好，草草地收了场。下来之后父亲的鼓师乔玉泉问我："爷们儿，今儿你怎么了？浑身没囊劲儿啊？"我说："我也不知道怎么了，就是使不上劲儿。"乔三爷又问我："你下午干吗了？"我说："没干什么，就洗了个澡。"乔三爷连忙说："嗨，唱武生的哪能洗澡啊，你当然没劲了。记住喽，武生唱戏前不能洗澡！"前辈又给我上了一课。

在青岛结束之后要去上海，父亲对我说："下一站上海你就不要去了，你的武生（艺术水准）不够去上海的水平。那边张云溪的《四杰村》是全场观众好送下，你还达不到，先回家吧！"我对父亲的教导向来言听计从、唯命是听，就乖乖地回北京了。

1940 年前后，我继续跟何连涛先生学戏，他又教了我《金钱豹》《一箭仇》等剧目，当时也没唱，没想到多年以后让我受了益。在青岛时当地的班社约请何连涛先生，他就就地搭班了，我们爷儿俩也随之结束了这段师生的缘分。

为了把我培养成一名合格的京剧演员，父亲、李万春大哥、何先生等前辈艺术家付出了大量的心血，至今我依然非常怀念他们，当年是他们将我领进了京剧的艺术殿堂。我是吃京剧这碗饭长大的，是京剧艺术给了让我得以生存的这碗"米"，使我能长大成人，使我能一技傍身，使我能立足舞台，使我能养家糊口，使我能尽职尽责，使我能传道授业……

怀念张学津

马崇仁口述　高芳整理

　　2012 年 11 月 21 日，著名京剧表演艺术家张学津先生走到了他人生的终点，享年 71 岁。梨园界或许没有哪个演员像他有着如此得天独厚的条件——当年鼎鼎有名的四大头牌"马谭张裘"，一位是他的老师，一位是他的父亲。舞台上潇洒大方的马派翘楚，生活中却历尽磨难。即便如此，生性乐观的他却说自己"生正逢时"。他对待艺术的态度，无时无刻不感染着周围的人。

　　马崇仁，马连良先生长子，梨园泰斗，第六、七、八届全国政协委员。穆雨，张学津最小的弟子，戏迷喜爱的"京剧神童"。两位口述者的回忆，向我们展示了一位艺术家为学、为人、为师的风范。

"熏"出来的马派传人

　　张学津从小就跟我们家交往密切。1951 年，我跟着父亲马连良先生，还有张君秋张先生由香港回北京。1952 年到北京后，我父亲演

张学津《四进士》剧照

《三娘教子》，张学津跟我父亲一起上台演，他的薛倚。那时候他还是十来岁的小孩，这是他第一次登台。

1952年，张学津进艺培戏校学戏，学的是余派老生，拿余派打基础，跟王少楼王先生学。在这个过程中他慢慢喜欢上了马派。我们1952年回来后组织马连良剧团也好，1955年与北京市京剧二团合成北京京剧团也好，他一直在看我父亲的戏，就是喜欢马派。没拜我父亲以前他也演过马派戏，演《甘露寺》《借东风》。

戏校毕业后，张学津被分配到荀剧团，后来戏校这些学生又被抽调出来，组成北京实验京剧团。团里的老生以张学津、李崇善为主，李崇善是谭富英谭先生的学生。孟俊泉的花脸，他是裘盛戎裘先生的学生。彭真市长相当重视这个团，特别是张学津他们这一拨学生，经常对他们说："你们北京实验京剧团要继承北京京剧团。"后来拜师马谭张裘四位

马连良大师给弟子张学津先生看剧本说戏（马龙提供）

先生也是彭真市长发起的。我们北京京剧团不止马谭张裘赵这几个团长，还有"二老"——李多奎和马富禄。这些人物上哪儿找去？

关于自己将来的艺术道路，张学津问过张君秋先生，说您看我拜谁合适。张君秋说，你嗓音条件不错，但是念、做还不成，要想有成就，还是应该拜马爷爷。马先生看过几次张学津的演出。晚上没事的时候，马先生有时就去吉祥戏院看戏。马先生觉得张学津够材料，气度、个头、扮相都好。那阵儿也正时兴拜师风。张学津是 1962 年拜的我父亲，和冯志孝一块儿拜的。但是他不敢叫"师父"，而是叫"爷爷"，管我叫"叔"。因为他爸爸是我们老爷子的干儿子，我跟他爸爸是同辈。

我父亲特别喜欢他，曾跟我说，学津比其他几个学生接受能力都快，也聪明，刻苦。张学津学戏是真刻苦。他白天在北京实验京剧团上班，晚上没演出就到我家里跟父亲学。有时候父亲出去洗澡也带上他。按我们这一代的说法，学戏要先跟着师父"熏"。张学津学戏开始学的是余派。余派的念白风格跟马派的念白风格不一样，谭派跟马派的也不一样，各派有各派的特点。拿学马派来说，怎么唱，怎么念，得先"熏"成马派味儿。张学津也是跟着先"熏"。他先学的是《十老安刘》，里面有大段的念白，马先生教他念，他照着去练，练成马派风格。他在我家学戏，边学边背，完了就很晚了，公交车也没了。他也没处借脚踏车，就走着回去。那阵儿他们剧团在珠市口一带，他一边走一边背戏。天已经很晚了，马路上没什么人，他就连比画带背戏，每天如此。

马先生到后台扮戏，他也跟着上后台。后台单有父亲一个化装室，怎么化装张学津都看到了，都记在心里。我父亲演戏非常认真，演出前各个部门都要看看。道具干净不干净，演员扮得干净不干净，穿的服装对不对，都要过过目。"你这怎么没刮鬓角啊，找理发师刮鬓角去！"不能带着大黑鬓角上台。穿着服装上楼下楼也得有规矩，"上撩下提"，上楼得撩着，别踩上，下楼得提起来，后面别扫楼梯。穿着服装更不能躺着。所以，马先生怎么要求剧团，怎么要求自个儿的扮相，这些细节张学津全都注意，都学到了。后来他成立了一个剧团，在他的剧团演戏，他也学马先生这套作风。

国庆十周年的时候，北京京剧团排出《赵氏孤儿》，由马、谭、张、裘主演。张学津所在的北京实验京剧团也排了《赵氏孤儿》，也是马谭张裘主演的路子。北京京剧团的马谭张裘是马连良、谭富英、张君秋、裘盛戎，实验京剧团里，张学津是马，李崇善是谭，李玉芙是张，孟俊泉是裘。马先生亲自到实验京剧团给他们排，特别是张学津，马先生亲自给他说身段，作示范。比如说"盗孤"，把小孩装箱子里之后要换锣鼓。这时怎么给打鼓的交代？马先生专门给他走出来，教给他。还有"盘门"一场戏，程婴碰到屠岸贾的一个武将韩厥，背的箱子里装着孩子，程婴怎么过去？轻叹一声"哎"，同时自上至下轻摆一拳，这就是一个交代，是告诉打鼓的，节奏要撤下来。这些都是马先生示范给他的。

张学津在看马先生演出的时候，是从各个部位都看。在乐池看，能看清楚表演，像眼神这些脸上的戏都能看清楚。到楼底下看，站柱子那儿有站那儿看的好处，能看见马先生怎么出来，怎么走。后来他又到楼上，坐台阶上看。楼上能看全景，出来走三步还是五步，都能看清楚。楼上楼下他都找地儿看，学得就很全面。当初马先生看老一辈演戏，也是在戏院柱子后头偷着看。那时候老先生比较保守，瞧见马连良来了，得留两手，让你学不到，学戏叫"偷戏"。马先生看戏，白天就进剧场，带个馒头找个地方藏起来，一直等到晚上开演，饿了就啃干馒头，都是这么学戏的。张学津也学马先生，早早到剧场，所以学了不少东西。

学津特别聪明，他在业务上锲而不舍，不管什么时候脑子里都在琢磨京剧。对于马派艺术，他不光学，而且发展，像《箭杆河边》"劝赖子"那段唱，还有《画龙点睛》，都唱的相当好。

延续的师徒情——我给张学津说戏

1983 年，张学津调回北京，加入北京京剧院一团。我当时也在一团，还有谭元寿、马长礼也在。马长礼也是唱马派的，是我给说戏。张学津刚回来，他老唱不上戏，后来向市里反映，单给他成立了一个二团，在前门外中和戏院上班。那时我也到了退休年龄，退下来后到北京京剧院艺术研究室当主任，又被聘到二团做艺术顾问。这期间我给二团排了不少戏，教张学津学戏主要也是这段时间。

张学津之前跟马先生只学了四五出戏。他 1962 年拜师，马先生 1966 年就故去了，另外好些戏马先生到晚年就不唱了。"文革"十年更不敢唱传统戏。好些戏张学津都没看见过，没演过，我都得给他现说。

后来到音配像期间，好多冷戏都出来了，他更不会了，像《官渡之战》《九更天》这些戏他都没见过。瑞环同志的意见是主要由张学津配马连良的戏。那时候我70来岁，还能作示范，特别是《一捧雪》《马义救主》这些有身段的戏，我都给他示范出来，手把手教。

比如《官渡之战》里，很简单的一个身段，本来是高盛麟《连环套》里的一个下场，马先生借鉴过来，用在许攸身上了，锣鼓弦正合适，马先生来的也正合适。但是张学津不明白，他没看过，说我这儿应该走什么身段？我就给他说出来。小时候我父亲就跟我说过，你得多看多学多问多记。就这"四多"，我记了一辈子。

还有《马义救主》，我跟父亲一起演过，但是这个戏新中国成立后就不让演了，所以只有我知道怎么演，别人都不知道。记得音配像的时候，张学津到我这儿跟我说："您给我说说《马义救主》，我见老爷子唱过一次。有一年在长安戏院的早场，给学生示范演出，那场我看了。"唱老生需要的基本功，这出戏全都有。马先生那次作过一次示范，演了一场。后来我们在政协礼堂又演过一场，记得后头是梅兰芳梅先生的《贵妃醉酒》。这些他没见过的戏，我就都在家里给他走出来，让他看。张学津也学得刻苦。《马义救主》有一个滚钉板，得光膀子。他那时岁数也不小了，50来岁，而且已经得了肝炎，但还是学得很认真。

我现在还记得有一年的1月1日，我们在吉祥戏院演出马派本戏《审头刺汤》《雪杯圆》。那天下着大雪，散戏后出了门，张学津没车，我也没车，又叫不到车。后来管事的刘长江给上北京饭店现找车去。排《串龙珠》时，也是借马先生的服装样子现做，我给他们现排。

我们爷儿俩感情特别好。他来了就学戏，赶上我这儿吃什么他就吃什么，也不挑剔。我们家是回民，因为他从前的爱人也是回民，他也知道一些回民的规矩。后来得肝炎了他就注意了，从前他还喝一点酒，后

张学津《赵氏孤儿》剧照

来跟我说，酒也不喝了。

他说他的病"打消了我十年的道行"

记得是纪念马先生 90 诞辰的时候，张学津发现自己染上了肝炎。他在家里，暖壶倒了，为了保护女儿楚楚，他把自己的脚给烫了。当时正是《画龙点睛》出来的时候，张学津伤着脚演《画龙点睛》，下来后靴子都脱不下来，袜子跟血粘在一起，只能再一点点撕开，瞧着就惨。演出以后，就给他输血，说输血治得快，结果感染上了丙肝。在虎坊桥一个中医院输血后，他就开始觉得不舒服。

那阵儿我正给他说《十道本》，他的李渊，谭元寿的褚遂良。马剧团和北京市京剧二团合为北京京剧团的时候，马先生跟谭富英先生在天桥剧场演过一场，灌了唱片。后来我又给他们俩排这个戏。在排戏之前他跟我说，他一会儿去医院化验化验，觉得不舒服。我说，你去吧。我们俩还在使一个缸子喝水。结果下午正在排戏，化验单就来了，说赶紧住院，第二传染病医院，是肝炎。他说，等我排完了戏不成吗？说不成，马上就得走。到了医院，他还要争取演出。大夫吓唬他，说不能演，不然后台的人都得传染上，另外台下的观众也会被传染。打那儿起他就肝炎了，最后转成了肝癌，吃了八十多服中药都没管用。后来他还是坚持演出，中国台湾、中国香港、日本照样去。最后这几年演不了了，清唱了几次。

他住院的时候我跟他通过两次电话。头一次通电话，我说，你怎么样？他说，我保肝都三个月了。我说，你好好养着吧，别着急，学生来学戏，你有精神就说，没精神就别说，别勉强，身体要紧。他说，我知道，我知道。我说，你吃什么东西咱家里给送，或者外头买去。他说，您这么大岁数了，得保重身体。

我不敢去医院，他一激动我一激动，我们俩都受不了。他一激动过度了，我担待不起；我这么大岁数，我一激动再抢救我，我也害怕。第二次打电话，我就跟他爱人说："我不上医院，我不敢去，我们爷儿俩一见面非抱头痛哭。你跟他说一声，我就不跟他说话了，让他好好养病吧。"我问，他干吗呢？她爱人说，在那儿写大事记呢。

张学津去世，这是咱们京剧界一个重大的损失，对马派来说也是一个损失。再想出一个张学津，没了。张学津最大的优势是既跟着马先生学，又看马先生演，所以他收获特别大。他学《赵氏孤儿》的时候，马先生还在演着。像后来的这些小辈，只学了，没见过马先生演。

张学津50岁得的病。一次他跟我说："马叔啊，我一个规划是50岁到60岁这十年，好好跟您学几出马派戏，排几出马派戏。但是没想到我得了这种病，我也排不了了。"音配像让他留下了40多部戏的资料，这也算是我还了他一个心愿吧。他为京剧马派艺术奉献了毕生的精力，观众感谢他，内行感谢他，我们马家感谢他。在他的告别仪式上，我的侄子马龙送了一副挽联，用六出马派名剧概括了学津的艺术人生，"淮河营内春秋笔著就鸿篇状元谱，箭杆河边借东风抚育英才串龙珠"，代表了我们家人的意思。

追忆恩师张学津

穆雨口述　于洋整理

　　我在北京戏校上中专的时候，一直学的是余派。在学校的时候，孙毓敏校长就想让我排《赵氏孤儿》。当时是杨汝震老师教我。我也没有可以参考的录像，当时恰好张学津老师配像的《赵氏孤儿》录像带刚出版，我就租来录像机看。第一次看到他的出场、扮相，他的服装……他身上那种潇洒的感觉让我眼前一亮，立刻把我震住了：老师展示出来的马派艺术太美了，我从未见过。那时候我就许下心愿：要是能跟张学津老师有接触，能跟他学上戏，就是这辈子最幸福的事，我在这个行业里也就没有遗憾了。那年我8岁。

　　没想到，毕业后我考入上海，从上海回来后，通过种种努力，竟真的跟老师建立了师生感情。

　　2005年，我正式拜他为师，至今已有8年。其间，老师教会了我很多，他对艺术一丝不苟的态度，对学生无微不至的关心，深深铭刻在我的心中。对我来说，他既是一位老师，也是一位慈父。

2005 年，穆雨拜师张学津，师徒情如父子

跪在地上示范《赵氏孤儿》

从我跟老师认识到正式拜师的两三年里，他几乎每次有演出我都跟着，包括录音配像的时候，我也在一边学，他也不跟我说话。可能是我的执着感动了他，后来我一提拜师的事儿，他马上就答应了。老师在拜师会上也说："我考验了穆雨两三年，觉得他很有心。我给别人上课的时候，他都在旁边跟着学，我都看在眼里。他是个有心的人。"

当我第一次去老师家里，想跟他学戏的时候，我问老师头一出先学什么。他说："我听听你的意见。"我说："我想从头开始，打最基础学起，不想急于求成。"当时，老师一直有丙肝，身体已经很不好了，他考虑得很长远。他沉吟一会儿说："我先给你说《赵氏孤儿》。马先生这出戏融入了他一生的艺术精华，如果把这出戏学精、学细、学通了，以后你再学其他的戏，就会举一反三了。"就这样，老师先给我说唱、念，完了又开始说身上（京剧表演术语，指动作）。记得说到"打婴"那场戏的时候，有一个跪搓我走的不到位。他的腿当时不太好，那天又只穿了一条真丝睡裤，我没想到他竟毫不犹豫地跪在地板上，亲自给我示范。我早就听说老师说戏认真，但也没想到他会这样做。我想扶他起来，他急了："我要不做，你能知道怎么走吗？就得给你示范哪！"怎么都拦不住。他从客厅的一头跪搓到阳台那头，来回七八次。我含着泪，跟老师学完了这出戏。后来我才知道，第二天，老师的膝盖整个积水，连床都起不来了。

拔掉针头教我《四进士》

后来，老师的病转为肝癌。有段时间，他的病情经常反复，好两天就出院，然后又不行了。每次我们去看他，没说几句话，他都会主动提出："你把那个戏走走。"就这样，边看边说，半天就过去了。一提到戏的时候，他就不再是病危中的张学津，而是跟在台上时一样，两眼发亮，十分精神。一次，医院都给下病危通知书了，他还在病床上给我说《四进士》。其实在那之前，他已经给我说多半出了，后来病情加重没能说完。当时戏码已经挂出去了。我去看他时，他正挂着吊瓶。一见我来了，他就问什么时候正式演出，我说，大概还有十天。他半天没说话，然后说："咱后面还有戏没说完吧？"我说："没说完也没关系，还有马爷爷（指马崇仁先生）呢，我可以问他。我再看看您的录像，等您彻底好了再给我说。"他又没说话。过了十来分钟，他让我把大夫叫来，让大夫把针头拔了，然后斩钉截铁地跟我说："回家！"站起身就要走，怎么都劝不住。回到家后，他继续给我说戏。当时，老师在吃一种药，因为有副作用，他不停地在打嗝。《四进士》有大段的念白，我念得不到

2009 年 10 月 28 日，穆雨首次在长安大戏院演出《四进士》，张学津高兴地带着他一起谢幕

家的地方，他就这样气都上不来地带着我一块儿念。一出戏捋下来，他又把身上的戏说了一遍。完了他又问我什么时候响排。我说："演出前一天还有一次合成，您就不要去了。"他没说话。

到了响排那天，我 9 点排戏，没想到老师 8 点就到了。他从头到脚检查我穿的服装，特别仔细。看到我的彩裤和腿，说："你把腿抬起来！这腿带的扣系得不对。"尽管行动特别吃力，他还是执意蹲下来，帮我重新系好腿带。他就是这样，对于艺术表演从来都不含糊。

看完整出响排之后，已经到了 12 点半，他连饭都没吃就又回医院输液了。临走前，他满意地说："等到正式演出你能保持这样的水平就行。"

演出当天，我下午 4 点半到剧场，习惯性地把服装、道具都检查了一遍。5 点钟我正在台上走位，老师就来了。他那虚弱的身体、蜡黄的

87 岁高龄的马崇仁给穆雨指导"盗书"一折

脸，到现在我都记忆犹新。我心疼地说："不是不让您来吗？"他说他不放心。他亲自上台，"盗书"那场戏的桌子摆哪儿，灯怎么拿，怎么推那几扇门，又一一嘱咐一遍。然后又检查了一遍服装道具。怕我饿着，老师还特意给我买了一份鱼翅捞饭。

那天，老师坚持在台下看完了一整出戏。长安戏院茶座的椅子很硬，后来听帅娘说，没坐一会儿，老师的腰就特别疼了。师娘劝他先回去，他却强忍疼痛不肯走。当天的戏很成功，他特别高兴，亲自到台上带我一起谢幕。老师很久没上台表演了，观众都很想念他，所以谢幕的时候特别轰动，雷鸣般的掌声经久不息。

病危时仍对弟子念念不忘

老师不光对艺术精益求精，他对我们这些学生也都发自内心地关心。得了病之后，他更加牵挂我们的未来，只要有提携晚辈的机会，都会帮忙。一次我去看他，他特别严肃地说："穆雨啊，脱了外套赶紧过来。"我赶紧过去，小心翼翼地问："怎么了？"他说："昨天有领导来看我，跟我说某京剧院待遇很好，还给青年演员排戏，你现在很需要这样的机会。你这么小，可现在一年也唱不了一两次，能不能先到那边把戏排全了？你去跟他们谈谈。"就这件事，他反复说了五遍，生怕我忘了："你抓紧办啊。"后来我再去看他时，他又问："我让你问的事你问了吗？"其实我根本还没来得及问，怕他着急，就说："我问了，等回信儿呢，您别着急。"他坐那儿没说话，过一会儿瞪着我，真急了："你办事怎么这么不主动？难道得等人家问你？你怎么老擎着劲哪！"他从来没跟我急过，这是唯一的一次，为了我的前途。

老师是著名的京剧表演艺术家，对许多年轻的京剧演员来说，能与他同台演出，是多么梦寐以求的事。幸运的是，这样的事却在我身上发生了。马派经典戏《赵氏孤儿》和《四进士》，老师都带我演过。最初得知有可能跟老师同台演出时，我不敢相信这会成为现实。可院里一给老师打电话，他马上就爽快地答应了："我带着小孩儿演！"这对我真是莫大的鼓励。

即使后来，他已经历过好几次大出血了，可仍不放心他的学生、他的艺术、他的传承，就想让我们把表演都弄准了，不要走样。就在去世前几天，他还在病床上跟我说："你演的《法门寺》我没能去现场，你要有录像给我看看。"其实我就揣在包里，但不敢给他看，怕他太累。他仍再三坚持。我见他状态还可以，就把病床摇起来，说："那您就看一会儿，累了就不能看了，咱们改天再看。"他口上答应，却从头看到尾。看到不够好的地方就按暂停，给我说戏。全部说完以后，他特别疲惫。我心里很难受，就把病床摇平，对他说："您闭会儿眼，躺一会儿。"过了半小时，我以为他睡着了，屋里也没旁人，我就在病床旁的

穆雨《胭脂宝褶》剧照

空地上复习他刚说的身段。走到一半的时候，我突然听见老师微弱的声音："你那圈儿转小了点，再转大点儿，那只脚再往前点儿。"我的眼泪唰地就下来了。原来他根本就没睡，而是一直眯着眼看着我。

老师说过，我们这些学生就像他的儿子一样。在他生病的时候，白天不用排戏的学生就都陪着他，在他病重的三个月里，我们轮流值夜班。他平时话不多，也不爱表达，得病后感情变得丰富了，提起学生的时候总会哭，说："师徒如父子，我得你们的济了。你们太好了，我太爱你们了。"他经常拉着我们的手说："马派艺术要靠你们来传了。"并且再三嘱咐："你们哥儿几个要团结，不要图名利，要一起把马派的大旗扛起来。"因为师兄弟中我年纪最小，他不止一次地对我说："等新中国成立100周年的时候，只有你能站在舞台上，来表现我给你说过的戏，不要让我失望。"还说："咱们马派一定不能断。"

　　然而，即便他如此感性，即便他几乎从未对我发过火，我还是特别怕他。这种"害怕"，其实是一种更高的尊敬。可以说，我对他的崇拜已经成为一种信仰。平时他坐着的时候，我从来都是站着。他病重卧床时，其他徒弟会拥抱他一下，我却不敢，可心里特别羡慕。有时候我想，要是能抱抱老师，能亲他一口，我就没有遗憾了。因为我知道，他的时间不多了。有一天，老师睡着了，我跟师娘聊天的时候就提起了这个愿望。第二天我刚到医院，师娘就跟他说："学津，你的小宝贝儿有一个最大的愿望。"老师瞪大眼睛说："什么呀？""宝贝儿特别想抱抱你，亲亲你。"他顿时就笑了，我很少见他那么开心。"这有什么的呀？"他大笑着说，然后把手臂张开，"宝贝儿，来吧，你随便亲我。"我紧紧抱住了他。我们爷儿俩抱在一起，却都哭了起来，足足有十分钟。我从未见过老师这样动感情。他说："我不放心你啊，你最小。你一定要把我所说所教的记住，要往下传。你年龄小，你的希望很大，你的路还很长……"当时我亲了他的脸，他亲了一下我的嘴，师娘还揶揄道："哎呀，你怎么还亲孩子的嘴啊。"老师不忘开玩笑："你不懂，你不懂。这叫'掩饰不住的激情'。"

　　老师是个很乐观的人。对于死亡，他能坦然面对。遗像、墓地这些身后事，都是他亲自定的。大家去看他的时候，他都会讲故事，讲笑话，病房笑声不断。可实际上，他已经不是一个普通的病人了：在他生命的最后五年，医院下过很多次病危通知书，等我们都聚到医院病房，他又慢慢好转过来。我们故意跟他说："您又吓唬我们，把我们都弄来了。"他开玩笑说："不能让你们放松警惕，不能让你们不重视我。"如果没有这样开朗的性格，他绝对撑不了这么久。他有好几次大出血，我还赶上过一次，真是给我吓坏了。我以为在这途中他就会过去，就会窒息，但最后他都挺过来了。没想到这一次，头一天还好好的，没有吐

张学津爽快地满足穆雨的心愿，微笑着接受了爱徒的亲吻

血，第二天人就没了。

人生中的最后一句话："今天晚上值班得两个人，我今天不太好。"

老师去世前的 12 月 19 日，是我最后一次值夜班。往常他都怕我第二天排戏会累着，经常晚上 11 点多就躺下，也会劝我睡觉。他睡着以后，我都在旁边守着。他睡不踏实，每 20 分钟就要翻身，病痛难受他却从来不说，只是忍着。但那天晚上，他可能意识到自己时间不多了，躺下没多久就叫我坐在床边的沙发上，然后攥住我的手，一宿没动。他的手冰凉而蜡黄，但非常有力。那一觉，他睡得异常安稳。

第二天，老师让我回家补觉，那时他还好好的。到 21 日凌晨 6 点，我就接到了电话。对于凌晨来电，我一向都提心吊胆的。我问怎么了，对方说没事，我问吐没吐血，对方说没有。那天下大雪，我想，既然没事，我就再睡五分钟再走。刚一闭眼一想不行，万一老师不好，我不能留下遗憾。我连衣服都没穿好就下楼了，在雪地里站了50分钟才打到车。到医院的时候，师娘在给老师刮胡子，他那时还很清醒，知道配合，但眼睛已经睁不开了，讲话也不清楚了。我勉强听清他说"难受"，问他怎么难受，他说想吐。我跟师娘把塑料袋和盆准备好，好几次他挣扎着想吐，但已经没有力气。跟我说腿疼，我就给他捶腿。后来，他睁开眼睛，说了他人生中的最后一句话："今天晚上值班得两个人，我今天不太好。"说完，他再也不能发出声音，只能用手比画，到9点半以后就昏迷过去了。

大夫说老师已经什么都不知道了，但我不相信。因为我看师娘喊他名字的时候，他还能微微点点头；我拿棉签蘸水润湿他的嘴唇的时候，他还知道抿一下。他什么都明白。

为了能让老师坚持到见女儿一面，我们放马连良和他自己的戏给他听，因为那是唯一能让他坚持下去的东西。然而，因为火车晚点，他还是没能来得及见到女儿。临走的时候，他似乎什么都明白，自己把嘴闭起来，像是在微笑，然后呼吸就慢慢停止了，心电图变成了一条直线。那是下午3点10分。

同张学津老师学戏，做他的徒弟，是我最大的愿望。我做到了，我没有遗憾。在他得重病的五年中，我们都围在他的床前，从来都没有让他寂寞过。他说："有你们这些学生，我也没有遗憾。"

台上是好角　台下是强人

———记京剧表演艺术家李莉

———

甄光俊

　　从前的京剧舞台上，有不少女演员都是文武兼擅，多种行当皆能。而今，天津京剧院的国家一级演员李莉，继承了这一优良传统，40年来，在舞台上扮演花旦、青衣又兼工小生，还主演过多部现代戏，她以深厚的表演功力享誉全国京剧剧坛。

技艺全面的名角

　　李莉是天津戏曲学校京剧班第一届学生，1958年入学时只有11岁。那时，学校为了从多方面锻炼学生，不过早地给他们固定专修行当。因此，她在习艺期间跟随谷玉兰老师学过花旦，跟马竹君、杨荣环老师学过青衣，跟张连昌、杜富隆老师学过小生。尤其跟杨荣环老师学习的时间最长，学会的戏最多，学过《穆柯寨》《奇双会》《悦来店》，以及后来《群英会》里的小生，等等。

　　1964 年，由于大演现代戏的缘故，尚未从戏校毕业的李莉被借调到天津市京剧团，扮演《江姐》里的江雪琴。她在这出唱做都很繁重的现代戏里，出色地塑造了一位机智果敢、威武不屈的女共产党员形象，备受好评。这出戏参加了 1965 年 5 月 1 日开幕的天津市戏曲观摩演出大会之后，天津市文化局组织《江姐》演出专场，作为社会主义教育运动的教材向全社会大力推荐。年仅 18 岁的李莉由此在天津剧坛脱颖而出，翌年便成为天津市京剧团的主要演员。这时期，古装戏已在全国禁演，各地舞台全是清一色的现代戏。稍后又爆发了"文化大革命"。在那无情的岁月里，众多造诣深厚的戏曲艺术家被赶下舞台，排演现代戏的重任随之落在年青一代的身上，使一些具有培养前途的青年演员扛起了主演的大旗，李莉就是其中的佼佼者。她相继在《送肥记》《打铜锣》《三条石》《阮文追》《沙家浜》《海港》《平原作战》等许多现代戏里扮演主要角色，积累了丰富的舞台经验。

　　1973 年春天，天津市京剧团为筹备参加华北地区文艺调演的剧目，邀约孙犁、赵大民、林彦、张文轩等几位作家、剧作家，集体创作了一出表现抗日战争年代白洋淀地区人民群众在中国共产党的领导下，与日军、汉奸做斗争的新戏《芦花淀》，剧中的一号人物由李莉扮演。这个角色文武并重，既有成套唱段，又有繁重的武功技巧和开打。李莉按照导演组的要求，每天练完武又练文，把全副精力投入排练中去。1974 年 1 月华北地区文艺调演在北京举行，李莉文武皆擅的演技在《芦花淀》中得到尽情发挥，人们说她演活了人物，演出了水平。会演结束的时候，《芦花淀》获得优秀剧目奖（当年会演不设个人单项奖）。今天回过头来看，《芦花淀》尽管在剧本创作、演出形式上，不可避免地受到盛行其时的"三突出"影响，但在那个全国戏曲舞台万马齐喑的特定历史时期，《芦花淀》的问世，为活跃人民群众的文化生活，为讴歌党领导的全民族抵抗运动，毕竟发挥了积极的作用。多年后李莉在回顾当年扮演现代戏的经历时，深有感触地说："没有早年在戏校所学多种行当的表演作基础，现代戏是演不好的；而扮演现代戏，经过导演启发，在刻画人物形象、揭示角色内心活动方面得到锻炼，这对于我后来演好古装戏，发挥了重要的作用。"

"文革"结束后古装戏开禁，李莉早年所学的传统戏重新获得展示的机会。她很快便上演了一批不同行当、不同流派的旦角戏，除《贵妃醉酒》《霸王别姬》《玉堂春》《辛安驿》等常见剧目外，还有《佘赛花》《昭君出塞》《李慧娘》等一些文武并重的戏。又因为她曾经有过扮演小生的经历，而在《群英会》里扮演周瑜、《吕布与貂蝉》里扮演吕布。另外还有《大英节烈》《谢瑶环》等女扮男装戏，以及《香妃》《司马执剑》《三探圆明园》等新编古装戏，并移植了河北梆子《宝莲灯》，等等。仅从这些年她所演剧目不难发现，李莉的戏路是非常开阔的，不是局限于一家一派的单纯继承。她曾对笔者谈到，只有戏路开阔，见多识广，塑造角色才会得心应手、游刃有余。这是李莉的个人体验，也是她多年来刻意追求的目标。

李莉的艺术积淀越来越厚实，她考虑到自己应该拜师归路了。她根据自身条件和特长，于 1982 年拜在尚小云的大弟子孙荣蕙先生门下，在师傅带领下致力于尚派艺术的继承与研究。但是，对尚派以外的其他流派，她不仅不排斥，而且广征博采，大量吸收，用来充实自己的艺术修养。她利用一切可以用来寻师访友的机会，认真学习同行师友在表演方面的优点。20 年前，名家陈永玲从甘肃来天津演出，李莉特别欣赏他在《醉酒》里塑造的杨贵妃形象。她找到陈永玲，虚心求教筱（翠花）派创造角色的经验。陈永玲在天津演毕去了北京，她又追到北京跟他学会筱派《醉酒》这出戏。多年前，她跟北京的杜近芳学过《谢瑶环》，跟上海的童芷苓学过《送肥记》，跟上海的李丽芳学过《海港》，跟云南的关肃霜学过《大英节烈》。她还曾得过票界耆宿刘中石先生指点。刘先生对于梅派艺术有深入的研究，胡琴也拉得好，早年经常给杨荣环说戏。前些年刘先生迁居香港，李莉曾自费赴港，继续跟刘先生学习梅派艺术。2002 年，88 岁高龄的刘先生回津省亲，李莉得悉后，连续多日前往请教。

艺不惊人不罢休

如今，人们在谈论李莉的艺术成就时，多把她称为尚（小云）派的优秀继承人，这大概是因为她演《昭君出塞》《乾坤福寿镜》等尚派名剧，给人留下的印象非常深刻的缘故。其实，李莉不单精于尚派，对于梅派艺术也有深入的研究。譬如她在《乾坤福寿镜》里的某些唱段，在保持原来板式、节奏不变的前提下，吸收了梅派行腔的一些成分，尽情发挥个人嗓音清澈、明亮的优点，朝着柔美悦耳的方向拓展。《失子惊疯》一折，她对胡氏的尚派表情动作，作了大胆的改造、出新，运用甩袖、翻袖、双云手水袖、三起三落水袖翻花等一系列水袖技巧，表现剧中人疯而不失其雅，疯而不失其美的外部形象，都是在尚派基础上有所突破的实例。

李莉是一位可塑性很强的性格化演员。几十年来，她在舞台上演出的《佘赛花》《玉堂春》《辛安驿》《大英节烈》《霸王别姬》《贵妃醉酒》《谢瑶环》《李慧娘》等数十出不同行当的剧目，有的艺宗尚派，有的艺宗梅派，还有一些不拘一格的其他风格流派，充分地展示了她能文善武、唱做兼备的艺术实力。她继承流派，不是仅限于求其形似的外在模拟，而是在求其形似的同时，掌握多种流派在塑造人物过程中独特的方式、方法，再求其形似。

李莉擅演的青衣行当两出疯戏，一是《宇宙锋》里的赵艳蓉，一是《失子惊疯》里的胡氏。赵艳蓉是金殿装疯，胡氏是行路途中真疯。一真一装，表演起来技术处理各有不同。对于演员来说，演好这两个人物都不容易，相比较而言，演真疯比装疯似乎难度更大一些。因为装疯本来就是装出来的，即使装得不像，观众也能认可。而表演真疯，既要演得真，又不能过火，演成武疯子，分寸的把握很严格。尚派名剧《失子惊疯》，胡氏从觉察失子、惊慌到回忆，痛苦之至，从而产生幻觉，精神失常。得尚小云弟子孙荣蕙、杨荣环亲传的李莉，把生活中一些疯人的神情、体态加以提炼，在舞台上演得既传神又有层次。戏中的几声撕心裂肺的大叫，断断续续的哭笑，呆滞的眼神，以及双翻花的水袖功夫，把一个因遭受迫害、精神受到刺激而疯癫的古代善良女子形象，描摹得既符合生活真实，又具有艺术感染力。此外，李莉的嗓音洪亮，行腔奔放挺拔，高亢激越而且富于神韵，配合翻跹矫健的身段表演，使这出戏演得极有光彩。1987 年 3 月，在上海举办的京、津、沪三市中青年演员联演，李莉演完《失子惊疯》，谢幕长达四分钟之久，可见受观众欢迎的程度。

1988 年春节，李莉在天津演出筱（翠花）派京剧《乌龙院》，包括闹院、杀惜、活捉三折。这出戏，她得之于崔荣英先生传授，按照花旦中的风流花旦演法，一颦一笑既符合规范，又出于自然、洒脱。着意刻画阎惜姣的俏、媚、真、活和娇而不刁。眼神含情带俏，流盼生辉，以眉带眼，显示了花旦基本功的厚实。在"活捉"这场戏，李莉跑出的圆场脚下轻快、匀称，魂子步走得飘忽不定，并且从剧情需要出发，使用了快卧鱼、乌龙绞柱等表演技巧，观众从中领略到李莉多才多艺的全面修养。

《谢瑶环》里的主角谢瑶环，是个经历复杂、性格多样的人物，在剧中有行当串变的场子，是一出难以把握的剧目，非具有深厚表演功力的演员轻易不敢演这出戏。李莉扮演谢瑶环，凭借对人物的深刻理解和个人的艺术修养，在舞台上无论是唱念还是做工，都能做到挥洒自如。几处颇见功力的念白，她念得柔润动听，嗓音脆亮甜美，辅以飘逸潇洒的表情动作，使整场台风格外严整洁净，给人以美的艺术享受。"花园"一折，谢瑶环更换罗衣，月下莲步轻移，与前场"察院"怒斥豪门权贵的遒劲形成鲜明对比。"到任来秉圣命把豪强严办，一刹时正气升春满江南，对明月蹙娥眉数声长叹，这乱愁千万端却与谁谈"的四平调唱段，低回婉转，结尾处轻轻收腔，恰到好处。用小嗓演唱的 12 句南梆子："谢瑶环深宫九年整，只道是青锁红墙葬此生"，如诉如泣，娓娓动听。"大堂"一折，李莉又以刚健英武、满腔豪情的小生出现，"忽听得堂上一声喊，来了我忠心报国谢瑶环"22 句高拨子，高昂激越，一气呵成，神韵俱全的李莉又发挥了自己嗓亮气足的优势。"自古道忠臣不怕死"一句，处理得俏皮，"不怕"两个字近似口语，平直而出，收尾部稍稍上扬，加以强调，"死"字则使用一个跨度大而挺拔的滑音，上行后戛然而止，让人觉着这声音发自幽谷，却又似升入云霄，整段唱紧紧拨动着观众的心弦。此外，谢瑶环受刑前，李莉的甩发干净利落，也颇见功力。

1995 年春节，李莉在天津中国大戏院连续两天举办个人专场。头一天的《四郎探母》，她前饰"坐宫"的铁镜公主，中间饰"巡营"的杨宗保，后饰"回令"的萧太后，一赶三。第二天演《谢瑶环》，又饰生又饰旦，充分显示了功夫的全面和驾驭角色的才能。

舞台下的女强人

新时期以来，李莉成为全国京剧舞台上的主力演员之一。1981 年她随天津京剧团赴美国、加拿大等国演出《宝莲灯》，为中国京剧文戏走向世界做出自己的贡献。此后，又多次赴台湾、香港露演，她也都红紫而归。1992 年，香港有关方面与李莉签订赴港演出协议后，李莉因病住院，医生检查出她患了乳腺癌，于同年 6 月给她做了胸小肌和淋巴摘除手术，为了彻底根除癌细胞，医生连她的肋骨也给刮了一遍。第二天，带着引流瓶的她竟然在病床上活动开来，把家里人吓了一跳。李莉开导家里人："若不尽早活动，伤口容易粘连。万一肌肉发生萎缩，往后还怎么当演员？"又过了一天，她挣扎着下了床，咬紧牙关，把手扶到墙上，胳膊随之一点一点地高举，以此锻炼创伤后臂力。她腋下那七寸长的刀口疼得钻心，豆粒般大的汗珠不住地流淌。陪伴她的亲人心疼她，哭了。她劝慰亲人说："我从十岁练功学戏，什么苦没吃过？这点苦，我受得了。"医院有人婉转地告诉她，尽管手术非常成功，像她这样的患者，痊愈后也很难登台演戏了。李莉对这话不以为然，她斩钉截铁地说："我是演员，演戏是我的天职。如果不能登台演戏，我活着还有什么意义？"从那以后，为了恢复继续做演员的必备条件，她所付出的艰辛就别提了。半个月过后，与李莉同时手术的病友胳膊还抬不起来，李莉却能够舞动自如了。她不习惯听病友那哼哈喊叫，也为了加大体力锻炼的强度，她提前出院了。出院后，她强忍常人难以忍受的痛苦，定时去医院作化疗、放疗，由于药性反应导致厌食、呕吐，她以顽强的毅力强迫自己拼命进食，吃完了吐，吐了还吃。她知道，不进食，得不到足够的营养，身体就难以复原，没有好的身体是做不了演员的。在家里，她忍着伤痛跑圆场、练水袖、耍刀舞剑。所有这一切，完全为了尽快重登舞台——她太想演戏了。

原定于同年 11 月赴香港演出，演期临近，香港派人到天津落实这件事，得知李莉刚刚做完手术，以为计划要落空。李莉却坚决地表示，计划不变，演出质量绝不受影响。香港朋友虽然尊重李莉的选择，却为她捏着一把汗。确实，李莉赴港演出的剧目是唱念做舞都很繁重的《乾坤福寿镜》和《白蛇传》，李莉手术后臂膀无力，在台上怎么开打？水袖怎么舞得起来？那时节，李莉为了恢复演出所付出的代价，是常人难以想象的。她白天与剧组成员一起排练，早起和晚上则由丈夫陪同，一遍又一遍地练习两出戏里技巧高难的表演。看她练功、排戏的剧团同行，往往被她那惊人的毅力感动落泪。在距离李莉爬上手术台仅仅半年的时间，香港演出如期成行。在香港她不准知情人泄露她生病和手术的情况，她怕观众因为她是病残人而降低对她舞台艺术的要求。结果是天从人愿，两台大戏演得和她手术前同样圆满。演完最后一场戏，观众伫立台前为她精彩的演出报以热烈的掌声，许多观众把一束束鲜花送到她手里。这时，主办单位的负责人走上舞台，激动地把李莉是一位癌症患者，刚刚做完手术的情况介绍给观众，李莉敬业的精神令全场观众备受感动，对她报以暴风雨般的掌声，经久不息。

十多年来，李莉从未因得了癌症而产生思想负担，她不愿意因为曾经做过手术而获得别人的特殊照顾，反倒心甘情愿地尽自己所能去帮助他人。

李莉在戏台上是好角，生活中是强人，京剧要振兴，需要更多像李莉这样的名角和强人。

张派门墙里的幸运儿

——记全国政协委员、国家一级演员赵秀君

———

甄光俊

在京剧大师张君秋的 160 余位男女弟子中，赵秀君是最末一位，也是最年轻的一位。她 1969 年出生在知识分子家庭，因为小时候喜欢伸胳膊动腿，父母把她送到少年宫里学跳芭蕾舞。1980 年，天津市戏曲学校京剧班招生，父母又带她前去报考，经过严格挑选后她被录取，于是学开了京剧。

初出茅庐即走红

多年后赵秀君成了备受全国观众瞩目的京剧大青衣，可谁能知道她初入戏校学戏时，这个大眼睛的小姑娘对文戏并不感兴趣。她所热爱的倒是武戏，练起基本功来特别带劲，苦累不怕。而在课堂上跟着老师学文戏却总也打不起精神，那一串串的唱腔，听着就让她头疼。尤其是上口传心授的昆曲课，常常在老师的眼皮子底下打起盹来。就这样马马虎

虎地学了两年。有一天，她偶然听到京剧大师张君秋先生演唱的《女起解》，被那婉转脆亮如银铃般的美妙唱腔所触动、所陶醉，就在那一瞬间，她惊异地发现京剧原来竟是这样地美妙。她幻想有朝一日能跟随张先生学戏，作张派艺术的传人。就是从那时开始，赵秀君从心底产生对京剧的挚爱，以从来不曾有过的刻苦姿态，全身心地投入学戏中去。

最初教赵秀君学习张派的老师是李近秋。李老师是张君秋所收的第一位弟子，1959 年在天津拜的师。李老师按照当年张君秋先生对她实际教学的方式、方法教授赵秀君，教她学会《状元媒》《女起解》《玉堂春》《四郎探母》等剧；教她如何发挥自己宽亮嗓音和优美音质所长；教她如何掌握张派行腔那委婉细腻的技巧。在李老师引导下她初步领略到张派艺术的魅力所在。多年后赵秀君每回忆自己的成长过程，总念念不忘是李近秋老师把她领上继承张派的艺术之路。

1987 年，赵秀君从天津戏校毕业后，分配到市京剧团作演员。天津市京剧团是全国戏曲队伍中的一支劲旅，人才济济、实力雄厚。那时候，所有剧团大都是论资排辈，许多在剧坛颇有名望的中年演员一年都轮不到几场演出机会，更何况年轻的戏校毕业生！因此，尽管她具有良好的专业条件，一年也演不了几回戏，而且都是折子戏。在那种形势下，她耐得住寂寞塌得下心，从来不抱怨，更不气馁，而是拼命地找机会多学戏、多练唱。她常用"宁可学会不演，不能演时不会"这句戏班老话鼓励自己，她要用大好年华为今后出人头地积攒本钱。

赵秀君的苦功没有白练，展示自己才艺的机会终于盼来了。1989 年天津市举办第四届文艺新人月演出，剧团安排她用张派《状元媒》参演亮相，因为这出戏她在戏校习艺时跟李近秋老师学得瓷实，登台表演应该说是轻车熟路，在外场发挥得果然不同凡响，刚刚出道便得了个新人奖。人们就是从她学艺以来这第一次获奖，发现了她是一位可造之材，为她日后的艺术人生出现转机作了有力的铺垫。

1989年，名震全国剧坛的天津市青年京剧团全力以赴赶排纪念徽班进京200周年全国会演剧目《秦香莲》，因为原定扮演秦香莲的演员突然出国，造成主演空缺，急需一位条件相当的青年演员顶替。有人想到了市京剧团的赵秀君。调去一试，嗓音、个头儿、扮相无不可人，决策人当即拍板落实。赵秀君从默默无闻一下子调到在全国闻名遐迩的剧团里，承担如此重要的任务，这对于年仅20岁、出师未久的她来说，确实是一次严峻考验，更是她展示才能的难得机遇，她必须认真对待。

赵秀君以前没演过《秦香莲》，她要从头学起。但她具备演好这出戏的专业条件，或唱念或表演，老师一说即懂，一练就会。而且，她有刻苦钻研的精神，把排练场以外的时间也用在默戏、学唱、练功上。她经过老师们教授，保质保量地如期把这出戏立到了舞台上，然后送到北京参加由文化部主办的全国纪念演出。正是这次露演，她的艺术才华给各地京剧界人士留下深刻的印象。尤其是她的唱功发挥得出人意料之好。譬如"寿堂"那场戏，那段以反二黄为主，又糅进民歌以及昆曲旋律的"琵琶词"唱段，从"夫在东来妻在西，劳燕分飞两别离，深闺只见新人笑，因何不听旧人啼"起，她唱得低沉哀怨，把秦香莲满腹委屈和极度痛楚的情绪，曲折迂缓地宣泄出来。从她那行腔技巧不难想象她学张派所下的功夫。"大堂"一折，包拯因国太强势相迫而以赠送银两给秦香莲了结此案。赵秀君于此处所唱西皮散板、哭头等腔，气势激昂，节奏紧凑，情绪的抒发淋漓尽致。"人言包相是铁面，却原来是官官相护有牵连"那句"滚板"，唱完"官官相护"四个字后顿住，大锣一击，以示秦香莲对世间不公的强烈控诉。随后唱出"我哭，哭一声去世的二公婆；叫，叫一声杀了人的天"，"杀了人的天"前边四个字干唱，"天"字顿即而起，行腔翻高，将秦香莲由悲痛、绝望转为愤慨的内心感情层次分明地表现出来。赵秀君对整板唱的艺术处理精细完整，把秦香莲这位温顺、忍让的贤良妇女不肯屈从权势的个性特征塑造得动人心魄。赵秀君这次赴京演出初战告捷，赢得了社会人士的普遍关注，因此而成为她艺术人生的一次重大转折。

赵秀君扮演《秦香莲》取得成功的事实，使青年京剧团的领导增强了加速把她培养成为张派继承人的决心。不久后，安排她跟张君秋先生的学生蔡英莲学习《三娘教子》，1990 年 9 月，她用这出戏参加天津市一年一度的文艺新人月演出。她演这出唱功繁重的戏，嗓音天赋得到充分展示，演出了张派的风范，唱出了张派韵味，因此出台即红。王春娥教导薛依哥的那段戏，她所唱"二黄慢板"，声音清澈甘甜，音域宽阔，张派味道十足，几乎句句获得观众喝彩。那次展演，她在舞台上的突出表现，给评委们留下良好印象，结果她获得了第五届文艺新人月展演新秀奖。

老市长搭桥拜大师

1993 年 1 月 19 日，是赵秀君一生中永远难忘的日子。这一天，一些来自海外的京剧名票和京剧大师张君秋先生的部分弟子以及亲朋好友，应全国政协主席李瑞环邀请，在北京钓鱼台国宾馆聚会，庆贺张君秋艺术生涯 60 周年在北京演出圆满结束。那天，赵秀君也在座。席间，李瑞环这位天津市老市长向张君秋表示祝贺，并赞扬他为培养京剧艺术接班人所做出的贡献。然后话锋转到建议张先生收赵秀君做徒弟，再为天津培养一名年轻张派传人上来。此前，张君秋曾经几次看过赵秀君演出，对她在舞台上的表现比较满意。同时，他也知道赵秀君曾跟他的学生蔡英莲学过戏，是个已经迈入张派队列的好苗子，于是欣然接受提议。机灵的赵秀君见张先生已经慨然应允，赶紧起身走到张先生跟前，给张先生深鞠一躬，张君秋笑着把她拉到自己身边坐下。从这一天起，张君秋与赵秀君确定下师徒名分。拜师仪式是回到天津之后于 2 月 1 日补办的。拜师仪式上，她向师父献花、鞠躬，并且按照戏曲界的老传统，恭恭敬敬地给师父行了叩头礼。赵秀君这才成为张君秋名正言顺的入室弟子。

赵秀君拜师后，得天时、地利之便，经常有机会跟随师父身边，得到张派创始人亲传，较之张门其他学徒实在幸运。张君秋对这位年纪最轻的女弟子关爱备至，经常到天津来给她说戏、教唱、指导排练。有时也把她召到北京，向她传授技艺，或是帮她加工锤炼以前学过、演过的戏。她拜张先生之后的七年间，得到师父悉心教授或加工的剧目有《望江亭》《秦香莲》《状元媒》《诗文会》《四郎探母》《春秋配》《三娘教子》《打渔杀家》《法门寺》《玉堂春》《金山寺·断桥·雷峰塔》等，师父不光教戏，还把自己的演戏经验与心得毫不保留地传授给她。1995年，天津青年京剧团把张君秋先生请到天津，指导赵秀君重排《秦香莲》。在排练场，张先生不顾已届古稀之年，有几次竟然跪下身去为徒弟作示范，这使赵秀君极为感动。张先生对艺术认真负责，对弟子以身作则的品格，成为赵秀君演戏做人的表率。她为了演好这出戏，在排练场一丝不苟地跟着师父学，回到家里，拿出师父的录像带放映，与自己的表演相互对照，从中寻找自己的差距，有时一晚上反复多遍。经过重点加工的这台戏，演出后得到张先生认可，然后从天津演到北京，又从香港演到台湾。1996 年 4 月，天津青年京剧团还拿这台戏参加中国京剧基金会主办的第二届京剧之星推荐演出，熟悉赵秀君的戏曲专家和广大戏迷群众，一致评价她的表演艺术越来越精到，每演一次，水平都有提高。因此，她获得了本届中国京剧之星称号。同时，还获得第十六届中国戏剧梅花奖。

　　鉴于赵秀君从事演剧事业取得的优异成绩，这一年，天津市人民政府给她颁发了九五立功奖章。

　　在京剧舞台上，表现白素贞与许仙爱情故事的剧目，早先有《金山寺·断桥·雷峰塔》，新中国成立前张君秋经常演出。新中国成立后所演《白蛇传》，为著名剧作家田汉的名作。1996 年，天津青年京剧团保留张君秋原剧的精髓，适当吸收田汉剧作的特色，推出新版《金·断·雷》，由赵秀君扮演白素贞。同年 9 月，这台戏参加天津青年京剧团实施百日集训十周年纪念演出。在张门百余位弟子中能演《金·断·雷》者只有两位，先是北京的杨淑蕊，后是天津的赵秀君。因为这台戏对于青衣演员的要求确实高难，没有文武兼备、昆乱不挡的功力，很难胜任。赵秀君在师父的鼓励下知难而上，她刻苦练习武功，以勤补拙。师父还把名家李金鸿请到天津教她《金山寺》里的武戏。几个月后，赵秀君圆满地完成了任务，演出效果超过人们预想。她在《金山寺》里载歌载舞，所唱昆曲柔媚婉约，调正腔润。几次枪花下场，快而不乱，形态优美并且带有几分仙气。与众神将开打，她也打得干净利落，身手不凡，把白素贞在不利条件下敢于拼斗、不屈不挠的精神状态描摹得有形有影。她在《断桥》一折的唱，声情并茂，唱出了白素贞对许仙的爱、对小青的怜、对法海的恨，多种感情交织在一起，给观众留下无尽的回味。及至《雷峰塔》一折，那段持续 20 多分钟的"反二黄慢板"唱腔，她唱得娇、媚、脆、水，情绪如诉如泣，她那域宽音亮的歌喉和演唱技法得到尽情施展。结尾处高腔，刚健挺拔，将白素贞的满腹冤屈和对封建势力的强烈憎恨酣畅淋漓地倾泻出来。这台戏演出后获得一片赞扬声，天津青年京剧团把它作为重点保留剧目送到各地上演。2001 年，文化部将这台戏确定为第三届中国京剧艺术节参演剧目，调到南京演出。人们吃惊地发现，两年前举办的第二届中国京剧艺术节上，天津青年京剧团演出《西厢记》是由赵秀君主演，而今这台文武并重的戏，仍是由她主演。戏曲专家看过之后，称它是老戏新演的典范。《金·断·雷》实践成功，把赵秀君原先单以唱功取胜的戏路，朝着唱念做打舞全面发展的方向推进一大步。同时，赵秀君在《金·断·雷》里的突出表现，令观众信服地承认她已经成长为张派艺术合格的继承人。

张派继承人的新贡献

1997 年 5 月 27 日，赵秀君的恩师张君秋先生因突然发病撒手人寰，赵秀君得悉后痛不欲生。师父不在了，往后的艺术之路要靠自己去闯。只有这时她才感觉到在事业方面应该承担的责任和压力。她牢记师父生前对她的教导："历代名家艺术发展都离不开博采众长，要仔细体会各种流派的精华。学流派，不要被某个流派束缚住，做到真正的继承和发展。作为一个好演员，还要不断地从其他艺术门类中汲取营养，比如诗书音画等都要广泛学习，丰富自己的艺术知识。"她对照恩师的遗嘱，回顾自己所走过的艺术之路，清醒地认识到，这些年来在恩师们的指教下，虽然演了一些戏，也取得一定的成绩，但是在艺术修养方面底子薄、基础浅，距离老师所要求的标准，还相差很远。特别是用艺术理论指导实践还很欠缺。为了补上这一课，她于 1997 年考取了中国戏曲学院优秀青年演员研究班。每周要在北京上五天课，学习中国戏曲史、京剧发展史，并且要上英语课，同时，还要随时听候剧团召唤，执行各种名目的演出任务，那几年她确实非常辛苦。为了不辜负师父的期望，她咬咬牙坚持下去，终于完成了全部学业，又没有耽误演出。

近年来，戏曲艺术遭遇商品大潮严重冲击，演出市场很不景气。虽然天津青年京剧团底子厚实机遇多，比一般戏曲团体幸运。但是若与一些新兴艺术品种相比较，境况十分窘迫。就为这，戏曲界有些人士急流勇退，选择了新的人生道路，有的出国，有的转业，有的发迹成了大款，有的改唱通俗歌曲或演小品成为明星。赵秀君也曾有过改行高就或者出国成名的机会，但是金钱、享乐没有动摇她的志向，她舍不得她所钟爱的京剧，她宁可拿着微薄的工资，过清贫的生活，也要一辈子做京剧演员。三伏天，她为了排戏、练功，在练功房里挥汗如雨。回到家里，不是听戏曲录音就是阅读谈戏论艺的理论书籍。一年四季东奔西忙，把人生主要的精力和时间全都奉献在舞台上。诚如她母亲所说："她心里只有戏，为了演戏，她连婚都不想结。"

这些年来，赵秀君为了开拓自己的戏路，她在认真继承张派代表剧目的同时，积极尝试其他流派或新编剧目。她陆续主演了根据梅派名剧《生死恨》改编的《韩玉娘》；主演了将传统剧目《马昭仪》《武昭关》两出戏剪裁合并而成的《楚宫恨》。她按照恩师生前的教导，在实践中创新，开拓属于自己的艺术新路。就是创新这两个字，经常搅得她行不安坐不宁。她说："谁不想留下点儿自己的东西呀，如果一辈子只是一味地踩着前人的脚印走，岂不成了工具？观众与其听你，还不如买盘录音带听。"赵秀君在这种思想支配下，即便是唱老戏，也一直在进行新的探索。

对于新编剧目，赵秀君也是满腔热情。她与张克、孟广禄、阎巍等戏台上伙伴们合作，扮演新编历史剧《锦袍情》里的汤玉娘、《曹操父子》里的甄宓、《岳云》里的岳夫人等主要角色。主演新编剧目，没有前人的影迹可仿，却为演员提供了施展才华的自由天地。赵秀君为了在这些戏里体现个人风格，她绞尽脑汁地去创作。有时灵感出现，她竟然不顾是在人来人往的酒店前厅，旁若无人地哼唱起为剧中人物设计的新腔。这种情不自禁的创作激情，是她痴迷京剧的表现，正是这种创作激情，为她多年来的艺术积累派上了用场。凡是经过她重新改造、加工、演绎出来的唱腔、表情、动作，或许难免稚嫩，或许迈出的步子还是细微的、局部的，但那毕竟是属于她个人的，是她往京剧长河里倾注的心血，因此堪当鼓励和珍惜。

赵秀君从事京剧艺术 20 多年来，在自己的岗位上取得令人羡慕的成绩，人民群众也给予了她应有的回报。她现任天津青年京剧团的国家一级演员，享受政府特殊津贴；1995 年天津文联评选她为第三届文艺新星；她还是第九届全国政协委员。艺术事业和荣誉地位都处于巅峰期的赵秀君表示，决不辜负党和人民群众的期望，她将为繁荣京剧事业奋斗一辈子。

亲历音配像工程（一）：李主席说"我头一个想到的就是你"

马崇仁口述　高芳整理

瑞环同志说我是"戏包袱"

我是 1923 年生人，11 岁入中华戏校，一学就是 4 年。后来父亲马连良先生为了锻炼我的舞台经验，让我到李万春同志的班社效力，不挣钱，人家让演什么就演什么。父亲教育我说，演戏的时候要好好演，不演的时候，大小角色都看着点儿，多看、多学。我听父亲的话，平时留心，记在心里的东西就多。在扶风社时，我也是不分角色，大小活儿全演。我唱岳飞，也唱牛皋，唱花脸，也唱武生、老生。赵燕侠主演的戏有时候我也唱，后来傍着马长礼、谭元寿，我也唱。我不光跟父亲学过戏，雷喜福雷先生、李洪春李先生……都是我的老师。1957 年我拜了侯喜瑞侯老师，正式归架子花脸。

20 世纪 50 年代，北京工人俱乐部有一个工人讲习班，李瑞环同志当时经常去给工人讲课，讲完课就在里面看北京京剧团的演出。北京京剧团 1955 年建团，马连良、谭富英、裘盛戎等名家担纲。1957 年初，张君秋的北京市京剧三团并团，1960 年又有赵燕侠的北京燕鸣京剧团并入，我父亲是团长，谭、张、裘、赵为副团长，"马谭张裘赵"五大头牌名噪一时。瑞环同志经常来看戏，舞台上一瞧，"马崇仁又出来了"，"马崇仁什么都能来"，所以他很早就对我比较了解。几十年后瑞环同志主持"音配像"工作，亲自点我的名字，让我参加。我们开工作会时，我们见面儿他头一句就说："我头一个想到的人就是你。"我唱的太多了，所以李主席瞧上我了，说我是"戏包袱"。

启动"音配像"

记得一年春节，我到张君秋老师家拜年。他说："你先别走，待会儿谢国祥要来，有点事跟你谈。"我说："我上慕良师哥那儿去一趟。"张君秋老师住一单元，李慕良住六单元，结果我去了没再回来。后来有一次通知我到西四八条的天津驻京办事处开会，记得有谢国祥、张君秋、谢虹雯、张学津等人参加，谈"音配像"这项工作。会上就说，瑞环同志请大家帮着做做，大伙儿也没有什么经验，按照李主席的提议，就请崇仁同志帮着排排戏。当时也没具体说是做舞台导演。那时候瑞环同志是中央政治局常委、全国政协主席，后来我跟张学津又推荐迟金声参加。迟老师在"文革"后期曾为毛主席录过传统戏，这项工作在当时是秘密进行的。我跟张学津找迟老师谈，他也同意。

记得头一次参加瑞环同志召集的"音配像"工作会，他一看见我就说："我头一个想的就是你！你什么戏都能来，什么活儿都会！"这次会上，瑞环同志对我们说，早在他担任天津市长的时候就有搞京剧"音配像"的想法。其间虽搞过"音配像"的试验，但不是很理想，不是他想象的"音配像"。之后这项工作就中断了。担任政协主席后，他又跟张君秋老师提起这件事。

什么叫"音配像"呢？就是用老一辈艺术家的音，配上现在演员的像，比如诸葛亮这个人物，用马连良马先生的录音表演，配上张学津的录像表演，两者结合在一起共同完成一出戏。李主席在这次会上的讲话大意是说，大伙儿也都没经验，咱们就边摸索边干，先搞一个样品出来，由本人的音配本人的像。

记得当时搞了一出马派名剧《四进士》，张学津演宋士杰，袁世海演顾读，叶少兰演田伦，薛亚萍演杨素贞，高宝贤演毛朋，我来杨春。当年我跟父亲演的时候就是来杨春，我跟张君秋老师说，杨春是老生，我演多年花脸，这都一直没演老生活儿了。张老师说，你再重新吊吊嗓子，找找。

角色就这么定了。之后在科影的录音棚先期录音，是录演员本人的音，然后再到广播剧场录像。配完《四进士》之后，瑞环同志看了非常高兴，说："这就是我想象的'音配像'，就照着这个路数往下搞。"

记得我们配的头一出戏是谭富英、张君秋、裘盛戎的《大探二》，主要考虑到这个戏用到的演员比较少。那阵儿谭元寿同志还没参加进来，谭派的戏主要是谭富英先生的学生高宝贤配像。旦角找的是董翠娜，她来配张君秋先生，花脸是裘盛戎的儿子裘少戎。天津市中华民族文化促进会会长谢国祥担任制片人，负责传达李瑞环同志的指示，并把我们的工作进展情况报告瑞环同志。

音与像的完美结合

搞"音配像"的头一个条件是录音，没有录音就没法做。搞录音的基地在位于北京新街口的科学电影制片厂，那里有一个录音棚，属于中国唱片社。录音带找来以后，给迟先生一份，我一份，我们俩先各自在家听，都有点意见了，再约好一起到科影做带子。张君秋、谢虹雯夫妇也去，有时也带着主要演员一起。如果录音质量还不错，就把录音做成开盘形式，录像的时候好用。如果这是一出完整的录音，这就算是定型了。有的不完整，比如经常遇到录音缺锣鼓的情况。老一辈艺术家当年灌的唱片或者录音，经常是少打锣鼓。因为听众想听的是演员的唱，不是冗长的"匡、切、切、匡"。演出就不一样了，演出有形象，锣鼓就不能少。那怎么办呢？少了就得加。我跟迟老师多少有点舞台经验，比如估计这段加三锣就够了，"匡切切切、匡切切切、匡切切切……"由"匡切切切"后面接三下，如果不够再加，这就加长了。碰上武打戏，像谭元寿录《定军山》的时候，我跟谭元寿先比画，两人还没打完，锣鼓完了，那就再加，直到够为止。再有一个办法是到录像的时候请现场的乐队加。到后来，武打戏基本都改成现场锣鼓，不接带子了。跟谢国祥商量花点儿乐队钱，他同意就成。要赶上一大出戏，我们搞录音经常一干就是一个上午，不成的话吃完中午饭回来再接着干，直到满意为止。

"音配像"首先是音，第二就谈到像。录音带做好后就开始选演员，主演用谁、不用谁，我也参与决定。拿程派说，是找李世济还是找李佩红，或是找其他哪个演员，我们大伙儿一商量，"这戏李世济熟"，就找李世济了。马派的戏主要是张学津录。李瑞环同志说，张学津录的有马先生的风度。当然，我也征求过别人的意见，有的说："马先生的徒弟挺多，您哪，不能把别的学生都'开除'了，就剩张学津一人儿。"这句话挺有启发，所以又找冯志孝录了两出。迟金声也是马先生的学生，他也录了两出。朱强是张学津的学生，马派的再传弟子，他也参与了录像。录杨派的时候，我们先找的杨宝森先生的学生程正泰，后来又请上海京剧院的汪正华。汪正华也是马先生的学生，后来改学的杨派，他学得不错，形象也不错。天津青年京剧团的张克也录过。谭富英谭先生的戏刚开始是高宝贤录像，后来谭元寿参加进来，只要是谭富英的戏就是他来录。荀慧生先生的戏主要是孙毓敏录。为什么没找宋长荣呢？李主席的意见是说，宋长荣的表演有他自个儿的特点，在荀派的基础上又作了创造性发展，这就不太合适。除了孙毓敏录荀先生的戏之外，后来又用她的学生、荀派的再传弟子录。按照李主席说的，有的戏最好找年轻的演员录。李主席跟梅葆玖说过，最好让他的学生录梅先生的像，既能声音好听，形象也年轻好看。李主席的意思不是说他不好，而是说他年纪大了，有的戏可以自己录，有的戏可以给李胜素、董圆圆这些学生来录。相对来说，配老生戏对形象要求低一点，花脸也好办，主要是花旦、青衣，必须得找年轻的才好看。当然，前提是基础好，功底好，不会的话就找梅葆玖梅先生学，排戏和录像的时候请梅老师指点指点。

舞台导演得知道的多，会的多，才能把舞台调度好

我跟迟老师，我们俩舞台导演既要排戏，也得教戏。不是教一个人，生旦净丑哪个角色不会我们都得教，都得说。流派主演通常不用管，像谭富英谭先生的录音，由谭元寿配像，人家自个儿就会，不用我们教。就是边边沿沿的配角，只要演员不会我们就得给说。裘盛戎先生的戏，由裘少戎配像，他爸爸唱的时候他还小，没赶上，我们就得给他说。还有马派戏，好些都是我们给张学津说的。他跟马连良先生学过《四进士》《淮河营》《十老安刘》这些常见的戏，冷一点的老戏就不会了，好些都没见过，如《一捧雪》《马义救主》。《官渡之战》中马先生演许攸，张学津也没见过。他先找到我，让我给他说。之后的排戏、剧场走台、配像，我一步一步都得说，迟老师再给他加加工，这出戏他就

算学会了。至于花旦、青衣，张派的戏有张先生和谢虹雯夫妇给说。

排戏的时候张先生一般不来，就我跟迟老师俩人，所以就比较累。有时候我们俩全在现场盯着，偶尔赶上一出戏人少，像梅兰芳、萧长华的《女起解》，迟先生就说，"明儿我就不来了，您盯着就行"。我就盯着。配像主演梅葆玖、黄德华，人家都知道怎么演，我也只用看着就完了，安排好舞台调度就行。迟先生在中央戏剧学院学过导演，我没学过，靠的就是舞台经验：这出戏是怎么回事，谁站这儿，谁坐那儿，谁坐大边儿谁坐小边儿，谁做跨椅谁坐八字儿……舞台导演要知道的多，会的多，才能把舞台调度好。

穿什么服装也得我们管，大小角色、旗锣伞报，穿什么、戴什么，都由我们往下布置，各种角色什么扮相，都归我们两人管。比如勾脸，我记得一次录《八大锤》，天津京剧团一个演员去金兀术。我在前面坐着，后来想，到后台看看去，看脸勾得怎么样。我一瞧，"不成不成，洗了我给你弄"。我对配像演员说，我给你勾半拉，你照着我这个弄。那天我给他勾脸的时候没照相，要拍下来就好了。我都是照侯喜瑞侯老教的样子勾的，都有谱的。也就我这么说话，换了迟先生就不好意思了。迟先生不爱发火，有时候我一发脾气，大伙儿就"老实"了。大伙儿都说："要马老师在这儿排戏，谁也不敢闹"，"戏一乱，马先生准来"。

一出戏，复杂的得多排几次，不复杂的排两回就差不多了。到正式录像的时候我们要求就更严了。我跟迟先生两人得一直死盯着荧光屏，注意舞台上的各个细节。演员有没有出画面，绒球、盔头有没有掉，掉了就得喊停，重来一遍。旦角戴的花儿掉了一个，也得赶紧喊"停停停"，插上再来。我上洗手间他盯着，他要有事儿我盯着。少看一眼就可能出毛病，遇到武打戏就更麻烦了。我眼睛闹毛病，跟这也有点关系。

我作为舞台导演，录了不少戏，印象比较深的是有时录南方"彩头班"的戏时比较费劲。一些戏全仗着布景，我们就叫它"彩头班"。周信芳周先生的《鹿台恨》，这出戏又名《比干剜心》，录的时候是最费劲的。我曾在上海待过五年，在中国大剧院当班底时，周先生的演出我看了不少，他跟马先生的表演风格完全不一样。周先生唱《四进士》《徐策跑城》《追韩信》《清风亭》我赶上看了，《鹿台恨》《狸猫换太子》这些戏是周先生早年演的，我没见过。录这个戏迟先生没参加，他也不会。我说，"我参加"，就跟着一块儿出出主意。小王桂卿录像，他把他的弟弟小二王桂卿也请来帮着一起排，最后也顺利完成了。

做舞台导演还要处理不少具体工作，难，累，有的时候也干耗时间。记得录《状元媒》时，到半截儿突然停电了，我和张先生、谢虹雯夫妇都在那儿干等了好几个钟头，来电以后接着录，一直到半夜才结束。

为国家尽忠，为父辈尽孝

音配像工程是李瑞环同志当上中央政治局常委后启动的，可它没动用国家一分钱。音配像工程从开始到最后完成，国务院也好，文化部也好，没向他们要一分钱，都是李主席找企业界的戏迷票友，有国内的，也有海外的，大家赞助完成的。

为了做好"音配像"，李主席也没少给我们开会，一是动员我们、启发我们；二是叮嘱我们。记得他说："你们搞这项工作是尽忠尽孝——为国家尽点忠，保留点传统遗产；也为你们的老人家尽点孝。"比如他对我说："你父亲的录音，张学津配了像，把你父亲的音留下来了，你就尽了孝。"

李主席对"音配像"的所有工作人员也是关怀备至。一次我们在民族宫录《宝莲灯》，李主席亲自到现场看戏。正赶上那天戏里一个角色是我外孙女的，她演沉香，秋儿是张学治的女儿。李主席还和大家一起合了影。"音配像"后期录杨小楼跟梅兰芳的《霸王别姬》片段，李主席又去了，跟大伙儿一块儿看表演。

在李主席的鼓舞下，所有演职人员都非常努力。我从一开始就非常赞成李主席的这个决策，之后一直积极配合这项工作。我没有一点私心杂念，不止为了我父亲、为了马派。我们做舞台导演的，谁的戏都搞，没有也不能有派别之分。在录音的选择上，我跟迟老师都来者不拒，只要有好录音我们就给配像。我参加"音配像"的十几年时间里，差不多天天都有排戏、录像，中间老伴儿去世我都没请假。我老伴儿住院期间，李主席非常关心，还委托谢国祥问我在经济上有没有困难。谢国祥跟我说，您要有事就甭来，有时间能抽出身再来。我坚持克服了个人和家庭的种种困难，老伴儿病重期间我也没有间断工作。

李主席还跟我们说，这项工作，现在你们还看不出来会有多大的成绩，过50年以后就看出来了。我后来真是深刻体会到了李主席的话。拿现在来说，剧团都开始认识到"音配像"的好处了。像我这个岁数的老先生，都90了，又有点喘，已经说不动戏了，就拿"音配像"资料当教材，让学生照着学，之后再给指点指点。如果没有音配像资料，让我整个地比画、说，我说不了了。剧团都知道了"音配像"的好处，要排戏了，都去找"音配像"学。

亲历音配像工程（二）："有生之年多做点事吧"

迟金声口述　高芳整理

样板戏的导演经验派上了用场

20 世纪 80 年代，"音配像"在天津由天津京剧团试录过几部，算是试验。后来李瑞环同志委托张君秋先生和谢国祥同志具体抓这项工作。我是从 1994 年开始参加"音配像"的，这时也是京剧音配像工程的正式启动。

最初是张先生跟谢国祥同志等人找到我，大概到 6 月，我们在西四八条第一次开会，有张君秋先生及夫人谢虹雯、谢国祥、马崇仁、张学津参加，会上确定舞台导演由我和马崇仁老师担任。

我很高兴自己能参加这个工作，这也是因为我有一些电影和电视录像方面的经历。1964 年京剧现代戏会演前，由我导演，赵燕侠、谭元寿主演的《芦荡火种》在北京市工人俱乐部提前演出，共达 40 多场。当

迟金声为《清风亭》配像剧照

时中央电视台的莫宣导演到现场录了好几次，我们曾在一起合作。对于录制工作，我自此有了一点尝试。1965 年，《芦荡火种》改编为《沙家浜》后，我经常参加录像，逐渐熟悉如何通过镜头的推拉摇移等方式使用电影语言。1970 年，在长春拍摄《沙家浜》时我也去了，和电影导演一起拍摄，一起分镜头，以及讨论镜头怎么处理……这是我在录像方面的一点经历，也谈不上什么经验吧。

　　我跟张君秋先生是老同事、老朋友，跟谢国祥同志也早就熟识。在这次会上，我提出两点意见。我说，第一点意见是要原汁原味。原汁原味就是原剧不动，唱念做舞都按过去的样子。既然用老艺术家的唱，他的动作就也得符合老艺术家的表演原貌。我又说，原汁原味不等于录像记录。什么叫录像记录？你怎么演我就怎么录。我说，录像记录本身手段太少，要在原汁原味的基础上，加点电影、电视的手段。他们都表示同意。老艺术家当年唱戏的时候都不拉二道幕，工作人员直接上舞台换道具。他摆他的，你唱你的，观众也习惯了。现在的京剧演出，演员在舞台上唱，后面拉上幕，就为换把椅子，实在难看。我就提出第二点意见，说，我们可以不拉二道幕。张君秋先生听后说，好啊，那您有什么办法？我说，太有办法了，这好办，摆、撤道具的时候先把录像机停一下，等台上摆完或撤完再开始拍。到后期制作的时候再把空的这段接上。张先生表示赞同，说，"好"。以后"音配像"都没有拉二道幕。

1994 年 7 月我们开始录的第一出戏不是老艺术家的"音配像"，是几位当代名家合演的《四进士》。袁世海、叶少兰、薛亚萍、张学津、高宝贤等主演先期录音，在当时位于新街口的北影录了三天。然后是排戏、录像，最后音与像配在一起。第二出录的是杨宝森先生的《杨家将》，这是我们用过去的录音录的第一出真正意义上的"音配像"。

音配像工程是一次"大抢救"

"音配像"用的录音基本是从各处收集来的老艺术家当年的演出实况。找录音颇费周折，像梅兰芳的《西施》是最难找的，最后是上海戏研所提供了钢丝带录音。还有程砚秋先生的录音，他的作品里《锁麟囊》可以说是最好的。我们没找到新中国成立前的《锁麟囊》带子，只找到一个 1954 年演出的改本，戏里面管薛妈不叫"薛妈"叫"薛老师"。有的剧情也给改了——赵禄寒的女儿出嫁那天，见到赠囊，说，这个小姐心眼儿很好，我把这个空囊留下，里面的珠宝还回去。——这叫"不受资本家恩惠"。程先生的《锁麟囊》只找了这么一版，我们也就这么录了，是张火丁配的像。

录音大部分是新中国成立后的，新中国成立前的很少。新中国成立前的唱片一面只有 3 分钟，唱片公司主要只录了一些唱段，很少录整出的戏。我们的"音配像"录了梅兰芳、李少春、周信芳、谭富英、马连良等名家"大合作"的《四郎探母》，是1947年的录音，极为珍贵。还有梅兰芳的《西施》也是新中国成立前的带子，其他大都是新中国成立后的。

新中国成立后刚开始没电视，"音配像"的录音大都是从电台找来的。中央广播电台保存的相对最多，其他电台相对少些。据说中央广播电台把这些老资料存放在地下室，有一回下大雨进了水，淹了不少，这又损失了一些。私人手里原本也有，"文革"时期大都给砸了。所以，能留下来的都算是"幸存"了。我们做"音配像"，能找到这么多录音已属不易，也尽了最大力。从1994年到2006年底，这十几年里，"音配像"基本把四大名旦、几大老生的戏，凡是能找到录音的，我们都录了像。

录音找来后，我先是听录音，然后是做录音。最难的就是梅兰芳先生的《西施》。这是20世纪30年代的钢丝带，钢丝很细，拿来的时候已经乱成一团麻了。我们只好现择，再找放钢丝录音的机器，最后转成"开盘带"。这些工作都是我与老录音师刘怀萱一起做的。当时做录音不像现在能用电脑，都靠人工一点点接。另外，这个带子里头杂音也很多，这些都得给去掉。梅先生的《西施》，新中国成立后就没再演过，因此这个资料非常宝贵。我们克服了相当大的困难，把录音恢复到了最佳品质。做《西施》的录音是这样，处理其他的录音也是如此。每拿来新录音，我们经常一连做两三天，必须十分细致才行。

还有麻烦的。跟3分钟的老唱片不一样，新中国成立后的大唱片一面能录30分钟，倒是能录整出了，可就是爱掐锣鼓点儿。比如马连良先生的唱片《失街亭》《空城计》《斩马谡》，头和尾的锣鼓音都给掐没了。中央广播电台的录音一般比较完整，最"节约"的磁带要数上海电台的，有些锣鼓声被剪短，跟老艺术家当时的演出原貌不完全一致。遇到这种情况我们还得想办法接。为了听不出是后接的，我们都是从原录音中选锣鼓。有时候实在没办法了，就现场配音。这个特别麻烦，也得花上两三天工夫。这些都是录像前要做的工作。

我参与录了 300 多出戏

李主席指示说，老艺术家大多已经故去了，留下的音最好由他们的亲传弟子或者亲属来配像。所以我们选的演员，都和录音主演有一些渊源关系。像梅兰芳先生的戏，梅葆玖录过，梅葆玖的弟子董圆圆、李胜素也录过，这都属于梅派的优秀演员。

让录像演员做到百分之百和老艺术家本人一样，那是不可能的，但要做到位置对，大动作、大身段对，小动作有时候可以自己发挥。比如张君秋先生的几个配像演员，他的学生中，张萍的脸型、扮相很像张先生。但说要配像演员等于原人再现，那不可能。这跟画画一样，仿制品终究是仿制品。另外，我们要求对配像演员的人物情绪也要把握准确，所以演员必须真唱，因为真唱和假唱、大声唱和小声唱的肌肉状态是不一样的。为了做到配像时的口型和录音完全一致，我用上了拍京剧电影《沙家浜》时候的经验。拍《沙家浜》的时候，我们拿秒表来掐算时间。"芦荡"一场最后一句"遮不住红太阳万丈光芒"，唱到最后的"芒"字，镜头推到了面部特写，演员不知道在哪儿闭嘴，我们就掐秒表，到点儿了，"闭嘴"，给个口令就可以了。

京戏分很多流派，一出戏多个流派的艺术家都唱过，我们都录了。比如，且角戏《女起解》我们录了五个流派，《玉堂春》也是录了五个。还有老生戏《失·空·斩》，马连良、谭富英、杨宝森、奚啸伯、李和曾，这五个不同主演的版本我们也录完整了。

我们还通过"音配像"保存下来许多不为人周知的流派资料。比如旦角除了梅尚程荀之外，跟四大名旦同时期的还有一个黄桂秋，自成黄派。谢国祥同志在世的时候就想录黄派的戏，刚开始计划让黄桂秋的孙女黄小秋录，她在美国，身体也不好。因为一直找不到合适的演员，这事儿就搁下来了。黄桂秋的长子黄正勤曾跟我学过戏，我们关系挺好。他的小儿子黄克在北京，我们时有来往。有一年春节黄克来我这儿拜年时，我又提到这件事。他说，我给您推荐一个人，上海有一个演员叫张敏智，我父亲教过她，她对黄派的戏还比较熟。张敏智也曾给黄克写信，表示希望能配戏，黄克就把这封信转给我了。正好春节时叶部长（谢国祥过世后就由叶厚荣接替工作）来我家，他看信后说，家属的推荐我们应当重视，表示会向领导反映。得到肯定答复后，张敏智录了头一出戏《别宫祭江》，后来把黄派的所有录音都配了像。

尚小云先生的几个录音，包括他的代表作《汉明妃》，录音都找来了，可刚开始一直没有物色到合适的演员。演员既要有深厚的舞蹈功底，还得会尚先生独创的一些高难度动作。怎么办呢？有段时间我们在政协礼堂录像，有一次，排在我们前面的中央电视台在录一出戏，我们要等他们录完了再用舞台。本来约定 4 点钟他们把舞台交给我们用，结果直到快 7 点了才交台。我们就在台下看他们的戏。等看完了一出戏，我们也看中了其中一个好演员，就是孙明珠。后来就由她配了尚先生的戏。

我们录的好几个戏是绝版的，比如有一版所谓"大合作"的戏——《四郎探母》，梅兰芳先生的公主，"坐宫"一场的杨延辉是李少春演的，"别宫"一场是周信芳先生演的，后边是谭富英先生、马连良先生。李少春多年不唱《四郎探母》，周信芳更是从来不唱这戏，所以这个版本很是珍贵。还有李少春、叶盛兰合演的一出《打侄上坟》，只演过一次，这是最珍贵的。裘盛戎有一出戏《李七长亭》，只演过一两次，也是绝版的。叶盛章先生一个文丑戏《一两漆》，是一出喜剧，我们为录好这个戏也费了不少脑筋。谁配像合适？张春华是叶盛章的学生，可他身体不好录不了，我们就请张春华的学生、天津青年京剧团的石小亮配。这是出绝版戏，我们也不会，又请了国家京剧院的几个老师来辅导，尽量保持了这出戏的原样。

就这样，大小戏加下来，我 1994 年一共参与录了 27 出，1995 年是 40 出，1996 年 36 出，1997 年 41 出，1998 年 35 出，1999 年 29 出，2000 年 19 出，2001 年 23 出，2002 年 30 出，2003 年 18 出，2004 年 30 出，2005 年 22 出，2006 年 15 出，一共是 360 多出。"音配像"一共 460 部，我当时经常去天津为天津青年京剧团排戏、录像，"音配像"的一些戏就没参加。

我配演了马派经典剧目

除了做舞台导演，我还参与了配像。我 10 岁开始学戏、演戏，后来拜马连良先生为师。马老师担任戏校校长的时候，我曾给他代过课。在所有弟子里只有我给老师代过课。

我共录了三出戏，一出是跟梅葆玖合录的《奇双会》，还有《三字经》和《清风亭》。

2001 年 8 月，我们找到了梅兰芳先生和俞振飞先生合作的《奇双会》演出录音，准备由梅葆玖先生与上海昆剧团俞先生的学生蔡正仁做配像主演。葆玖先生约我在这出戏里配演老生李奇。我因多年没演出就回绝了，可他一再邀我配演。见他诚意，我就答应了。这戏算是一出昆曲戏，可是唱吹腔。第一场"李奇哭监"有唱有做，是老生重头戏。排了没几天我们就正式录像了。录完了头场，我到台下问马崇仁我演得如何，他说，谢国祥看完对他说，迟老师演得真好，《清风亭》就叫他配像吧。

对于《清风亭》，我有说不完的回忆。我十五六岁时看马连良老师演这出戏时，就爱上了它，以后逢演我就看。我也看过其他演员演，那时心里也有所评价。但只要马老师演《清风亭》，我都是专心地边看边学，可以说不知看了多少次，看了多少年。我20多岁的时候也曾演过一次（只演了后半出，那时叫《天雷报》）。

1961年出版了《马连良演出剧本选集》第一集，内有六个剧本，由我、李慕良、马盛龙、马崇仁、周和桐各整理一出，初稿写成后念给老师，由老师指点后再改写或重写。第一集出版后准备出第二集，其中的《清风亭》由我整理。全剧初稿写完后，我念给老师听。老师听得很仔细，每个身段都特别留意地听，并叫我做出来他看。有些动作我做得不到位，他就给我示范。这次整理剧本，等于老师教了我一整出的《清风亭》。这出戏是用唱、念、做的京剧表演手段展现人物，不学光看是不可能表现出一个活生生的人物形象。当时正是1963年，出版社暂不出版传统剧目，后此剧本未能出版。

《清风亭》的录音有从天津找来的密纹唱片，也是锣鼓短。我自己珍藏有马先生在香港演出的实况录音，最后就用了这张。录这出戏的时候我已经80岁了。2001年10月18日，我们开始排《清风亭》。连排了八天，第九天连排，第十天走台，次日即10月28日正式录像。这出戏分两次录像，先录后半出，休息一天再录前半出，最后算是顺利完成了给马老师配像的任务。此后我又为马老师的录音《三字经》配了像。

一项功在千秋的伟业

音配像工程一共录了460部戏。为什么叫"部"呢？因为有的老唱片，是老艺术家一连唱的好几出戏的选段，而不是整出的戏，我们就将这个作为一部。比如余叔岩的，我们一共录了 18 个唱段，不能叫 18 出，而是 1 部。另外像谭鑫培、杨小楼、梅兰芳，还有王少楼、金少山，他们几出戏的选段也在一部里。还有一位旦角，人称"通天教主"的四大名旦之师王瑶卿先生与小生程继仙先生合演的《悦来店》唱片，以及四小名旦、四大坤旦的唱段，我们也给配了像。所以这样算下来就是共 460 部。过去的唱片，一面只能录三分钟，几个唱段连起来，要好多张唱片，这总共算是 1 部，比如谭鑫培的 1 部、余叔岩的 1 部，还有梅兰芳的唱片也算是 1 部。

为了"音配像"，所有工作人员都心甘情愿付出。许多参与配像的老艺术家年事已高，但都不辞辛劳，无怨无悔。一次排戏时出了一个大事故。我们找到了李万春先生的《古城会》录音，请俞大路来配像。那天在排练场排戏，关公上马、走圆场，然后下马……正在这时，他突然昏倒在排练场。工作人员赶紧打 120 进行急救，我们都给吓坏了。那天正好他的夫人陪他一起来的，当时也在现场。要是夫人没跟着，家属若错以为是导演让做高难度动作才这样的，那我们就说不清了。"音配像"这十几年，故去多少人！张君秋先生、谢国祥同志都是"音配像"期间永远离开了我们。

刚参加"音配像"的时候，我的确没有想到它会有现在这么大的影响，当时只想着应该为老艺术家留点形象资料，还没想到别的。梅兰芳先生生前把戏拍了电影，马连良先生也拍了几出，程先生只留下了一部电影，尚先生有两部，荀先生则根本没有。"音配像"把前一代老艺术家的录音做得有声、有像，不仅留下了宝贵的资料，而且对于宣传京剧、扩大京剧影响力，以及京剧教学，都起了非常大的作用。"音配像"从开始录制到现在，就社会效果来说，它的影响面是逐渐在扩大的。一开始是受到一些京剧爱好者的欢迎，——终于能看到一些老戏了，后来也逐渐把一些原来不爱看京剧的中青年人吸引住了。"音配像"最早播出的时候并没有现在的社会影响大，这和它后来又发展了一些中青年观众分不开。

"像音像"——"音配像"之后的又一创举

由李瑞环主席首创并主持的音配像工程是对京剧这一艺术形式的热爱与维护，为我们保留了一大批前辈京剧艺术家的史料。"音配像"自始至终是在李主席的关注下开展的，记得我们排戏、录像期间，李主席多次去现场看。我印象中，李主席第一次看录像是在民族宫，最后一次是在北京戏校排练场。我需要离舞台近，经常坐在第二排，有时候稍往后一点。主席来了就坐在后排，也不影响我们，我们该怎么干还怎么干，该喊"停"照样"停"，就跟他不在一样。他也不打扰我们，安静地看戏，一直到我们录完。看我们工作累，李主席经常犒劳我们，请我们吃饭。

张君秋先生过世后，李主席还专门让谢国祥把我和马崇仁请到他家里，我们既意外又感动。李主席嘱咐我们说，张先生虽然已经过世了，有几件事情大家还是要继续做下去，我们都深受鼓舞。

2001 年 10 月初，谢国祥同志不幸去世了。13 日，李主席叫我们到天津开会，有叶少兰、马崇仁、电视导演闫德威、我。李主席说，以后音配像工作由叶厚荣负责，你们要多帮助，音配像还要抓紧工作。

"像音像"是李主席为京剧艺术做的又一项功在当代、利在千秋的工程。20 世纪 80 年代，从天津戏校毕业的一批学生，组成了"天津青年京剧团"，李主席看到这是继承京剧的好苗子，就请张君秋主持代请一批京剧老艺术家教戏，即有名的"百日集训"。这批青年演员和乐队经过名师亲授，再通过演出实践，后大多成了很有知名度的演员。李主席看他们艺术日趋成熟，深受观众喜爱，于是提出为他们做"像音像"。简单说就是先由演员录音，然后再配合录音，由演员自己为自己的录音来配像。

李主席刚开始看过录像后，认为没有舞台演出效果好，包括唱的情绪、人物表现力和节奏等方面都不理想。最后李主席创举性地想出一个改进办法：准备要录哪出戏，先叫剧团安排这出戏的正式演出，让观众在台下看。天津的观众非常热情，每到精彩之处，观众的喝彩声会直接影响演员的情绪和表演效果。演出过程中把全剧录音，其实况效果比之前的录音好很多。

实况录音是为后期的室内录音作先期准备。等到室内录音时，让演员戴上耳机，边听演出实况录音边唱，用实况的效果感染演员照此情绪和节奏去唱。琴师、鼓师也同样，照实况演出时的情绪状态伴奏。这样一来，就弥补了原来室内录音的缺陷，而和舞台演出的情绪基本一样。录完了音，然后再用录音去配像。

"像音像"试录过几次，效果很好。目前这项工作将正式开始。我有幸参加，从排戏、演出到录音、录像，也算是整体的工作吧。录音是一项重点工作，演员虽是戴着耳机听着自己的录音去唱，但也不是唱一次就能顺利完成，要反复录几次，然后我和演员从中选用。记得有一次录《西厢记》，最后四句，旦角唱录了多达16次，最终选中的还是最后的一次。

参加音配像的时候我已经70多岁了，一干就是十几年，报酬不多，但我始终无怨无悔。现在我已年逾90，还在"像音像"工作中发挥余热。"干一行爱一行"，京剧这个老本行，只有对它有兴趣，才能干得好。不为别的，有生之年尽力多做点事吧。

亲历音配像工程（三）：我和君秋的"音配像"往事

谢虹雯口述　杨玉珍整理

　　说起"音配像"，要从李瑞环同志说起。如果没有他，这项工程是不可能启动起来的，我和君秋同志也不会加入"音配像"的工作中。

　　我跟张君秋同志是 1974 年结婚的。我们生活上是在一起，也同在北京京剧团工作。那时候君秋已经 50 多岁，"文革"结束后他恢复工作，因已很长时间没有演出，恢复排练、修正剧本、给演员说戏……工作量很大。因为我也是京剧演员出身，对这一行比较熟悉，可以帮君秋同志做些准备工作，同时也能够照顾他，领导上遂安排我们一起工作。后来，因中国戏曲学校（中专）升为中国戏曲学院（大专），君秋同志被邀担任学院领导，我们又一起调到中国戏曲学院工作，后来又一起参加了"音配像"。

　　1986 年，为庆祝张君秋同志艺术生活 50 周年，我们和一部分张派弟子到天津演出。当时李瑞环同志是天津市市长，见到君秋同志，就谈起天津市戏校当年毕业的这届学生条件都很好，市里为他们成立了"天津市青年京剧团"，为了进一步提高他们的业务水平，希望君秋同志能帮忙推荐一些能进行针对性指导的老师，因材施教。君秋同志当时也认为，"文革"后京剧界青年演员正有青黄不接的情况，非常需要抓紧补课。听瑞环同志这么一说，他马上接受了嘱托，担任起这项任务。为给天津市青年京剧团聘请各行老师，我也随君秋同志一起奔波往返于京、津两地，前后长达四个多月，最后青年京剧团成功进行了十台汇报演出，我们也圆满完成了瑞环同志提出的"百日集训"任务。也就是在这期间，瑞环同志和君秋谈起"音配像"的事。

和李瑞环的相识

我和君秋与瑞环同志很早就相识了。瑞环同志在去天津以前，一直在北京工作，是北京市建委领导。当时，一个张百发，一个李瑞环，是全国有名的劳动模范。他们都非常热爱中国的传统文化，喜爱京剧。

瑞环同志当时是学习毛泽东思想的典范，经常被请去在北京工人俱乐部讲课。讲完课后，工人俱乐部为表示感谢要给报酬，李瑞环说，我别的不要，能在工人俱乐部免费看戏就行。那时北京市工人俱乐部每晚演出京剧，当时北京京剧团像马连良、张君秋等人的戏票价是不低的。因为李瑞环特别喜欢京剧，又赶上这个机会，他就非常高兴能常看北京京剧团的戏。

北京当时有个北京京剧团，还有个中国京剧院。中国京剧院是从延安过来的，是在老延安评剧院基础上发展起来的，新中国成立后归文化部领导。而张君秋的"三团"（1951 年由张君秋在北京市领导支持下成立）归北京市领导，1957 年以后，与马连良、谭富英、裘盛戎等合作成立北京京剧团。北京工人俱乐部是北京京剧团的常驻演出场所，而君秋又正是北京京剧团的演员，所以一来二去，李瑞环就对君秋很熟悉了。

"文革"后的一天，我跟君秋同志去看望梅兰芳先生的夫人（梅兰芳先生是我的老师，也是君秋的老师）。当时我们在那儿，正好有个电话打过来，原来是瑞环同志，说让我接电话。瑞环同志说，"万里同志让我问问你们最近的情况"。并说："万里同志要去安徽工作了，以后在北京你们有什么事儿可以找我。"最后还问了我们的住址。

在此之前，彭真、万里一直是北京市的领导，两人都酷爱京剧，对京剧演员更是关怀备至。"文革"结束后，彭真同志恢复了在中央的职务，万里同志调去安徽任省委书记。万里同志走之前，交代瑞环同志，要对张君秋等这些表演艺术家多加照顾，帮助落实政策。

说起张君秋的经历，也是既丰富又坎坷的。他自幼家贫，就与父亲滕联芳、母亲张秀琴在各地客串演出。后经李多奎介绍，14岁拜李凌枫为师，专攻青衣。1935年，与雷喜福合作在北京吉祥戏院首次登台，以优越的嗓音条件和娴熟的演唱技巧赢得了观众的好评，以一出《女起解》唱红。1936年，北京《立言报》举行公开投票，推选"四大童伶"，张君秋与李世芳、毛世来、宋德珠被选中。那一年，他只有16岁。1948年，张君秋与马连良应邀到香港，拍了京剧电影《打渔杀家》《游龙戏凤》《玉堂春》等。新中国成立后，在周总理的号召下，他返回北京，在北京市领导下成立了北京市京剧三团（当时一共有四个团，一团主演是李万春，二团主演是谭富英、裘盛戎，三团主演是张君秋，四团主演是吴素秋）。

"文革"期间，京剧成了"四旧"，张君秋也难逃劫数，被骂成是"化成美女的毒蛇"，受尽迫害。

"文革"结束后，彭真同志、万里同志恢复工作，他们就找到张君秋，问他的情况，对君秋很是关怀。因为彭真同志、万里同志是北京市的老领导，万里同志离开北京工作后，就委托瑞环同志继续照顾这些老京剧表演艺术家。

那次李瑞环打电话问了我们地址后，不长时间就到我们家来了。他首先问我们落实政策没有，有什么困难，工作、生活方面有什么他可以帮忙的。君秋那会儿刚恢复演出，瑞环同志就经常来看君秋排戏。他从不打扰我们，老说"你们只管说你们的，我听"。有时候还给我们纠正戏中历史、生活、语言、文字等方面的错误，告诉我们哪个朝代发生过什么事，或者说这个戏太长了、那个戏太短了，应该怎么改。来的次数多了，后来他就随便来随便走，我们也不跟他客气了。有时候他给我们打电话，问我们在哪儿，他过来。他每次来我们家，赶上什么吃什么，来了坐一会儿，聊会天儿，买点包子、拌个黄瓜就能吃一顿。很快我们的关系就走得很近了。

瑞环同志喜欢中国传统文化，爱读书，爱看戏。他古典文学知识很丰富，对戏曲更有兴趣。比如有时候看到我们排练中有些文字不通顺、不合理，就常常帮我们查阅历史资料，理顺文字，力求完美。君秋同志在编唱诗词唱段时，也很喜欢与他探讨研究，彼此之间有了更多的交往。此后，瑞环同志不管到团中央、天津市或全国政协工作，由于对传统文化传承的关心，还是经常与文艺界的同志们来往。

天津青年团"百日集训"谈起"音配像"

在帮助天津青年京剧团"百日集训"期间，我和君秋住在天津宾馆，跟天津市委大院离得很近，几乎门挨着门。瑞环同志没事就过来看我们排戏，然后在一起聊天。有一天又在聊京剧，瑞环同志说，咱们的京剧艺术确实博大精深，中国有五千年的历史文化，而京剧是这些文化中的精华和瑰宝，是我们的国粹。可是也有一个问题，京剧靠的是口传心授，现在这些人都逐渐老去，他们人一走，把许多精华也带走了，艺随人去，没留下什么资料；文字资料更少，新中国成立前连个像样的剧本都没有，新中国成立后文化部才开始出版京剧剧本，如果不是一些艺术研究所、研究院搞这些文字记录，很少有资料流传下来。咱们能不能想个办法把京剧的影像、文字资料留存下来，为后人作个参考？

他知道君秋在香港时拍过京剧电影，在内地也拍摄过《望江亭》《秦香莲》两个影片，就问君秋以前拍电影的经历。君秋说，拍电影时，有些唱段是可以提前先录制好的，录完以后演员配合着声音表演。因为先期录音可以随时停、随时改，然后再编辑，接下来演员在表演的时候只要对口型就可以了。录音一遍不行可以录两遍，实在不行还可以剪接。有了录音，演员就不用唱、演兼顾，可以专心表演。瑞环同志说，这是个好办法，咱们的很多京剧名家虽然已经不在了，但他们的录音还在，新中国成立前有一些唱片现在还有，比如说余叔岩的唱片有 13 张半，虽然每张唱片只有三分钟长，但毕竟还是有的。新中国成立后电台又录了不少音，虽然当时只有录音条件，没有录像条件，但毕竟保存下来了声音，只是没有画面，没有其他表演形象。

鉴于此种启发，瑞环同志又说，咱们为什么不能给声音配像呢？这样既保留了原来的声音，又可以还原当时的表演形象，是一种保存资料的好办法。"但又有一个问题，"李瑞环说，"你们那时候是本人的录音本人配，但现在很多人已经没有了，也有的艺术家年纪很大了，不能再表演了，怎么办？"张君秋就说，那就让他们的学生或优秀的继承人配，由老艺术家指导、规范。瑞环同志表示赞同。

就这样，"音配像"的事情在 1986 年有了想法，就这么聊天聊出来了。

"音配像"由谁配像比较合适

"音配像"的想法于 1986 年开始提出，但为什么到 1994 年才开始正式启动呢？因为中间也经历了很多曲折的过程。其实在 1987 年和 1988 年，瑞环同志已经开始把"音配像"的想法付诸实践，在天津试录过几出戏。只是由于条件限制，录出来的效果未能尽如人意，所以这件事情就暂时搁浅了。

经过这件事情后，大家都在考虑一个问题：为了保留京剧艺术资料，录音可以在全国各地收集，择优录用，而配像问题，到底由谁配比较合适呢？按照当时的考虑，决定在开始阶段先配一部分健在的老艺术家的戏。既然人还在，是由本人配像还是别人来配像？当时有两种意见。

一种是主张本人给自己的声音配像，因为毕竟本人还在，没有人比自己更适合自己的声音了。别的人虽然可能比本人更年轻，扮相更好，但是也有可能在演唱的情绪、状态方面表现不够，不一定能完全得其神韵。另一种是主张不一定要自己配，可由自己的弟子或优秀继承人配像。我和君秋持第二种意见。

当时给君秋的戏配像的时候，很多人都说，您自己的音自己配多好啊。可是君秋说，你看看我 20 岁时什么样，现在 60 多岁了，又是什么样？艺术必须是美好的，来自生活但要高于生活、美于生活，既然扮演的是佳人、少女，过去不是有句古话叫"世间不见红颜白了头"吗，我还是想给观众留下年轻时的美好形象。

我当时也觉得，演员演戏最好的时候是中年阶段，因为这时青春尚未逝去，形象美好，而从少年习艺到经过十多年的演出实践，已经掌握了表达的技巧和手段，所以中年阶段是演员扮演角色最得心应手的阶段。人到老了，虽然通过多年的演出对表演熟练了，但是身材、扮相已经不是当年的形象，再如何努力表现也逊色一筹。当时找到的录音带，大部分是新中国成立初期50年代录制的，有的是全国各地的名家合作，有的是国营剧团建立后的择优搭配，不管在质量还是内容上，都比较理想。就张君秋同志本人录音带来说，50年代，君秋同志正当青年时期（30来岁），声音、体力、演唱技巧均为最佳阶段。到了做音配像工作的时候，君秋同志已是60多岁的人了，再加上"文革"的摧残，所以演戏时的形象、体力均不可能恢复到30岁左右的情况。为了京剧艺术的美好完整，君秋同志决定不自己配像，而是在学生中择优而取。

君秋同志的学生共有160多人，他从20岁起就有学生跟着他私下学戏，到音配像时，他最年长的学生都将近50岁了。选择能为他的声音配像的学生，首先要年龄适当，形象相似，表演、气质也都要接近本人，这样观众才能接受。我们在为《玉堂春》配像时，就同时选了三个演员试配"起解"一场。当时并未说明是在为"三堂会审"选苏三，为的是避免她们落选后的不悦。拍摄完之后，大家先参看，后又送给瑞环同志看，大家都认为合适，我们再通知配像的学生，决定她为配像的人选。后面其他剧目的配像人选，也都是经过导演和张老师本人对学生的形象及该学生对所配该剧的掌握程度综合考量后，经大家研究，再报瑞环同志，最后才决定的。我们在选择音配像人选上都非常慎重，尽力做好，希望得到观众的认可。当然，在音配像工作中，也有一些老同志愿意自己完成，或者指定自己的亲属完成，各有想法，导演和君秋等人也就尽量尊重老艺术家本人的意见。

1994年"音配像"工程正式启动，当年6月在西四八条开过会后，我们的"音配像"生涯就正式开始了。君秋担任"音配像"工程的总顾问，负责推荐人选和音配像中的具体指导工作，我则配合君秋的工作，当好他的"助手"。当时君秋同志已 74 岁高龄，我在工作和生活中都要照顾好他。工作中，我负责把他的要求传达下去，或者做好排戏前的准备工作，或者帮他安排听录音、看排戏、看录像的时间，总之既要辅助他的工作，又要照顾他的生活。

到君秋同志 1997 年 5 月 27 日逝世前（时年 77 岁），他一共指导"音配像"122 部。直到逝世的当天，他都还在为"音配像"的事操劳，在准备赴科影听录音的途中，他倒在了电梯门外……

君秋同志勇挑重担，负起"音配像"总顾问职责

自 1986 年有了"音配像"的想法，李瑞环同志一直记挂着这件事。到 1992 年张君秋同志从美国获"终身艺术成就奖"和人文学荣誉博士学位回京后，李瑞环同志正式告知他"音配像"工作的计划，并嘱托他担任总顾问。瑞环同志认为，君秋同志在京剧界工作多年，从十几岁到70 多岁，艺术造诣上同行公认，多年的工作使他对同行的了解也比较多，在艺术上对各行当、各派别都比较熟悉。尤其在新中国成立后，京剧界为了提高演出质量，一些名家主演经常合作排演剧目，各方面情况君秋同志也很熟悉。君秋同志看到领导上对京剧艺术如此重视，非常感动，他说："瑞环同志热爱祖国文化，为京剧事业做事。蒙他信任，找了我。为了留传京剧艺术，只要是我能做的，我应该努力去做。我的能力有限，京剧界的同志们也都会支持我，帮我做好这项工作的。"

君秋同志向瑞环同志提出，可以推荐一些京剧界的老前辈和老艺术家一起合作，他们见多识广，可以更好地完成这项任务。同时提出，为了节省开支，也为工作方便进行，可以借用北京的科影录音棚作为听录音场地，并借用广播局内部的剧场作为排练场地。

北京京剧团是君秋同志原来的演出单位，他对这里的工作了解，因

此就在北京市领导支持下确定先在北京京剧团展开"音配像"工作。他先是推荐了几位资深识广的老同事如迟金声、马崇仁担任艺术指导和导演，又以北京京剧团全团演职员为基本演员，正式开始了"音配像"工作。

"音配像"中"音"和"像"的配合问题

"音配像"开始后，第一件事是要选择优秀的录音。把录音选好，按要求剪接好，就可以进行"音配像"工作了。

新中国成立后，中央电台、地方电台都录过很多录音，但录音的主要来源还是三个大城市，即北京、天津、上海。自20世纪50年代开始，各地京剧团常到这三个城市演出，当地电台都曾把当时的实况录音录下来，作为播音节目在电台播出。北京和上海还有唱片公司录制唱片，保留的录音资料更多些。

新中国成立前，那时候还没有录音机，只有唱片。当时的唱片基本上是外国公司（例如百代公司等）录制的，名家唱片一面只录三四句，时长只有短短的三分钟，伴奏的胡琴过门都不全，没有念白和对话，更没有整出戏的录音。新中国成立初期，有了录音条件，电台就把名家剧团的优秀剧目录下来，这样就有了整出戏的录音。但那时的录音还不是胶带录音，而是钢丝录音，钢丝录音的缺点是不能剪接。录音设备也只有电台才有，为了播出节目而用。50年代后，科学发展了，才有了胶带录音。

当时找录音的工作，主要由天津市中华民族文化促进会的谢国祥同志担任。因为我们其他人也了解一些情况，就为他提供线索。当时录制实况演出质量比较好的地方，是北京的中央电台和北京市电台，再有就是上海市电台。20世纪50年代我在北京市宝华京剧团工作，曾随杨宝森先生先后四次去上海演出，上海电台四次都把实况录音录下来保留。上海电台文艺部、上海艺术研究所、上海唱片公司，都是保留京剧录音比较多的地方，它们的录音设备条件好，录音带的质量自然就更高些。

上海方面对京剧，尤其是对北京的京剧演员，特别重视。在北京，因为当地的名演员多，演出多，好戏多，反而不知道重视，对名家在北京的演出，这次录了，下次再演就不录了。而上海电台不同，他们觉得北京名演员来上海演出机会难得，便抓住这种机会，演员来上海演一次，他们就录一次，录下来再回去比较哪个更好，免得留有遗憾。这样上海保留的资料就比较多。同时，上海还有唱片公司出版唱片，所以，很多优秀的录音都保留下来。我们把以上情况反映给谢国祥同志，谢国祥就主要在上海和北京收集录音。

录音带找到送回北京后，先请该剧主演、录像导演和张君秋同志到科影录音棚审听、比较、选择，选好后再进行下一步剪接。剪接的技师专家，不仅要掌握剪接技术，更要懂京剧锣鼓点、演奏乐器的过门和时间长短，要保证声音能符合配像动作的需要。

把录音带剪接好后，一般会复制数份，一份给主要演员拿回去听，自己去对口型、找站位，为配合身段表演做准备；有群众演员的戏，还要有一份用来组织群众演员进行排演，以利于他们找准时间，定好位置。不同的方面先分开排练，各自提出存在的问题，最后大家再一起合成。一般情况下，如果仍由原来的录音主演配像，因为声音、表演本来融为一体，合成起来会比较顺利便捷；如果需由别人配像，想要声音节奏、动作表演达到完全吻合，自然会困难一些，进度也会更慢一些。为了达到理想的效果，大家要付出不断的努力。

20世纪70年代，张君秋（前排右一）与谢虹雯（后排右二）在
上海锦江饭店与唱片社人员合影

君秋同志是如何教学生配像的

君秋同志因为是"音配像"工程的总顾问、总指导，同时也因为他
年纪大、资格老、艺术上有成就、有一定的威望，在工作中大家都很尊
重他，有什么事都会与他商量。比如排一场戏，如果导演和演员都把握
不好，就会请张老师去看一看；有些地方意见不统一，也希望他能去给
说一说。君秋同志到场以后，无论是谁不妥，他都会直说。我有时会说
他，这些年轻演员现在都成名了，你再这样说，他们会不会不高兴呢。
君秋同志是个正直的人，不会虚情假意，有问题就实话实说。他说，
"音配像"是关系千秋万代的事，一板一眼、一招一式容不得半点马虎。

我们京剧的表演，有完整的规则，无论任何细小的动作，都有一定的要求。比如说用手"指"这个动作，各行都有规范，各行当角色的指法不一样，男女老少不一样，年龄老幼也不一样，在不同的感情下更不一样，一个动作代表着一个人物的性格，都有一定的讲究。我们必须要认真做，尽最大限度做到准确，错了就必须停下来重做。"音配像"工作是为了使京剧艺术能留传后世，我们要对得起前辈的辛勤创作，更要对得起后代的信任和继承。

对于君秋同志自己的戏，他不自己配像，都选择由学生来配。但学生的表演如何才能达到老师的要求？这就需要君秋一招一式地指导和示范。因为君秋同志演的是旦角，首先要求配像演员扮相好，气质好，还要年轻。因为20世纪50年代的录音是君秋同志30岁左右的声音，只有人物形象年轻，才能给观众呈现出声音和形象完美一致的感觉。君秋的学生很多，年纪轻、扮相好、能接近他当年形象、身材、气质的也有，但能达到他舞台实践经验和艺术修养要求的却很少。

作为年轻演员，虽然有的自身条件不错，但一般都会的戏少，缺少舞台实践经验。因为是给君秋同志的录音配像，演员必须把该剧的人物、剧情，君秋同志的处理手段、表演方法，都熟练掌握。为了拉近艺术上的差距，君秋就一遍一遍地给学生示范、指导。

君秋同志当时已是70多岁高龄，一遍一遍地亲身示范、表演非常辛苦。学生看到这种情况，心情也会很紧张不安，因此起初收效并不好。在以前的京剧界，像张君秋这种知名度很高、艺术造诣很深的表演艺术家，因为演出任务重，社会工作忙，虽然有很多弟子慕名拜师，但他们其实是没有时间教课的，因此没有什么教学经验，要教学生只会一遍一遍地亲身示范。

鉴于这种情况，我们想出了一种解决办法。我们先请在中国戏曲学院任教的张君秋的学生，同时也是教张派戏的老师如蔡英莲等，先给配像的演员补课，等她们排练熟习、达到要求后，再请张老师指导。这样三方面合作，既加快了进度，达到了要求的效果，也减轻了君秋同志的负担，更提高了配像学生的艺术水平。

君秋等人负责"大事"的拍板，我负责"小事"的铺垫

"音配像"期间，在选剧目、定演员、审质量等这些大的原则问题上，均由君秋同志、导演和原录音主演等一些名家、老同志来掌握，而一些具体细致的工作，则需要由我们这些工作人员来铺垫、完成。

因为受领导嘱托完成"音配像"工作，君秋同志觉得担子很重，任务很光荣也很艰巨，所以工作起来格外认真，各方面一丝不苟，要求非常严格。有时候偶尔达不到他的要求，他就会很着急生气，不能控制情绪。

举个例子来说，对于一出戏而言，在选录音、排练、对口型都完成后，一般就要正式开始录像了。这天，演员会化好妆，技师对好镜头，大家各就各位，准备开拍。这种时候，最怕出现问题。如果突然发现灯光或服装不对，一切都要停下来，重新开始。灯光很怕出错，如果错了，就要重新对光（舞台演出时有些灯光辅助，需要演员与灯光互相配合），而对光是件十分浪费时间的事情。有时演员还会把服装穿错，也是个大麻烦，这时工作人员就必须去别的场地把正确的服装取来。往返需要时间，有时候等衣服取回来，时间太晚了，剧场已不能拍摄，一天的时间就这么浪费掉了。遇到这种情况，总顾问和导演难免就会起急。何况有时还涉及演员、剧场、拍摄机器、技术人员等各方面的协调，耽搁数日的情况也可能发生。出现这种问题，是这些京剧名家所不能容忍的，盛怒之下难免会出言不逊，不知会出现什么后果。

张君秋在《武家坡》中扮演王宝钏

　　我随君秋同志在现场工作，虽然不能代替他艺术上的把关，但可以和大家把其他工作铺垫好，减少一些不必要的"麻烦"。在君秋与导演、主演们研究讨论、排练时，我可以先去后台帮助查看服装、道具、布景、灯光等各部门的准备，发现问题及时弥补。这些工作虽是小事，却也能帮助当日的工作顺利进行，避免不愉快的产生。

　　还有一些其他协调方面的事情也需要我们解决。参加"音配像"工作的演员，主要演员是根据原来录音的情况约请的，有的是原录音本人，如果原录音本人已经不在了，就必须和他的主要继承人研究，请他们提出认为最优秀的继承者来参加录像，或者有代表性的继承者来协助指导。这时就会涉及外地的京剧团。约请他们来北京排戏、录像，必须和他所在的剧团商量，请他们给予支持。在保证不耽误他所在剧团工作的情况下，要合理安排他们来京的时间、排戏时间、录像时间、在京的天数、食宿等各种问题。这种问题一般都是由我来安排、调度，根据他

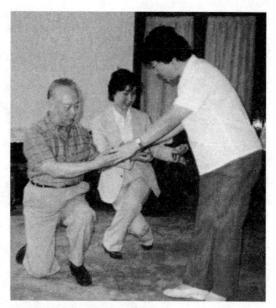

张君秋亲自给学生王蓉蓉示范动作

的情况，与我们这边的排练、录像日程协调，也要跟剧场、机器、技师各方面沟通好，既要保证完成工作，也要考虑费用开支问题，是一项相当繁杂的工作。

"音配像"期间，保证君秋同志的健康

"音配像"的剧目，大部分是新中国成立初期的录音，到了李瑞环同志决定做"音配像"工作时，已是1994年。经过"文革"，很多老艺术家已经不在了，有些健在的老艺术家，虽然仍愿意为京剧艺术贡献力量，但都年事已高，基本都已七八十岁了。让他们参加"音配像"工作，一定要特别注意他们的身体健康问题。君秋同志为此事特意叮嘱过我们，让我们一定妥善安排好他们的作息时间及生活问题，不能让他们太累，接送要有专人负责。让他们在不影响健康的情况下工作，这样既

为他们好，也减轻了君秋同志的惦念和不安。

其实，君秋同志在"音配像"时业已 74 岁高龄。他作为总顾问，考虑的事情多，工作量大，很累。他在关心惦念其他老艺术家的同时，我得格外照顾他的身体健康。

1994 年"音配像"正式开始时，他身体已不是很好，1991 年和 1993 年曾两次因心脏病住院。因为脑供血不足，医生嘱咐他中午一定要休息，以避免出现头晕以致休克现象。在"音配像"期间，因涉及剧团、剧场、录音棚以及演员、导演、技师各方人员的工作，需要集中大家的时间，所以每天工作时间比较长，从上午开始，有时直接到晚上。因为都集中在工作场地，中午不能回家，吃了饭继续工作。每次录像前，演员先到场走台，走完台才化妆正式录像。一般走完台，化好妆，就已到了中午，吃了午饭下午才能接着录像。录像器械是租用的，技师人员是外请的，为了工作效率，都需延长工作时间，一般都把当日准备录制的尽可能坚持录完。我们用的是电视台的机器，分人录，两三台机器从两三个角度同时录，抢时间，能多录点就多录点。

中午连续工作能使进度加快，为了赶进度，君秋同志不得不留下来和大家一起吃盒饭，不肯回去休息。他老这样肯定不行，身体受不了，在我再三坚持并替他做好工作安排的情况下，他才同意回家休息。每天临近中午，我先打电话通知家里准备好午饭，陪他赶紧回去吃，吃完让他睡觉。在君秋休息时，我立即返回剧场去做准备工作，查看下午需用的服装、道具，安排他返回后要进行的工作，保证等他到来能立即录像，节约时间，提高效率。

一次，我们准备下午为《断桥》配像。服装部门给许仙准备的是一条红绣花彩裤。但许仙是一介平民，不是豪华公子，穿着应朴素些，绣花彩裤不符合他的身份。我就告诉工作人员赶紧回去换取。为了赶在君秋到来之前取回来，不影响拍摄进度，我只能自己出钱让人打车。服装不对，君秋同志是不会通过的，他认为京剧中各个角色的穿着打扮是有规定的，表现出人物的身份和角色的性格，"音配像"录下来流传下去是千秋万代的事，不应该随便变更，误导后辈。大家都了解君秋的性格，平时待人和蔼，工作却是极认真严格，不能马虎将就。

继承君秋同志遗志，继续参加"音配像"工作

君秋同志从 1994 年 7 月"音配像"正式启动到 1997 年 5 月 27 日去世，一共指导了 122 部戏的配像。除他本人主演的剧目外，还指导过马连良、谭富英、杨宝森、裘盛戎、周信芳等众多老艺术家的演出剧目。当然这些人、这些戏都是他了解、熟悉的，每个剧目录像，他都亲临现场，个别场次的加工排练可能不参加，但等到合成、彩排或是录像时，他是一定要参加的。

1997 年 5 月 27 日上午，在我们准备赴科影录音棚审听录音的途中，君秋同志倒在了我们家电梯门前，再也没有起来……他在结束生命的同时，结束了工作。

君秋同志去世后，"音配像"工作仍在继续。当时他的剧目尚未录完，还有很多工作要做。我本身是京剧工作者，与君秋同志一起工作生活 20 多年，对他的人、他的戏比较了解，也基本上知道他的学生对艺术继承的情况。为了张派艺术的传承，为了完成未录完的张派剧目，我于当年 9 月 30 日继续参加"音配像"工作。

君秋本人在的时候，因他的剧目都是学生配像，录像前他本人在现场排练指导，拍板决定通过。如今他走了，没人能把关了，我只能请他多年的合作者或张派艺术的研究者、继承者，大家一起来看，一起参考指导。君秋同志没录完的剧目，只要是我熟悉的，我尽力帮助协作

张君秋（左三）与谢虹雯（左二）等在美国合影

完成。

从 1997 年 9 月到 1998 年 2 月 19 日，我们一共录了 19 个剧目，其中有《望江亭》《诗文会》《秦香莲》等张派艺术代表作，有《宇宙锋》《奇双会》《祭江》等传统戏，也有《年年有余》等新排现代戏，还有《别姬》《缇萦救父》等戏的选场共 19 个剧目。我们认为，这些都是珍贵的历史资料，都应该保留下来。在君秋同志去世后大家努力完成这些剧目，既是继承君秋同志的遗志，也是对他最好的怀念。

如今十几年过去了，京剧音配像的效果更加凸显，开始得到整个社会的重视。现在很多人喜欢"音配像"，它是中央电视台戏曲频道黄金时段颇受观众欢迎的节目，是专业团体、艺术院校的教学参考资料，也是京剧爱好者、京剧票友以及国际友人欣赏珍爱的宝贵收藏……

李瑞环同志做"音配像"这件事，确实功莫大焉。他当时并不是文化部门的领导，并不负责祖国文化发展事业，只是因为他重视中华民族传统文化，喜爱京剧，要为祖国留下宝贵的文化遗产，所以才做这件事。他靠自己的力量，没用国家一分钱，不图个人私利，一二十年辛苦付出，集各方力量，为我国积累了宝贵的文化财富。他的功劳确实值得我们铭记！

我们身为京剧艺术工作者，在短短一生中能参与此项工作，能为中华民族的文化事业做一点贡献，留一点资料，也算不枉世间走一程了。谢谢热爱京剧的人们对我们的支持！

亲历音配像工程（四）：把谭派艺术的精华保留下来

谭元寿口述　于洋整理

"音配像"来自瑞环同志的精心策划

我最早听说音配像，大概是在 1985 年。那时，我在天津市第一工人文化宫演出，一连演了十几场，时任天津市市长的李瑞环同志经常去看。他怕打扰演出，每次去的时候也不事先通知我们。有一次，瑞环同志请部分京剧演员吃饭，李世济、张君秋、谢虹雯和我都参加了。在饭桌上，瑞环同志便十分诚恳地向我们征求对于音配像的意见。

瑞环同志特别喜欢传统文化，尤其是对京剧颇有研究，甚至达到写剧本、改编剧本的程度。然而当时看京剧的人越来越少，剧场越来越不上座，瑞环同志对此十分忧心：没人看、没人懂的戏怎么能叫传统戏？他考虑到，好些老先生虽然不在了，但他们录制的部分唱片保存了下来。瑞环同志便想，要把京剧这门传统艺术保存下去并推广开来，得给后辈留下点儿东西。只有声音没有像不行，只有像没有声音也不行，得同时把影像和声音留存下来。

为了避免京剧艺术的传承出现断代、空白，瑞环同志在抓音配像工程前就积极倡导成立了天津青年团。青年团成立的时候，请了很多老艺术家，生旦净末丑各行当全齐了。我们住在那儿，一招一式地说戏。这样学习京剧的机会非常难得，可以称得上是空前绝后的。

瑞环同志最初是和张君秋同志提起音配像工程的。他们早在 20 世纪 50 年代就相识了，两人特别要好。瑞环同志曾征求君秋同志的意见，问他怎么能把音、像结合起来。这个难题最初也把君秋同志难倒了。瑞环同志还特意邀请几位艺术家开会研究。即便后来当了政协主席，瑞环同志也始终惦记着这件事。

而后经过详细的论证，最终确定了方案：用老艺术家当年录制的老唱片的音，配上现代演员的影像，做成"音配像"。迟金声同志会的戏比较多，便跟马崇仁同志两人被指定为音配像工程的总导演。

"音配像"克服了重重困难

表面看来，"音配像"好像很简单：把以前的老录音找出来，整理、去噪、修补之后，再由配像的演员对口型。但实际操作起来很复杂，大家都没搞过，因此遇到很多困难。

首先面临的难题是寻找声音资料。在有"音配像"之前，京剧教学只能靠口传心授——戏都装在师父的脑子里，由师父给徒弟们一招一式地说，任何可供教学的资料都没有。拿谭派来说，中国第一部电影，是我的曾祖父谭鑫培在 1905 年演的《定军山》，这是一个酷爱京剧的照相馆老板为他拍的，只有影像，没有声音；30 年代，我父亲谭富英跟雪艳琴拍了一整出《四郎探母》，也找不到了。瑞环同志曾经问过我，你们家祖上留下来的唱片呢？我告诉他，我的曾祖父谭鑫培、祖父谭小培、父亲谭富英的所有唱片，我们家里曾经存有上千张。但"文革"当中让红卫兵全给砸了，一张都没留下。这是特别遗憾的事。

于是唱片只能再想办法收集。先由专人从中央电台开始找，因其资料比较集中，相对方便。但也都是新中国成立后才录的，且数量相当有限，尤其是谭派，更是如此。另一部分是从民间找来的。北京的票友很多，没被抄家的，唱片就很幸运地留了下来。老百姓很支持我们，不惜把自己的收藏拿出来。尽管如此，找到这些唱片也耗费了相当大的精力，从北京、天津、上海、香港，乃至英国、美国，凡是有京剧的地方，负责找资料的工作人员全跑到了。比如，马连良先生在香港待了好多年，他跟君秋的《打渔杀家》《游龙戏凤》，都是在香港拍的。我们从香港的唱片公司找来的就多是马先生的唱片。

拿到唱片之后，还需要鉴定真伪，这项工作也很困难。迟金声主要负责甄别工作，有时他也会把我找去一起听。一张唱片单面只有三分钟，没几句唱词。后来有了钢丝带，录音的时间才稍微长了一点儿，但里面杂音太多，唱念都听不清，还得想办法处理。

这就涉及一个难题——整理录音。因为唱片年代久远，有很多处需要补音，尤其是锣鼓家伙。每一段不知道听多少次，最后才能敲定一个最佳版本。配像演员的口型要对得上录音，也要靠总导演迟金声卡时间。我们通常的做法是，配像演员先照着录音排练几次。等到正式录的时候，唱出声也可以，不唱也可以，但是口型必须对得上。因此，之前要细细揣摩很多遍。

我们这些人上了年纪，扮相没那么好了，所以有很多戏是由青年演员配像的。经过十年浩劫，以及老一辈艺术家相继谢世，许多青年演员只会演八个样板戏，压根儿没见过老戏，不会演。对于老戏，他们既看不惯也看不懂。这些戏的录制过程就比较辛苦。

除了这类技术问题，音配像工程的经费来源也是一个难题。这么大一个工程，瑞环同志没花国家一分钱，而是积极争取喜爱京剧艺术的香港、海外的社会各界给予支持，以保证音配像工作顺利开展下去。

如此，在瑞环同志的大力支持和各位京剧界同人、群众的积极配合下，音配像工程终于克服种种困难，取得了成功。

我配像时坚决不用替身

对于谭派艺术，中央领导人始终给予着深切的关怀。毛泽东主席很喜欢谭派戏，并且还会唱上几句。"文革"前，几乎每个周六父亲都带我们到中南海为毛主席唱戏。有一次演完戏，毛主席还在书房里接见了我们，并留下了一张珍贵的合影。胡锦涛总书记也很关心京剧艺术的成长。2005 年，纪念中国电影诞生 100 周年大会在人民大会堂召开。在会见与会代表时，胡锦涛总书记第一个便与我握手。他说：谭派为中国京剧艺术和电影事业做出重大贡献，在此我表示祝贺和感谢。

与我们京剧演员接触最多的还数瑞环同志。他非常随和，没有官架子，很平易近人。我和儿子谭孝曾、孙子谭正岩都从事京剧表演，很多戏迷爱看我们祖孙三代同台唱戏，瑞环同志也是，每次我们刚一上台，他就热烈鼓掌。记得几年前，一次座谈会后，瑞环同志与我们家人一起吃饭，还问起我孙子的个人问题解决得怎么样。音配像工程启动后，瑞环同志指示，首先把谭派的做成音配像。瑞环同志知道我会的谭派戏多一些，就语重心长地叮嘱我，让我把谭派这几代人的戏，只要是有声音留下来就都配出来，决不能失传，否则到时候后悔都来不及。

20 世纪 80 年代曾试录过几出，那时还没有大量的艺术家参与进去。1994 年开始分流派录，指定专人负责各流派的录制工作。我就是那时加入的。当时，马崇仁、迟金声，还有我成立了一个谭派的音配像工作小组，马崇仁跟迟金声负责把质量关，我主要负责配像。谭派还有一部分戏是由高宝贤配的，他曾拜师我父亲，我便提议，应该也让他参与配像。除此之外还有孙岳。这样，我们这些人把谭鑫培、谭小培、谭富英的唱片全部录成了音配像。

我在参与音配像的演员当中岁数偏大，任务却是最繁重的，历时最久，戏最多。我的音配像工作持续了十多年，从 60 多岁排到了 70 多岁。

舞台上的工作非常繁重，每出戏都要披挂整齐，像《战太平》之类的戏得扎大靠，戏里还有许多高难度动作。配这出戏的时候我已经 60 多岁了，还是坚持了下来。记得配《问樵闹府》时，表演中需要翻跟头，考虑到我的年纪，导演给我找了个替身。但是录之前，我就打定了主意：我们谭家一二百年来都是以"孝"治家，我给自己的父亲配像，不能让替身翻这个跟头，还是得我自己来。但我怕导演和工作人员担心，就没跟他们说。到了录制的时候，我一直没停，到了翻跟头的时候，我的动作很漂亮，大伙都惊讶得不得了，因为照说四五十岁就不再做这么高难度动作，他们真的怕我摔坏了。但我心中对自己有数。

我作为谭派艺术的传人，曾接受父亲言传身教、耳濡目染几十年，谭派戏的一招一式都印在了我的脑子里。给我父亲配的戏，都是我几十年来在舞台上演过多次的。每次听录音，我都能回忆起当年父亲演出时的一招一式。然而，我为了配好戏，仍一遍遍反复听录音，重新揣摩、重新学习。"音配像"过程中，我经常会想象当年曾祖父、祖父创立谭派的年代。一想到通过"音配像"能把他们辛苦创立的谭派艺术保存下来，留给后人借鉴、欣赏，我就感到十分欣慰和自豪，即便再辛苦，也是值得的。

武打的戏，我大都让其他演员录，有时候自己也在现场指导。比如，孝曾和正岩在配像时，站位和手的位置等细节做得不准确的地方，我就会叫停，让他们重新录。

音配像里有唱段，也有整出的剧目。谭鑫培的录音都是唱段，有《洪羊洞》《卖马》《战太平》《桑园寄子》《打渔杀家》《乌盆记》《四郎探母》《捉放宿店》《碰碑》共九个唱段。有的是一整出戏，像谭小培的《法门寺》，是 1953 年抗美援朝的时候，为捐助飞机大炮演的。谭富英的是 44 部，有我配的，也有孙岳、高宝贤、李崇善、谭孝曾等演员配的。基本上，谭派所有经典的剧目都配了。可以说，这是一次对谭派艺术的盘点，就现有的配的这些剧目，基本上能反映谭派艺术的全貌，能够代表谭派的水平。

谭派的"音配像"录制完毕后，瑞环同志满意地说：你们录得不错。

我还配了余派和李派的戏

除了谭派，我还配了余叔岩先生和李少春先生的戏。谭派、余派和李派有着相当深厚的历史渊源。我的祖父谭鑫培拜过安徽人程长庚程大老板为师，后来又拜过余叔岩的祖父、同是湖北人的余三胜先生。谭派早期唱的是汉调，创始人就是老三鼎甲（三鼎甲指的是状元、探花、榜眼），即余三胜、程长庚、张二奎（新三鼎甲就是谭鑫培、汪桂芬、孙菊仙）。余三胜是谭鑫培的老师带出来的，而谭鑫培继承了余三胜的艺术表演方式。

后来，余派创始人、余三胜之孙余叔岩又拜我曾祖父谭鑫培为师，我父亲又拜了余叔岩。所以有句老话说，谭就是余，余就是谭，不能分家。而我的孙子名叫谭正岩，也是为了纪念这一渊源，余、谭两家密不

谭元寿先生剧照

可分的关系。因此，尽管我没跟余叔岩先生学过戏，但在配余派戏的时候，我只要按照谭派的路子来就可以了。两派在表演上基本是一样的。

李少春先生开创的李派艺术也来源于余派。《野猪林》是他最得意的一出戏。我一共录了五部李少春先生的戏，有《断臂说书》《打侄上坟》《群英会》《四郎探母》《赤壁之战》。

我的感受和收获

我从小就跟父亲学戏，他去哪儿我都跟着，几十年如一日。谭派戏的一招一式，一举一动，我全都记在了脑子里。我以前学戏，只能靠自己观察和揣摩，可自己演的什么样，却没办法完整地看到。而音配像的好处是，我可以通过观看自己所录制的音配像，非常细致地研究表演中每个表情、每个动作，改进和完善不足之处。这样，我自身的艺术水平又得到了进一步提高。

比如，在京剧的传承过程中，由于对戏的理解不尽相同，即便是同一个流派的演员，对于一些艺术细节的处理方式也可能是不一样的。作为配像演员，在配戏的过程中，要特别注意这些不同。同样，相同的剧目，不同流派有不同流派的体会和演法，虽然大体轮廓是相同的，但在一些细微之处的处理上也是不一样的。因此，同一出剧目录制不同流派版本的音配像很有必要。比如《断臂说书》，我父亲和李少春先生都演过。我在录制之后，放来一看，发现我配的这出李派戏，有一个手指的动作不是李派的，错录成谭派的了，这也成了我"音配像"经历中一个小小的遗憾。

我没念过书，从小到大一直都在科班学戏、唱戏。现在因为身体原因，已经不再登台表演了。但是有了音配像，我还能看见自己演的戏，观众也能看见，这就弥补了这个缺憾。我们干了一辈子梨园行，都没想过怎么更好地把祖宗的东西保存下来，而瑞环同志却替我们想到了，并为此耗费心血，我钦佩他，感谢他。

亲历音配像工程（五）：我是"音配像"的积极分子

孙毓敏口述　高芳整理

荀慧生先生的成就来之不易

我是一名京剧演员，也是国家级非物质口头文化遗产的传承人，我对京剧艺术始终有一种使命感，特别对荀派艺术，更是如此。

荀慧生先生早先是梆子演员，后来京梆两下锅，他 17 岁时改唱了京剧。京剧调门儿低，剧目也多。但他不是亦步亦趋，而是发明了一些新的程式。荀先生人很聪明，在艺术实践中创造了一门新的流派艺术，即荀派。我们说荀派是纯花旦也不完全，它还有青衣、花衫、花旦的特点。王瑶卿跟荀先生讲，不要纯青衣，也不要纯花旦，而是糅到一块儿，叫青衣花衫。

荀先生的成就都是靠在台上滚打出来的。想当年荀先生演出，一年有三四百场，都是主演。我年轻时算是比较勤快的了，也有演出机会，

荀慧生剧照

一年下来我个人最多也就能演个 160 场。整个剧团要完成 350 场，我占一半儿多。现在演员的演出量越来越低，所有剧团甭管多大，一年 100 场都完成不了。主要演员能轮到一个月演个两三场就不错了，一年下来能演四五十场，这就算好主演了。

荀先生人非常聪明，他创造了很多的表演手段。比方说，他在几分钟之内就能跟观众建立感情。荀先生一生始终坚持演戏，他演过的剧目很多，总共 300 来出，其中 100 多出是他根据地方剧目移植改编的。荀先生出新戏很快，一个月两出，有时候一礼拜一出。他文武全来，还会彩跷。所以，当年评选四大名旦时，他虽是后起之秀，依然名列其中。

四大名旦是评选出来的。有一个报社（《顺天时报》）组织搞评比，他票数排第二，挺高的。但最后按"梅尚程荀"这个顺序来，他变老四了。有的人爱较真儿："不行，这不对，起码是梅程荀尚，或者是梅荀程尚……"太啰唆了。老四怎么了？荀派艺术是不是真有影响？关键是有没有后续力量，剧目有没有人来演，有没有人来撑荀派这个大旗。

荀先生没有留给我们任何艺术影像资料

我始终认为，在四大名旦当中，荀先生是最可怜的。他不是名门之后，也没什么后台，就是一个农民。因为是穷人，他一直受气。荀先生也没留下什么艺术资料，只有一点儿录音带，还是晚年 60 岁左右才录的。早年的他爱抽雪茄，因此嗓子还是梅尚程荀四位先生里最不好的。男性成长中要经历两个变声期。一个变声期从十四五、十六七岁就开始，有的七年都变不过来，有的两年就变过来了，还有的没什么感觉就变过来了。荀先生可能是变过来了，所以年轻时嗓子还行。我听过他早年的唱片。但是还有一个变声期，通常在 45 岁左右，突然没调门儿了，就是所谓的"塌中"。荀先生可能就是这个情况。加上他演出太多过于劳累，所以到了晚年嗓子就不好了。

四大名旦中，梅兰芳先生最有超前意识。他人缘好，周围有一拨朋友老帮他出主意，又有地位。20 世纪 50 年代的时候梅先生就拍了电影《梅兰芳舞台艺术》，吴祖光导演。他还写书，如《舞台生活四十年》，都做得最早。程砚秋先生也拍了《荒山泪》，尚小云有《尚小云舞台艺术》，包括《昭君出塞》《失子惊疯》两个小折子戏。就荀先生什么都没有。该荀先生拍的时候就已经接近"文化大革命"了。更遗憾的是，荀先生的夫人也就是我师娘比较较真儿。人家说荀先生："您是不是也录点儿？"师娘爱管闲事，问："你给多少钱呀？"给的少了点儿，她就生气了："不行，四大名旦得一样了。"就为这，谈不下来。人家说，没钱了，您最后一个了，拍了得了。"我们不拍，坚决不拍！再过十年拍也不晚！"荀先生到上海去割了眼袋，但没过多久，"文化大革命"就开始了。一切停止，所以荀先生什么艺术影像资料也没有留下。

我是荀先生的弟子，有着强烈的使命感。我给荀先生都做了哪些事儿呢？出了画册，拍了28集电视连续剧，和王家熙出了《荀慧生老唱片全集》共48张唱片。还有就是给荀先生出书，另外荀先生诞辰90周年、95周年、100周年、105周年、110周年都搞了纪念活动。还在荀先生祖籍东光县，依靠当地力量，建成荀慧生纪念馆，在阜城建成红娘公园。当然，这其中也有别人如荀先生长孙荀皓及刘纪宏的努力，不光我一个人。

音配像就是我在做这些工作期间接到的一个新任务。

我给瑞环同志提意见

中国的戏曲艺术很了不起。在中国，有将近300个剧种，5000个剧团，跟戏曲有关的从业人员就有上百万，这在世界是独一无二的。中国人太聪明，地方语言又多，你说河南话，就出一个"豫剧"，他说河北话，就出一个"河北梆子"。京剧是其中的"老大哥"，这个剧种不断演进，不断进化，把其他剧种的优点都借鉴过来，融会贯通。如荀先生把梆子的水袖糅进来，在表演上比别的流派更丰富。

等到1978年恢复老戏，会的人也不多了。爱看戏的人一直憋着呢：十年动乱没看戏，现在终于又可以看了！

京剧艺术开始复苏，创作了许多新戏。但那好几百出的老戏怎么办呢？

瑞环同志看到了这个事实，就有了一个新想法：把现在的漂亮的年轻的舞台形象，和老先生原来的录音配在一起，做成"音配像"。

这是一个高明的、很有科学意义的做法，也是一个抢救过程。不光京剧艺术，包括参加"音配像"工作的演员也是需要抢救的。因为再晚

孙毓敏饰《红楼二尤》之尤三姐

做两年就弄不了了。比如说谭派戏《法场换子》，前些年谭元寿先生还能配像，这两年上了年纪，走路都慢了，再演就有困难了。

张君秋是"音配像"的总艺术指导。张先生曾经有一个阶段很失落，就特别爱去美国。新中国成立前后那儿的人都喜欢梅派，后来外头又兴起了张派，他就收了好多海外的徒弟。他的学生都欢迎他去。瑞环同志跟张君秋私人关系很好，说："你别去了，留在这儿，我给你点工作干。"就让他当"音配像"的总艺术指导。

我很早就听说了"音配像"，还给瑞环同志提过意见。"音配像"最初都是配的马派戏。张派戏《年年有余》也都配了，一些根本没怎么演出过的戏也配了，恨不得吊嗓子的都配。我就对这个有意见，就向瑞环同志提。当然我说得比较委婉："瑞环同志，您是全国的政协主席，您做的事应该有全国影响。'音配像'太集中张派，这就不合适。张君秋先生是梅先生的徒弟，梅派也得重视。您看，还有少数流派没注意到，比如说赵燕侠，比如说黄桂秋，比如说杨荣环。"我说："甭管谁的，只要在我们眼面前儿，这些年看见过他们演出的，只要有一定社会影响，都应该囊括在内。不能纯马派，马谭杨奚高裘，都应该有。"我并没单提荀派。

他们有的人说我："你胆儿真大！"我想："我这是一个正面的非常好的意见，也是考验一下领导有没有民主作风。"提完意见后，其他流派包括荀派开始受重视了，从刚开始的张派、马派，逐渐扩大到十七八个流派参加进来，包括"南麒北马关外唐"的唐派，这在有"音配像"以前是少为人知的。不管什么流派、什么行当，只要是当年的红角儿，只要能找到好的实况录音，后来都给配了像。看来瑞环同志是有民主作风，重视群众意见的！

对绝大部分京剧演员来说，能参加"音配像"是一件光荣的事。但当时也出现了两个极端：有的完全躲避这个事儿，有的则非要配一出。有个别演员不愿意参加，是对"音配像"有看法："我不参加'音配像'，这叫什么，他的声儿我来动作，跟双簧似的！"也有的演员是不归流派："我不是这流派的，也不想给你配！""我自己又创造了一个新流派，我不愿意参加你这个！"现在这些人可能有点后悔，那也来不及了。而有的演员则想方设法希望能争到一个角色："我得留下点历史的痕迹。""我一直演的张派戏，为什么不让我配点？"

至于我个人，虽然我不是"音配像"的主要领导，但始终是积极分子，是赞成的，尤其看瑞环同志都是为咱们的京剧好，更觉得责无旁贷。

中国京剧的恩人

我曾写过一篇文章叫作"京剧的四大恩人"，总结京剧的四大恩人是朱镕基、李瑞环、丁关根、张百发。瑞环同志几十年来一直关心、扶植京剧艺术的成长。丁关根同志搞研究生班、流派班，为京剧做了不少实事。他曾说："到建国100周年的时候，京剧会是什么状况？"我们一般人不想那么多，也想不了。他就想到了。张百发同志也是，他搞的九九重阳节京剧晚会，也是在为京剧办实事，不断在唤起全社会对京剧的关注。朱总理正在筹拍十出系列电影。所以我觉得他们功劳很大，真关心京剧、真关心弱势群体。

瑞环同志虽然是国家领导人，但是他一点官僚气都没有，"音配像"每出戏他都亲自看。对配的不好的戏，"这太老了，满脸都是褶子"，"这也太瘦了"——一点都不马虎。他还经常开阶段性的总结会，什么"全民动员""综合治理""同步上升"，都是我们说不上来的词儿。一年总结一两回，给我们打电话："想你们了，请你们吃点饭。"用这种很生活的方式跟我们见面。领导老说想我们了，我们觉得很荣幸。每次都表扬表扬，总结总结，提出点不足，再鼓励大家继续努力。"音配像"录完100份后，还发给我们看。各个戏曲学校也都送，拿走一份作为教材。到后期，瑞环同志又指示把"音配像"做成光盘，专门成立了一个制作室。瑞环同志知道京剧演员收入不高，也不白让我们干，都给点儿钱。

记得配完100出的时候，花了大概400多万元人民币（是向华侨要的，没花政府的钱）。后来瑞环同志一次找中央电视台台长杨伟光开会，当时我们一些演员也在场，大家坐一圈儿。瑞环同志说，现在盗版太严重了，咱们的"音配像"都被盗版了，与其这样，不如在咱们中央台

11 频道放一放，你看这样是不是好点？杨伟光马上说："好，一定遵照您的指示来办，我们投资 400 万。"又来了一个 400 万，可以配第二个 100 出了。第一个 400 万怎么来的呢？都是瑞环同志从社会各界募捐来的。他很会集资，也很会利用社会力量，并没有朝财政部伸手。

我为"音配像"做的工作

"音配像"正式启动后，瑞环同志专门指示组织了工作班子，分了若干组，有录音组、导演组、剧本整理组，还有排练组。我属于排练组，专门负责荀派戏的排练、配像工作。

荀先生生前一共演过 300 多出戏，其中传统戏大概有 100 多出，后来他又移植改编、创作了一些戏，到晚年还能呈现于舞台的，包括演出剧本集，也就十几出。我们配了有 13 出，基本把他的艺术精华都囊括在内了。

这 13 出戏，找录音的过程很费事，"文化大革命"期间不准搞"封资修"，许多录音资料大都被毁坏，幸存下来可以再用、再听的，也都残缺不全。我们还得在一块儿听，最后确定解决方案。比方说一出戏，有荀先生 50 多岁时的录音，还有一个是 60 多岁录的。也有 20 多岁的，但是不完整，就没法儿用。最后用的基本是五六十岁时的录音，荀先生的声音已经有点接不上气儿了。没办法，这就是事实。有的锣经还得补，才能来动作。

我跟荀先生认识的时候才 19 岁，这十几出戏，荀先生当年大都亲授给我，有没学过的，我也亲眼见过，知道怎么演。这些戏至今仍是舞台上的荀派常演剧目。我配了其中五出，有《红娘》《红楼二尤》《勘玉钏》《金玉奴》《杜十娘》，剩下的都是由其他演员配的。

我曾在荀剧团待了五年，专演荀派戏，一直到现在。荀派戏配像由我负责，也是顺理成章的事。但是，我还动员了师姐李薇华配了3出，我的学生形象比我好，也配了几出。所以荀派戏是根据领导的意见集体来做成的。对我来说，参加"音配像"是一个学习的过程。"音配像"是新生事物，我们过去都没干过，领导指向哪里我们就打向哪里，可我们都明白这是好事儿，都努力干。首先，对口型就是一种学习。我得把词儿背下来，一出戏我要没演过，或者是新学的，就对不上口型。在这个过程中，我还发现了自己跟荀先生的差距。以前我演《红娘》，可能在某一点儿我演得慢点，听了录音才发现，其实应该快。刚开始我还弄不明白，怎么是这样的？但我必须根据他的音来追动作，还得回忆当年荀先生是怎么演的，所以这对于我来说，就是一个再理解、再学习，艺术上继续成长的过程。（可惜当时我正患颈椎病，眩晕，没配好，遗憾！）

配像演员漂亮、年轻的比较合适，瑞环同志认为应该让她们多配。他对我说：毓敏同志，荀派就归你负责了。同时他又对有的演员说："你的学生都很漂亮吧，你这么老了不要来西施了。"——嫌他老，形象不好。"近芳同志，你的学生也都很漂亮。"听话听音儿，吃菜吃心儿。我当时已经配了四五出，一听这个就明白了：哦，嫌我们老。我一想，自己也有点胖，别配了，我也有漂亮学生。上银幕的话，比较瘦的人好看，小脸蛋儿好看。我是大脸蛋儿，还鼓脸。后来我就主动地让自己的学生配。荀先生的《玉堂春》，我请赵月霞配的，她长得好看，人也瘦溜。有的才20多岁，我的徒弟，已是第三代、第四代荀派演员了，比如许翠，但形象好，我也请她们参与进来。

除了让我的学生配戏，我还请我的师姐李薇华配了几出。我们俩当年在一个团，她比我大一两岁。《得意缘》这出戏我没演过，她演得比我熟，我就让她来。还有《钗头凤》《卓文君》《花田错》，也都是她配的。我要是自私自利非得自个儿来，愣捏着鼻子也能想起来怎么演。李薇华没想到我这么高姿态，马上从上海赶来北京，高兴地接受了这个任务。

荀派戏一共有五六个演员参加了配像，都找的好看的。瑞环同志挺满意，每出必看。我顺利完成任务了，瑞环同志就不着急了。

无论如何，我们荀派演员也好，荀家的后代也好，都应该感谢"音配像"。虽没有荀先生的原装表演，有我们这种"镶嵌"的，也算是艺术作品的另一种形式。至少能引起老观众的美好回忆吧！

除了配像，我还主动为"音配像"提供排演场地，这也算是我做的一点贡献吧。"音配像"的主要录像地点就在我们戏校的排演场。总共400 多出戏，其中 300 多出是在这儿录拍的。

早先是在国安剧场录，挺老远。"国安"的条件没法跟我们戏校比，要钱也相对高些。我见到这种情况，就主动提议说，我们戏校有一个排演场，不行你们去看看。戏校的排演场水平和质量跟长安大戏院一样。他们看后觉得挺好。瑞环同志亲自对我说："咱们这事儿也没多少钱，你们就别多要了。"

我是戏校的校长，我跟学校其他领导一说，学校也不好意思反驳我。录像、排练随时都行，后台化妆也方便，水、电随便用，给一点点钱就行了（象征性的）。瑞环同志还专门为这个表扬我们："感谢你们对音配像工程的支持。"给了一个奖牌，挂在戏校的墙上了。

"音配像" 的价值日益凸显

瑞环同志是拿"音配像"当自己事业干的。我们很感动，更得努力干好。京剧流派的创始人，他们新中国成立前后的这些作品，是这几十年间京剧艺术的精华，如果不是做成了"音配像"，他们等于在舞台上什么都没留下。有了"音配像"，最起码能听见声儿和观众的热烈反应，方便搞戏剧研究。再看形象，都是他们的学生配的，也基本是那个意思。当然，要跟本人比的话，肯定逊色。记得当时我们听老录音，有时候就纳闷："这儿为什么叫好啊？"荀派的戏我还稍微知道些，知道荀先生在这儿有一个眼神儿，所以观众叫好。眼神是听不出来的，不是什么大声，突然冒一个高音儿靠卖力气叫好，如果没研究过荀派就不知道是怎么回事了。

"音配像"一路过来这 17 年，共配了 486 出戏。这是一项历史功绩，咱们都不能忘了瑞环同志。京剧作为非物质口头文化遗产，不是某个传承人的责任，整个京剧界都有责任。尤其对于荀派来说，"音配像"的功劳特大。连荀派的后人都特别感谢音配像，因为荀先生一点影像资料也没留下。人在艺在，人亡艺失。没有"音配像"，随着老师的逝去，什么都没了。有了"音配像"，瑞环同志抢救了一部分艺术精华，供后人学习。老师想不起来该怎么教戏，可以看看"音配像"；忘了剧本，也可以从上面查。还有就是搞研究——研究某个流派的发展过程和剧目，还得看"音配像"。所以"音配像"有很高的参照和教材价值，是一项抢救性的历史补录。

瑞环同志凡事都看得很长远。他说过："想象一下你们这些人都不在了之后，咱们的京剧会是什么状况？不抢救一下不行。"这样有历史责任感和使命感的领导，我们做演员的真是非常感激。对于"音配像"的价值，瑞环同志自己也说："越到后头越值钱，你们看着吧！"

这一说法已经得到了证实。所以这叫千秋伟业，历史功绩！

亲历音配像工程（六）："给程派配像，我是尽忠尽孝尽义了"

李世济口述　于洋整理

程砚秋先生亲自上门收我做干女儿

要想知道我当初是怀着怎样的心情参与到"音配像"工作当中的，首先得谈谈我与程派是怎么结缘的。

我从小便展露出京剧表演的天分。我的姨妈是个票友，她请了一位会拉胡琴的老先生教她《女起解》。每到教戏的时候，我就搬个小板凳，抱着桌腿坐在底下听。那时候我才4岁多，学东西却非常快。老先生给我姨妈说戏，还没等她学会，我倒先会了。姨妈把我当宝贝一样，带出去四处"显摆"。

到虚岁5岁的时候，我就上台唱了《女起解》。这么小，我连舞台都爬不上去，还是让大人给抱上去的。但我一点儿也没怯场，一整出戏唱下来，一点儿也没错。

我 12 岁那年，也就是 1945 年，第一次见到了程砚秋先生。周围的人跟他说："李世济长得真像你。"程先生一看，还真是，于是很高兴地把我叫过去，让我给他唱《女起解》。当着大师的面，我也不胆怯，程先生见了更加喜欢，拉着我的手问长问短。有人见状说："你收她做干女儿嘛，比你自己的亲女儿长得还像你。"程先生听后不置可否；我还小着呢，不大懂事，就知道站在那儿，有一搭没一搭地听着；家里人也压根儿没奢望玩笑话能成真。说完了，大家也就散了。

谁知，第二天下午我放学回家，刚一进门就见父母紧张得不得了，跟我说："快快快，快进来！"然后我就被摁到地上磕头。我这才发现程先生真的来了。程先生说："我跟人家打听，收干女儿应该带这些礼物，所以我就去买了带来，今天正式收你做干女儿。"记得当时程先生送了我一对银饭碗、一对银筷子，还有一只金镯子。第二天一大早，我妈妈去买了回礼，带着我去程先生住的地方，再次给他磕头。这样就算正式确认了程先生和我的义父义女关系。

"世济很用功"

从前，我放了学就用车钱买包花生米，边吃边走，路上能走一小时，进了家门都快 5 点了。自从拜了程先生为义父，每天他都到我家给我说戏，我再也不敢耽误时间，一放学就"噔、噔、噔"跑出去骑自行车回家。那时候规矩很大，我从来都不敢和程先生平起平坐，都是程先生坐在沙发上教，我坐在小板凳上学。程先生还为我介绍了好几位先生，像是教刀马旦的芙蓉草（赵桐珊）、教打把子的陶玉芝，还有昆曲先生朱传茗，等等，每天都要学到深夜。我晚上 12 点睡下，第二天 5 点钟就得起床，赶到学校写作业，经常困到上课的时候打瞌睡。

我的开蒙戏是《贺后骂殿》。程先生教得非常严格，因此我的基础打得非常好。他教我走脚步，最开始让我在腿中间夹个小薄本儿走，不能掉下来；后来，就改成头上顶个厚本儿；再往后，头上要顶着满满的一碗水走，要是头动了，水就哗啦啦洒一脸，那就是不及格了。练脚步要穿布鞋，我们家没有人会做，当时上海也买不到，程先生的夫人就亲自给我做布鞋，并从北京寄到上海。我一个礼拜要穿破一双布鞋，程先生很高兴，觉得"世济很用功"。为了让我练嗓子，程先生还让我对着酒坛子喊，喊出回声。有时他在墙上贴张宣纸，让我对着纸一个字一个字地喊（专业术语叫喷口），唾沫把整张纸都打湿了，我才可以休息。学戏确实很累，但我特别珍惜每次学戏的机会。

程先生还介绍了几位师哥给我。唐在炘（后来成为我爱人），圣约翰大学的高才生，他听谱子特别厉害，程先生一唱，他马上就能把谱子全部写下来，一点都不会错，所以程先生非常喜欢他。还有熊承旭和闵兆华，程先生管他们叫"三剑客"，每天让他们陪我吊嗓子。

"莲花出于污泥"的"小程砚秋"

后来，程先生回了北京，回去前就把我托付给唐在炘，让他平时监督我练戏。我平时在上海上课，寒暑假到北京去跟程先生学戏。他到哪里演出，我就跟到哪里看。程先生经常在表演上作一些改进，然后就要考我："改得好还是改得不好？"不管认为好与不好，我都直说，所以他特别喜欢我。

那时候，程先生住在海淀的青龙桥，他务农，我就跟着务农。看到我这种家庭出身的孩子肯吃苦，他很赞赏。他们家种了好多老玉米，早上吃，中午吃，晚上还吃。程先生就跟师娘说："你看这个孩子一点不娇气，这么个家庭出来的，从早到晚啃老玉米，我真怕她拉稀。"师娘笑着说："她肚子结实着呢。"

李世济委员接受记者采访（于 洋 摄）

程先生家还有好多苹果树，有一棵树只结了一个苹果，又大又红，他特地摘下来叫我吃。我舍不得，就把它搁在桌上的花瓶上。程先生问我为什么不吃，我说还是放那儿给大家欣赏比较好，吃了就什么也没有了。程先生直夸我有心。

在程先生家里住着的时候，每天早上他都要吊嗓子，我就坐旁边静静地听，就这样慢慢熏陶着，几年后，我会的戏更多了，还在票界里头得了个雅号"小程砚秋"。程先生非常高兴，他说："你这么用功，将来你一定会是程派执牛耳者。"见我听不懂，他解释说："你将来是程派表演的佼佼者。"又说："将来程派的继承人非世济莫属了。"

我一直想，长大了要干这行，才能不辜负程先生对我的一片爱心。然而，在旧社会，唱戏的是"下九流"，听说我要唱戏，家里都不赞成。程先生也死活不同意，他说："你看我的子女没有一个唱戏的，戏班子是污泥浊水，是一个大染缸，进去了就染坏了。"我不服气，还敢跟他顶嘴："莲花出于污泥。"他看了我半天，不敢相信这是一个小孩说出的话。

名副其实的"程门立雪"

我父亲是个戏迷，一向是对程先生顶礼膜拜的，但他们之间也产生过误会。有一次，程先生住在上海的国际饭店，我去看他，他告诉我说："我跟你父亲有意见了。"我问他："什么事情呢?"原来，张伯驹写了一封信给毛主席，说禁锢的传统戏太多了，应该开放。这封信被当时有些戏剧界的领导认为是反动的。信上也有程先生的签字，可他对此并不知情。实际上那是程先生的秘书签的，可程先生追查的时候，秘书却诬赖说是我爸爸代签的。所以程先生很生气，以为是我父亲陷害他。他对我说："以后我不能再教你了，我要跟你们家断交。"当时我连从14层楼跳下来的心都有，可见受到的刺激有多大。可能我脸上变色，他看出来了。等我一步一步从南京路走回家里，他已经坐在那等我了。他不放心，怕我出事，所以虽然嘴上说是断交，但还是来了我家。

以后程先生在哪里演出，他还是让我去看，也照样教我，就是一条要求，不能演戏。

记得大雪纷飞的一天，我穿了一件棉布袍子，站在程先生家门口等他回来，一站就是几个小时。那时候程先生包了辆洋车，就是那种带两个大灯笼的、锃亮锃亮的黄包车。他从西四北那边回来，远远看见一个人头上身上都是雪，走近一看是我，半天说不出话。我也不知道说什么好。后来他说了："你怎么又来啦? 我不是告诉你了嘛，不许你唱戏! 为了你这事，我跟你干妈两人吵了好多次。你以后再也不要来了，我是绝对不会同意你唱戏的!"程先生说完，没再管我，自己走进了家门。那天我真是心凉了，以为他再也不可能见我了。

梅先生把我介绍到北京京剧院

然而,我从小是个犟孩子,一旦下定决心,就要坚持到底。我决定,不管程先生支持不支持,都一定要唱戏。京剧工会里的很多人都很支持我,帮我组建了李世济剧团,专到全国各地唱程派戏。虽然报纸宣传我有"小程砚秋"的雅号,但我在地方上还是不够出名,所以每唱一场戏都得赔 500 块钱,相当于现在的 5 万块。家里没有这么多家当给我赔,所以这个剧团只撑了一两年。

其间,梅兰芳先生也给我说过戏。梅先生的动作非常美,也很讲究,他告诉我:"你要学老四(程先生)的唱,学我的动作。"然而我有顾虑,担心被人骂是"程披梅",但我后来懂了,要想唱得更好,除了保留自己的特点之外,也要借鉴一些其他流派的技巧。

梅先生见我仍然很想唱戏,当时北京京剧院里正好缺旦角儿,他就介绍我去试试。记得我得知有机会跟马先生唱戏的时候,心里又急又紧张,嗓子一下子哑了,人也筛糠似的哆嗦。马先生的夫人赶紧带我去找了一位老中医。这位老中医拿出一根针来,要冲着嗓子扎进去。我特别害怕,但为了能演戏,只好闭上眼睛,硬着头皮让他扎。真神,刚扎完,嗓子立刻就不哑了,就这么唱的第一场戏。一出戏唱下来很顺利,马先生也很高兴。从那时开始,我就跟马连良、谭富英、裘盛戎这几位老先生一起唱戏,逐渐在北京站稳了脚跟。

毛主席、周总理对程派都很关爱

我总唱程先生的戏,当时一些国家领导人也经常来看。毛主席非常喜欢程派,最喜欢听《游龙戏凤》,还给我讲有关的历史故事。他用一口浓重的湖南腔念"自幼儿生长在梅龙镇",我一点也听不懂。那时每周三、六、日,我们都到主席那儿陪他跳舞。每次周总理、陈老总、贺老总等领导同志都会来,江青也来。主席老穿着打补丁的大皮鞋,说是跳舞,实际上就是随着音乐走方步,然后跟我聊天,兴致很高。有时毛主席点戏,比如今晚唱《骂殿》,让我们在一张宣纸上,用毛笔把词都工工整整地写好,他拿支红笔,看这个字不好,就打个叉,那个地方好,则打个钩。我有一处笔画老是写不好,毛主席每次都在这个地方点个点儿。

毛主席正史、野史什么都懂,总说唱戏也要懂历史,经常考我。我唱《骂殿》,他就问:"大皇儿叫什么名字?""大皇儿?"我叫不出来。"二皇儿呢?""二皇儿叫赵德芳。""你知道二皇儿,怎么能不知道大皇儿呢?"我说:"赵德芳在唱词里头有的呀,但大皇儿就是大皇儿,没有名字的。"主席被我天真的样子逗笑了,说:"赵德昭。"我这才知道原来大皇儿的大名叫"赵德昭"。

主席待我们很好。中南海里有的是鱼,主席经常让人捞条大鱼,给我们红烧了吃,他还拿自己的稿费,让人给我们做红烧肉吃。我还记得,大碗的饭我一吃就是三碗,撑得我不敢坐车,从中南海一直走回家。

周总理特别细心,了解到程先生不让我唱戏的事儿之后,便有心化解。有一天,总理把程先生、白登云先生、我、老唐,还有好多人聚在一起,问程先生:"程大师,李世济是学你的?"程先生就实话实说了。总理问:"是你的学生吗?""不是,她是我的干女儿。""干女儿跟学生有什么不同?"程先生说:"大不相同。学生是在舞台上继承你的,干女儿就是亲戚。"总理问:"李世济唱得好吗?"程先生说我唱得不错。总理说:"程先生,你去苏联当这个世界青年联欢节的评委,我叫李世济、唐在炘跟你一块儿去。一路上他们俩的责任就是照顾你，你教世济戏，让她去得奖。回来以后我周某人请客，我给你程砚秋收徒弟，让李世济拜你为师！"这真像是天上掉了馅饼，程先生很高兴，我也觉得重见天日，那股子开心劲儿就没法提了。

终未实现的拜师之梦

于是在 1957 年，我和老唐跟着程先生去了苏联。过了这么多年，又能重新跟在程先生身边，我格外珍惜这次机会，处处想着把程先生照顾周全。我们一共要坐九天九夜的火车，每人每顿却只供应两片面包和一个鸡蛋。程先生平时吃的多，一顿能吃一整个肘子和十个鸡蛋，路上发这么一点儿东西肯定吃不饱。我们把面包鸡蛋留给他吃，自己饿了就嚼点带的大头菜，喝点过滤水。九天九夜，我跟老唐都是这么熬过来的。那时，程先生很胖，心脏也不好，不方便弯腰穿鞋袜，都是我们蹲下去帮他穿。在国外是喝不到热水的，程先生不太习惯。等到了旅馆，我们想了个办法：把带来的小别针、小卡子等漂亮的装饰品送给服务员，借来电熨斗、电烙铁，然后偷偷拆开，露出电阻丝，拿杯水放在上头烧开了，这么着给程先生沏了杯茶。程先生见了很惊喜："哪里来的热茶水呀？"我说："这个可不能告诉您，告诉您，明天您就没得喝了。"

程先生把我们的孝心看在眼里，更是掏心窝子地教戏。他不但把参赛的剧目细细地教给了我，又一出一出帮我将其他唱过的戏。

到比赛了，程先生很为难地跟我讲，按表演水平来说，金奖本应是颁给我的，但他身为总评委，又是我的义父，得避嫌。我说，我来的目的，总理说得很清楚，是为了更好地孝顺您，请您给我说戏。回去总理会让我拜师的。我不在乎得不得奖。程先生听后很高兴。

后来，程先生要到别的地区去进行艺术调查，我跟老唐送他去坐飞机。路上，程先生坐在汽车里跟我讲："我在团里进行过调查，大家都说你人规矩，学戏也认真，果然是'莲花出于污泥'，这点我非常满意，总理没有白培养你。我大概一个月以后就回去，然后你们马上来找我，我再给你说戏。既然干了这行，就要干好。你一定要这样好好地坚持下去。"我感动极了，不知说什么好，就把带着的大头菜拿给程先生说："我只有一块大头菜，您心脏不好，在飞机上要是难受就嚼一点儿。"他拿过来，用纸包起来，搁在大袍子的兜里。直到登机前，他还跟我们招手。我万万没有想到，那次分别竟成了我跟他的生离死别。

回国后，不是我们跟着马连良老师、谭先生、裘先生到外地演出，就是程先生或总理出国，三方总是凑不齐。临去西北演出前，夏衍部长跟我讲："还有一个星期，总理和程先生都回来了，到时候你也要从西北回来了，你终于可以拜师了，你总算盼到这一天了！"我高兴极了，怀着对拜师的美好憧憬去了西北。

回来那天，我特别激动，以为这次终于可以实现自己的梦想了。不料就在当晚，马连良老师派人通知我："你赶紧通知老唐一块儿去德国医院（今北京医院），程先生没了！"这对我真如晴天霹雳一般。我赶到医院，见程先生孤零零地躺在太平间里靠近门口的床上。工作人员掀开盖着的床单，我看见程先生脸上七孔流血（我这辈子见过两人去世的时候是七孔流血，一个是程先生，另一个是我唯一的儿子。他们都是我至亲的人）。我强忍住泪，拿手绢一点点地把程先生脸上的血迹擦干净。后来，贺老总的夫人薛明告诉我，当时她就住在程先生隔壁病房，其实那天医生是不许程先生吃东西的，因为他已经开始有心肌梗死的迹象了。可他实在受不了，悄悄叫家里人送了一张大烙饼来，结果引发心肌梗死而去世了。

程先生的去世令我痛彻心扉。我站在他的遗体前呆呆地看着，大概过了很久，我听见身后有人说："好了，世济，不要难过了。老唐，人都是要走的。我知道你们的心情，在我死的时候，有你们这么两个学生能对我这样，我就心满意足了。"（万万没想到，天下的事竟有那么巧。马连良老师故去的时候正值"文革"，没有人敢通知我和老唐，最终竟真的没有像我们这样的学生去为他送行）我一看，原来是马连良老师。他听说了这个噩耗，天不亮就坐车赶过来，一直站在我身后，跟着掉眼泪。还有荀慧生先生，他也说："世济呀，你师父走了，还有你师叔我呢，我会关照你的，你不要哭了。"

马连良老师想好好安慰一下我们，就把我们带到了新侨饭店。我跟着马连良老师唱戏有个习惯，如果当天唱得好了，马先生会请我吃涮羊肉作为嘉奖。我每次都不客气地叫好多肉，拼命吃。马连良老师见了很高兴，但还是忍不住说我："孩子，钱是我的，命可是你的啊，你这么吃，该吃坏了！"我也顾不上回答他，只顾埋头吃，而每次都是老唐悄悄把钱付了，马连良老师总是高兴地说："老唐又把钱付了！"那天，虽然马连良老师叫了满桌子吃的，我们却什么也吃不下去，老唐也顾不上付钱了。

从此以后，马连良老师便担当起老师的角色，对我倍加关照。我每天天不亮就去长安大戏院练功，马连良老师若还没睡觉，便在楼上看着，有时间就给我细细地说，什么地方不对，眼神应该怎么使，出场、下场怎么才能更潇洒，锣鼓经应该怎么踩，等等。我对他也像对程先生那样孝顺。马连良老师那时已经60多岁了，唱老生戏总要弓着腰、弯着腿，很累。他唱完戏，我就给他捶腿。他叫我"小胖子"，说"'小胖子'捶腿最舒服了"。有时见他打鼾了，我就想偷个懒，不料手刚一停，他就醒了。我就得一直不停地捶，当时甚至想过要发明一个捶腿机。等马连良老师休息够了，带我吃了消夜，已经是夜里 3 点了。然后，他再给我说一个多小时的戏，紧接着我又得去练功。我得加倍努力，才能不辜负老师们对我的期望。

程先生故去了，我一直很伤心，总不说话，不停地流泪。总理看到了，跟我说："世济，你要化悲痛为力量。从此以后，继承和发扬程派的担子就落到了你的肩膀上，你的责任比从前重多了。流派要随着时代的发展而发展，你要把这个重担挑起来，我相信你会做到的。"这是党交代给我的任务，我几乎把每个字都背了下来，这辈子也是这样做的。

我增强了声音的感染力

程先生去世了，我到哪里去学戏？只有靠追忆了。我苦思冥想，回忆程先生教我的每一处细节。比如《春闺梦》，唱的是新婚后三日丈夫就被拉去参军，妻子张氏在梦中怀念夫妻感情。从前唱这段戏，我的唱腔很平淡无奇，但程先生教给我的则非常讲究。他说，你要知道，三日新婚，怀念的是初为人妇的感觉，要把羞涩、甜蜜跟爱的感觉交织在一起，不能那样毫无修饰地唱，而要轻轻地，唱得情意缠绵。他说，这里用了好多荀慧生的东西，但不能用得太过，不然就成荀派了。

由此我悟到了一点，要以声传情，以情带声。真正做到这点并不容易：要训练声音的表达方式，通过各种各样的声音来表达强烈的感情；也要用强烈的感情来支撑声音，令声音更富有激情、更具有感染力，这是程派艺术的精髓所在。程先生在艺术表演上不断创新，采纳各家所长，来为他的情绪表演服务，来感染、打动观众。这是非常了不起的。从此以后，我跟老唐便根据不同人物、不同年龄、不同环境、不同情绪，重新对程派戏的唱腔进行加工。譬如《锁麟囊》，讲的是一个暴发户的女儿薛湘灵，骄娇二气很足，文化修养也不高。她要出嫁了，非常高兴，对未来充满了幻想，但又对嫁妆不满意，所以形成了矛盾的心理。她说："梅香，那对鞋儿要鸳鸯戏水的，那对鸳鸯一个要飞的，一个要游的，不要太大，也不要忒小……"这段念白，要念得很矫情，情绪要发泄出来。但不管怎么发泄，她仍是年轻的少女，因此不能是四五十岁中年女人的声音。而《文姬归汉》中的蔡文姬，她是位诗人，文学修养很高，因此不能带着薛湘灵的情绪去演，声音不是轻飘飘的，而是要深沉。即使是同一个人物，在不同环境里由于情绪不同，声音也应该不同。譬如《王宝钏》，在《三击掌》里她还没有出嫁，这时候是一种声音；到了《武家坡》里，她已经受了 18 年的苦，声音要老练得多，这又是一种声音；《大登殿》里，她重新过上了富丽堂皇的生活，声音也发生了变化。《六月雪》中的窦娥，《坐监》里只是在叙述自己的遭遇，而到了法场，她对社会的愤恨、不满情绪就要迸发出来。就像这样的戏，我们改了不知多少出。为此，我和老唐天天晚上忙到三四点，最后出来的每出戏都赢得了观众的赞许。这算是我们为程派做的一件事吧。

我改编了程派戏的剧本

我做的另一件事，是对程派的剧本进行改编，从而把程派一些被禁锢的戏搬上了舞台。当时，文艺路线是比较"左"的，程先生的戏被禁了很多：《锁麟囊》"抹杀了阶级斗争"，《文姬归汉》"宣扬了大汉族思想"，《梅妃》"讲的是宫廷里腐朽的思想和生活"，《春闺梦》是"黄色题材""反战的""不利于抗美援朝"，《玉堂春》"歌颂妓女"，等等，统统不能演。这些戏是程先生的心血，不能就这样浪费掉。于是，我们便着手改编这些"禁戏"，提高了它们所要表达的精神境界。

我认为，要当好一名京剧演员，一方面要读书提高文学修养，另一方面也要结交很多文人墨客，他们会对我们的演出提出意见建议，我们的表演水平便会得到提高。有一次，我去香港演《三娘教子》，新华通讯社香港分社第一社长、国务院港澳办公室顾问王匡同志提出，老剧本里面从头到尾都在强调"守节"的思想，但实际上，里面讲三娘不辞辛劳养老抚孤，这是非常了不起的精神，我们却没有好好宣扬。我听取了他的意见，对剧本进行了修改，加了句"养老抚孤一身胆"，来歌颂她的精神。不仅如此，这些文人墨客也亲自参与了我们改编剧本的工作。比如，我们和范钧宏先生一起改了《文姬归汉》，并请乌兰夫副总理来审，一连改了五稿，最终获得了认可。《文姬归汉》中有三大段囊括了西皮慢板、二黄慢板、反二黄慢板，很难唱。当初程先生也只在一年的年终唱一两次，收入捐给京剧工会来让穷苦的京剧同行过个好年。我们在去掉老戏中宣扬大汉族主义的唱词的同时，保留了这三大段唱腔，观众并不满足。于是我们和范钧宏先生商量，在最后加了一段，讲南匈奴左贤王把蔡文姬的孩子送了回来，令母子团圆。这感动了蔡文姬，她向南匈奴左贤王认错，自己一直跟他同床异梦，觉得是两个民族的矛盾，是她错了。她唱道："送儿女足绌风尘身披霜，摧妾心伤今痛昔好凄惶。深悔恨误把恩爱当恶辱，难宽宥错认壮志为骄狂。我与你十载异梦同帏帐。王爷呀，今日里惜别方知君情长。深深拜，深深拜，深深拜，此恩此情没齿难忘，愿王爷福寿绵长，明年相逢在汉疆。"这段唱词是我写的，唱腔是老唐编的，戏一推出，台底下都叫起好来。而《英台抗婚》这出戏，则源于当年我和老唐请程先生看的那出越剧《梁山伯与祝英台》。程先生看完，感动得手绢都哭得湿透了，决定排一出《梁祝》。这出戏集哭头之大全，非常精彩，然而也有一定的不足：光是散板，没有成套的唱腔，过不了门。而且由于当时程先生比较胖，于是，在脸颊两侧设计了两绺甩发挡脸，扮相不好看，观众看了之后有意见。所以我们找来汪曾祺帮忙，他文笔好，戏词写得很到位。他为我们写了一段二黄慢板，讲梁山伯走了以后，祝英台的思念之情，但观众仍觉得不够。于是他又加了一段反二黄，戏词写得非常优美，老唐又把沈云英的唱腔用在了这段，这出戏改动非常大，最终得到了观众的欢迎。

就这样，除了这几部戏之外，还有《梅妃》《锁麟囊》《牧羊圈》《柳迎春》等程先生的经典剧目，都被我改编后陆续搬上了舞台。我认为，这对程先生的在天之灵是一种安慰。

在做这些工作的时候，我遭受了不少非议，甚至被人说是"处心积虑地标榜自己"，我又委屈又生气。老伴安慰我说："人生苦短，我们不要理会别人的看法，只要埋头苦干，拿出成绩来，做对得起程先生、对得起程派的事就够了。"于是，我们便一心扑在了戏上，别的都不管，最后也算为程派做了些事情。

我把人物演得有血有肉

"文化大革命"前对于京剧的禁锢就这么多，"文革"中就更不用提了，根本不允许我上台表演。

1976 年，"四人帮"倒台后，人民大会堂有一场内部演出，我受邀参加了表演。一进大会堂，我就抱住着大厅摆放的大鱼缸，眼泪哗哗地流。我从没想过自己挨了斗之后还能回来演出。到了后台，接到通知说，今天一概不许返场。台下坐的都是小平同志、邓颖超妈妈、李先念同志、叶剑英同志等老一辈中央领导同志，还记得当时我们唱的是毛主席诗词《蝶恋花》，唱完了，台下掌声如雷。我们谢了四五次幕都不行，主持人说："世济，你返场的时候再唱一段。"可我只准备了这一段，老戏还不敢唱，于是就又唱了一遍《蝶恋花》。我的心情无以言表，不是因为自己的演出受到了欢迎，而是为他们的幸免于难而感到庆幸。我们又能够继续演出，并且他们还能够来看，这令我感到既温暖又激动。演出完毕，我没有坐车，而是一步一步从大会堂走回家，这才让自己的心情得以平复。

"文革"中，我被整怕了，以至于"文革"后，文化部部长告诉我，"老同志"（开始我并不知道"老同志"是谁，后来才知道是小平同志）让我唱一场《锁麟囊》时，我都没敢在人太多的地方唱，只肯在中国戏校的排练厅唱一场。然而，演出当天，连窗台上都站满了人，观众再挤也要看戏。见到这种情景，领导决定要在工人俱乐部重演这出戏。观众对我们的评价会怎样，会有那么多人看戏吗？演戏不会闯祸吗？我们心里像揣了只兔子似的，忐忑不安。

一进工人俱乐部门口，我便看见一对青年夫妇用一辆平板车把母亲拉到了剧场。我一路跟过去，见儿子把母亲背在身上，儿媳为她披上棉被，直到把她送到剧场第一排靠上场门的座位上，两人将母亲安置好，盖好棉被，这才悄然离场。其他观众，有的眼睛都看不见了，有的胳膊给打折了……什么样的人都有。他们深情地抚摩着剧场的椅子背，摸了一遍又一遍，这才慢慢坐下来，仿佛好久都没看过京戏了。此情此景令我感慨万千：原本我不愿演，看到这样的情景，我便决定，不光要演，而且非要演好这场戏不可！到了后台，大家的话题也都围绕着这些可亲可敬的观众，并且互相鼓励一定要把这场戏演好。

我们唱得十分卖力，唱一句，观众就叫一个好，一整出戏都是这样。等谢了幕，灯一亮，我们这才发现台下的观众头发都白了，仿佛经历了生离死别，我们又相见了。我们演员感动得眼泪止不住地流，穿着戏装直接从舞台跳下来，把观众一个一个地扶出门。有些老观众跟我们拥抱，流着泪说："你们活下来了，可看着你们的戏了！"这是什么感情啊！

　　没想到京剧还是这么受欢迎，我太激动了，到凌晨 5 点也没睡着觉。但我又想，我们的观众年纪那么大了，身体又不好，以后看京剧的人会不会越来越少？如何使这一片"白头发"能逐渐掺进去一些"黑头发"，然后变成以"黑头发"为主？这也是我们需要考虑的。我想起程先生去世的时候，总理跟我讲的话："流派要随着时代的发展而发展。"于是，我就去研究年轻人的心理和需求。当时港台歌星开始变得很红，我去看年轻观众对歌星的反应，发现台上唱，台下也跟着唱，气氛很热烈。我还去看电影，唱卡拉 OK，看人艺的戏，年轻人喜欢去的地方我都去。我总结出来，年轻人要求"爱就爱个够，恨就恨个透"，不喜欢我们京剧什么都讲究含蓄，笑不露齿，行不露足，什么感情都要吞进肚子里。原来我们的差距在这里，要把人物演活、演透，感情要迸发得淋漓尽致。

　　赵桐珊老师告诉过我，一上台就要把观众的眼睛抓住不放，哪怕是后背对着观众的时候，也不能松懈。我还想起当初他教我《拾玉镯》时的情景。戏里要展现一种羞涩的状态，我没有领会，他便当着言慧珠等大师姐的面说我："世界上还有个字叫'羞'，你有吗？你没有！你不懂什么叫羞，只是像背书一样背下来，我要是傅鹏，根本不会爱上你！"窘得我恨不得在地上找条缝儿钻进去。后来我琢磨了一夜，终于找到了感觉。第二天我去找他，他一见我便很高兴地说："你一定悟到什么东西了才来找我的，不然你不会来！"我表演给他看，终于得到了他的赞许。

　　于是我明白，塑造人物一定要下苦功夫。本着这样的精神，我和老唐又反复推敲，力求把每个人物演得活生生的，有血有肉。比如《龙凤呈祥》中的孙尚香，她作为郡主，自认是文武双全的女英雄，连洞房之中都摆放了刀枪。她唱道："昔日梁鸿配孟光，今日尚香会刘王。"在她看来，她与刘备不是一般的结合，而是英雄会英雄，因此她的表现要有霸气，而不是柔弱娇媚。这样生动的表演，年轻人就非常喜欢。真是苍天不负苦心人，慢慢我的年轻"粉丝"越来越多，平常往我家打电话、来找我的也都是些"黑头发"。我终于懂了，演员得跟上时代，京剧不能够僵化，而要与时代的需求合拍。

直到现在，我也从没放松过训练。我80岁了，底气不够，便跟年轻人学了些好经验来练习。一次，我听《中国好声音》里面有一个年轻人的声音非常好，上下通透，想听听他是哪个老师教出来的。他说："我没有老师，每天做好饭，就喊'妈妈，吃饭啦!'声音就是这么练出来的。"我一听，这个方法好。但因为"吃"字发音不够响亮，我就改喊"妈妈开饭了"，来练我的底气。

我在"尽忠尽孝"后加一个"尽义"

我跟李瑞环主席很早就相识了。他特别喜欢京剧，尤其是老戏，直到现在，他跟我谈起京剧的时候都很兴奋。可是"文化大革命"把老戏都给毁了，对传统文化造成了严重破坏，他很痛心，也非常担忧京剧艺术的未来，从而提出了开展音配像工程的设想。李主席还在担任天津市市长的时候就跟我讲：如果所有的老艺术家都不在了，又没有资料留下来，后人无从学起，那么京剧艺术若干年以后就断掉了。既然现在有条件，为什么不把它记录下来？他这么关心京剧艺术，作为京剧工作者的我非常感动，也很支持。

早期录制"音配像"是很艰难的，首先面临的就是资金问题。从始至终，李主席都没有用公家的一分钱来做这项工作。好在早期的租场费等各项费用还很便宜，他请陈丽华等几位喜爱京剧的朋友来赞助，这样解决了资金问题。1985年，在李主席的关怀下，天津率先试录了一部分剧目，有高宝贤录的谭派戏，等等。

　　刚开始录制的时候，由于条件所限，质量不太理想，有些人意识不到它的重要作用，甚至对此产生了一些误解。比如，有观众提出，明明听到的是马连良老师的声音，仔细一看形象，却不是马连良老师本人，觉得这是"冒名顶替"的。还有报纸刊登文章对"音配像"表示质疑。因此，"音配像"曾经中断过一段时间。

　　后来等条件成熟了，李主席准备全面铺开来做音配像，便想找人来抓总体工作。他问我："搞这个音配像得有牵头的，你的时间腾得出来腾不出来？"我一直在努力发展程派艺术，对此自然举双手赞成。但我当时没能接下这副重担，一是由于我毕竟不是科班出身，因此不是对所有戏都熟悉；二是当时我身上还有一项重要任务。当时小平同志要抓一个京剧改革的试验团，卓琳阿姨向我征求意见。我大胆地把我的想法说出来，她觉得我谈得很实在、很在理。有一天，她告诉我："小平同志要你来挑这个头，但有一个要求，你要保密，不要让人觉得好像江青走了，我们来了。"于是我担任了改革试验团（今国家京剧院一团）团长一职。这个团有98人，我必须对他们负责，因此每天都马不停蹄地排戏、巡演，等等。卓琳阿姨每个礼拜还要来我家三四次，带一条旧毛毯搭在腿上，拿一个旧靠垫靠在身后，一坐就是大半天，听我们汇报剧团的情况。我实在没有多余的精力和时间，李主席也很理解。那会儿张君秋先生在国外，我跟李主席建议说，你把张先生请回来，把这个担子交给他。刚好李主席也想请他回来，这样，张先生就回来主抓"音配像"了。

　　虽然我没有负责总体工作，但每次李主席开会讨论"音配像"的事，我都会参加，并且承担了一部分程派的"音配像"工作。对我来说，"音配像"是一次很好的学习机会，我很认真地对待这项工作，也很配合。后来，有人要把程派精华的表演改掉，我就不愿意了，不想再录。李主席知道后，就给我做工作。他说："世济呀，'音配像'工作是在尽忠尽孝。尽什么忠呢？比方说，你老说自己是共产党培养出来的，要报答党。那么，现在党需要你干这个工作，你这不是尽忠吗？你老说程砚秋对你多么多么好，你又是怎么对他好，那么，现在要把他的艺术保留下来，你为什么不尽这个孝呢？"一席话说得我没话说。我一下开窍了，就跟李主席说："还有一条：尽义。"他说："怎么叫尽义？"我说："我跟你是老朋友了，现在你当上了主席，你叫我做什么，我不愿意做也得去做，为什么？人要讲义气嘛。所以你叫我做我就做，这就是尽义。"他哈哈大笑，说："对对对，你说的对。"我说："尽忠尽孝尽义，我干。但是你要下命令，别瞎改程派的东西，不然我就不拍。"他说："行。"就这么着，我又投入工作中，一直干到最后。

通过"音配像"学习和发展程派艺术

"音配像"不是空洞的配像，不是简单的老师唱、我配动作。要体会老师的每一句唱腔，首先要知道老师唱了多长多短，得熟悉得一分一秒都不能错，这样才能完全对上口型。这是形式上的要求。另外，我在"音配像"过程中深刻体会到，要把人物演好，必须声情并茂，要把"情"配进去，跟"声"结合在一起，这就要体会为什么一个地方吐字轻、另一个地方吐字重，以及两个地方的强弱对比。唱得轻的地方，就不能张开大嘴"啊"，表演的情绪也要随之委婉，这样才能把人物演得很细腻。仔细回忆、琢磨、品味老师的表演，对我来说就是一次提高。所以，听老师录音的时候，我等于从头到尾，重新又学了一遍，对老师的表演有了更进一步的理解和认识。对我来说，给老师配像等于又上了一次深刻的大课。

另外，我把自己的经验、自己的体会，自己对程派艺术的理解，在"音配像"里头也都体现出来了。程先生很了不起，无论是他的动作还是他的念白，都很讲究。只是他的表演太含蓄了，我就把程派作了发展，把原来埋在内心的情感表现出来。我不是说要把白头发变成黑头发吗？黑头发人的心理就是"爱要爱个够，恨要恨个透"，喜欢淋漓尽致的表达方式。如果把情感藏起来，观众就不能接受。所以，动作还是老师的动作，但表演手法改进了，不再那么含蓄、那么内在。我认为，要流传给后人的，不是程砚秋再生，而是要把随着时代发展了的程派艺术呈现出来。周总理说过，流派要随着时代的发展而发展，这句话我后来才真正懂了。年轻人需要什么，现在时代发展需要什么，京剧艺术就要随之而发展。周总理说这句话的时候，我一点也不理解，但是我背下来了，一直按照这个去做，一点一点做，直到现在，我终于体会到周总理说的是一种精神。我多么希望所有的唱流派的演员都有这样一种精神，就是流派要随着时代的发展而发展，不要停滞不前。

然而，并不是所有人都能理解这一点。当老师有当老师的苦，有的学生就对我不信服，认为我这个不是程派，那个才是真正的程派。有这种想法也不足为奇，既要允许别人这么想，又要加以引导，让对方慢慢了解，真正的程派是什么。当然，也不是所有的学生都这样，也有能明白的。吕洋为什么进步快，就是因为她知道，李世济和现在的时代合拍，所以她就拼命学我，努力演好人物，所以她现在的观众就比较多。再加上年轻、扮相好、嗓子好，观众当然很喜欢了。

演戏要有时代精神，要用科学的态度来对待流派的发展。有的人就刚好相反，他一直用固化的眼光来理解程先生的艺术，然后就说这个人不对、那个人不对，谁都不对，就他的最对。思想僵化，又不努力，不用功，谁会喜欢呢？跟时代脱离得太远了。京剧要发展，就要动脑筋，

舞台上的李世济

要苦思冥想，要研究社会的需求，要把流派的发展跟时代的需求合拍。

事实上，现在的程派已经分流了。每个人都要根据自己的条件、自己的理解、自己的心得体会走自己的路。在程派的继承者中，赵荣琛先生在这方面走得比较早。他是最早学程派、发展程派的，对程派的"四声"很有研究，唱得也很像程先生。他年轻的时候在山东戏校学戏，受到了尚派动作的影响。抗日战争时期他在重庆的时候，就已经把程派的唱腔和尚派的动作糅在一起了，当时很有名气。应该承认，赵荣琛先生在这方面很有创新精神。

我爱程派艺术，是无私地爱

程先生的戏，由谁配像的事主要由舞台导演马崇仁、迟金声在管。那个时候赵荣琛、王吟秋也都在世，这二位都是我的师哥。另外也要征求大家的意见。他们觉得这个戏应该让这个人配，那个戏应该让那个人配，这些我都管不着。我始终积极地参加配像工作，但是从来不争不抢。我从来没把"音配像"看作得名得利的机会，在我看来，这就是在留存京剧资料，允许我留，也要允许别人留。我的戏也不全是我一个人配的，有一部分是我配的，那个时候我扮相还可以，后来岁数大了，扮相没有年轻人好看了，我就录得少了。

我这辈子就没安闲过，做"音配像"那段时间，恰恰是我最忙的时候。但只要能把程派传承下去，再累我也不在乎。跟自己演戏比，录戏也是很难的，如果不认真，对配的戏不是滚瓜烂熟的话，连口型都对不上。所以，我一点都不敢马虎，争取一秒钟都不差。一次录像的时候，天很热，我都晕过去了。等我醒过来，大家都劝我休息，但我怎么都不同意。要知道，找一个台，找好时间，所有演职人员都准备好，多难呀。到录那天，所有的灯光、布景、声音、字幕……什么都等着，我说我不舒服，不来了？不行的呀。顶多缓一缓再来。救场如救火，过去在台上，死在上面也不会下来的。

无论如何，我尽力了，没有说哪次事情来了我给推掉，而是再困难都要完成。我不是什么大艺术家，跟老百姓一样，做的是普通工作。只不过，为了程派艺术，我尽了应尽的力量。李主席对我做的工作也很满意，后来就跟我说，你们已经老了，要多找些年轻的演员。我说行，就找年轻的。

给年轻演员说戏比自己配还累。但是，只要有人来找我，提出来我都教，不管是谁的学生。我没有门户之见的。有的人唱程派戏虽然能做到形似，却还未做到神似，我就把程先生的东西教给他。

我就是这么一个人，太忠于程派，忠于程派就不应该有私心杂念。我爱程派艺术，而且是无私地爱，我希望程派艺术永远传承下去。

不能忘记所有为"音配像"付出的人

"音配像"是李瑞环主席为京剧事业做的一件大好事。除了"音配像",还有"像音像",这都是他的创意,我们京剧界的人非常感谢他。他对京剧艺术的热情,连我们这些京剧演员都自愧不如。我们应当学习他这种精神,将京剧艺术发扬光大。

李主席当年提议"音配像"的时候,京剧正处于一个很艰难的时期。现在看来,把这些京剧的精华保留下来,它的价值是多么的不可估量!参加"音配像"的这批老艺术家,现在老的老,走的走。那时候有谭元寿,现在谭元寿演不动了;那时候有张学津,现在张学津也不在了。张君秋就是在"音配像"工作期间走的,他是值得歌颂的。另外,除了我们这些演员,还有很多幕后的英雄。比如,早期找录音是非常困难的。为此,谢国祥到处奔波。程派的录音,天津是最全的。电视台有一些,天津票友的手里也存了很多。有一位票友叫郑大同,痴迷程先生的表演,程先生一演戏,他就拿着一台小录音机到剧场录,这样保存了一大批资料。刘怀萱同志,他负责剪接声音,不但技术一流,而且工作认真,经常从晚上一直干到天亮。如今他去世了,李主席还专门派人慰问他的家属。还有搞灯光的王鲁民同志,也去世了。此外,还有那些做字幕工作、音响工作的同志,都是很辛苦的。我们应该从心底里尊敬他们。

我们这一代人,共产党在我们心目中的威信很高很高。听党的话,全身心地扑在工作上,这就是我们事业的所在。对于现在的年青一代演员,我们应该告诉他们,作为京剧人,要时刻想着回报社会,完成党和国家交给的任务,这才是我们应该追求的。这也是"音配像"留给后人的精神财富。

亲历音配像工程（七）：为京剧事业尽忠，为创业前辈尽孝

叶少兰口述　高芳整理

"音配像"是一项伟大的文化工程，它为京剧事业的振兴发展，为京剧剧目的挖掘、拯救，包括为京剧人才的培养所产生的效果和作用，都是难以估量的。它功在当代，利在千秋，越是历史地看"音配像"，越能发现这项工程的伟大。这是一个绝妙的构思，一次空前的文化创举。尤其对我们京剧工作者来说，一提起"音配像"，每个人都会身有所感，都会非常激动。

难得的机遇

"音配像"前前后后加起来近 30 年了，从 1994 年正式启动算起，也有 20 年了。1985 年，李瑞环同志在天津做市长的时候就开始筹划酝酿"音配像"，并作了一些尝试。那时候我还不知道，是后来才听说的。1994 年"音配像"正式启动的时候，张君秋先生、谢国祥先生，还有

叶少兰

马崇仁先生、迟金声先生、张学津先生都参加了。后来邀我录《四进士》，我从此就投入了"音配像"工作。也是从那个时候起，我开始跟瑞环同志有了接触并日渐相熟。

《四进士》是"音配像"正式开始后录制的第一出戏，袁世海先生、张学津先生也都参加了。这出戏是试验性的，不是给前辈的录音配像，而是我们自己录音，录完音再由我们自己配像。这个戏录得很成功，后来紧接着又录了杨派的《杨家将》。第一个正式的"音配像"是四个折子戏，其中一个就是我为父亲叶盛兰配的《罗成叫关》，这也是我配的第一个戏。

从一开始参加"音配像"，我就非常珍惜，非常重视，总觉得时间宝贵，应该争分夺秒。再看导演、摄影师、全剧演职员反复录制，大家都挺辛苦。为了争取时间，我上午个别场次排完之后，虽然很累，但为了不让大家久等，我不是卸掉脸上的妆到饭店吃饭或回家休息下午再来，而是在休息厅找个长条凳子，裹一件胖袄躺会儿，饿了就吃点馒头。张君秋先生看到了以后，很受感动。

令我难忘的是录《打侄上坟》。《打侄上坟》也叫《状元谱》，是一出穷生戏。我父亲在新中国成立前经常演这出戏，多与马连良先生合作，新中国成立以后多年不再演。1960 年，父亲在中国京剧院一团的时候，和李少春先生在天津一宫演过一次。我还记得演出以后父亲对我说，这个戏演得非常好，观众反响很热烈。这是父亲和李少春李先生第一次合作，李先生也只演过这么一次。李先生不愧是大艺术家，一点儿都看不出来是第一次演，真是炉火纯青。这出《打侄上坟》也是余叔岩先生的拿手戏，李先生宗余，所以他唱得余味十足，非常正宗。

"文革"开始后，不可能再让演这样的戏，这次演出就成了"绝版"。有一位曾在天津电台"支左"的同志告诉我，天津电台有这个录音。那时候刚刚破完"四旧"，这种录音说扔就扔，扔了就再也不会有了。我想方设法通过私人关系从内部秘密录了一份。这在当时是相当冒险的，让人知道了，这不是"复辟"嘛！而且万一追查起来，也会给好心帮忙的人招事儿。

听着这个录音，我真是特别激动，特别兴奋。光听录音就能听出戏来，就跟看到了一样。这样好的表演、这样好的唱念，我觉得真是精品！我早年在戏校学习的时候学过这出戏，是跟萧连芳萧先生学的。我父亲也跟萧先生学过戏，老先生的穷生戏非常拿手。后来我在戏校做老师，为了教这出戏，又跟我父亲学了，但就是一直没有机会演。我多么盼望有一天让再演这样的戏，还能复原这出戏！所以，"音配像"的时候，我就提出有这么一出《打侄上坟》，希望能到天津电台找一找，要是有最好，没有的话我这儿有。结果，有关的负责同志果然找到了，后来我就照这个录音配了像。

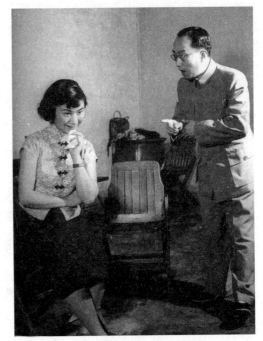

叶盛兰与言慧珠排练《吕布与貂蝉》，摄于 1957 年

　　为录这出戏，我下了很多功夫。尽管我经常听录音，印象很深，尽管我会这出戏，但是，在录之前，我还是天天跟着录音排练，可以说练到了跟录音严丝合缝。我是和谭元寿先生合作，我为我父亲配像，他为李少春先生配像。谭先生经验丰富，我也听得多、练得多、吃得透，这出戏配得非常成功。无论是张君秋先生、舞台导演迟金声先生、马崇仁先生，还是录像的导演们，以及同仁们，所有的演职人员都特别满意。尤其是瑞环同志，他看了以后特别高兴，也说，听这个录音都能听出戏。他还说：什么叫大师？什么叫表演艺术家？就是不一样！

　　录了《打侄上坟》之后，我录的其他几出戏也得到了瑞环同志的肯定。我还接到内行、外行的一些反映，都评价很好。一块儿工作的同仁、老艺术家，特别是很多的戏迷观众，都觉得很满意，觉得我配的这些戏还是有谱的、有质量的。瑞环同志对我非常鼓励，觉得我很认真，很负责任，对"音配像"特别珍惜、重视。还说："我这里接到很多信息，对少兰给他父亲的配像是一致肯定的。今后叶先生的戏，都由少兰来配。姜先生的戏，少兰学过，也多配一些。"

小生艺术的新生

我确实对这个机会极其珍惜、重视。要没有"音配像"，我父亲的这些戏一出也留不下来，全得失传。没有"音配像"，叶派戏、小生戏就都没有了。是"音配像"救了小生这门艺术。

我们这个行当跟其他行当不同。小生这行出人才难，要求的条件太高。小生首先是真假发声的方式，比其他行当的表演要夸张。顾名思义，小生是表现古代青少年的，既有周瑜、吕布这样的将军统帅，也有张生、梁山伯这样的书生才子。小生的表演要能文能武，剧目不同、人物不同，表演也不同。所以，小生这行很难，对气质要求很高，要有朝气、漂亮，要儒雅、清秀，要表现武将还一定要有英武气。要是没有气质，上去以后观众就不喜欢。气质不是挑眉立目，不是瞪眼使劲，气质是内涵、是修养，是内在流露出来的，不是外在装出来的。小生还有一个声腔的问题，既不能脂粉气、像女孩子，又不能像大嗓的老生，要真假声结合，还得悦耳好听、宽厚圆润。有好的假声还不够，得会唱、会念、会表演，观众才喜欢。

小生这行本来出人才就难，历史上又中断了十几年。从 1964 年京剧现代戏剧目会演开始，小生这个行当就没了，"文革"时期更不用说。其他的行当，现代戏、样板戏都能上，唯有小生不能上。"文革"当中，江青曾内部组织录制过好几十出京剧传统戏电影，我父亲那时候身体还可以，但是因为政治原因不许他录，结果闹了不少笑话。最有意思的是

叶盛兰在烈日下教叶少兰练功，摄于 1961 年

录《白门楼》，谁录的不知道，但这是我父亲的代表剧目。戏里有一句台词是"内侍臣看过了皇封御酒"。结果弄好字幕排成了电影，这些人还是说不好准确的台词是什么，最后无可奈何去问我父亲。父亲一看，他们把"皇封"给写成了"蝗蜂"，把"御酒"写成了"玉酒"。我父亲说，这个不对。这才改过来。"文革"对父亲和叶派艺术来说都是一个很大的损失。我父亲留下来的就只有一部《群英会》的电影。要是没有这个电影，我父亲一个影像资料都没有，这要感谢北影。

"拨乱反正"之后，刚恢复传统戏的时候还是老生或武生代替小生，又经过一段时间之后才恢复小生。我为了重振叶派艺术，真是争分夺秒、日以继夜地干，尽力让自己多演戏，多培养接班人。但是，如果没有"音配像"，我再怎么努力也演不了"音配像"中的 40 多出戏，也没有机会让我演这么多。我演不了，这些叶派的代表剧目就不能跟观众见面，后面的接班人也无从学起。这些录音长时间散失或封存，慢慢也就会毁掉或失传。有了"音配像"以后，观众不仅看到了许多以前没见过的戏，像经常见的《赤壁之战》《西厢记》《玉簪记》《蝴蝶杯》《桃花扇》《罗成》《打侄上坟》《金田风雷》《白蛇传》《柳荫记》这些戏，观众看后也反应非常热烈。大家听到了我父亲当年的精彩录音，了解到了我父亲创作的叶派戏。我父亲当初是怎么创作的，戏是怎么设计的，怎么穿、怎么戴、怎么表演、用什么身段……观众一看：原来这就是叶派艺术，真好啊！瑞环同志跟我说，你父亲的戏非常好，他的资料，只要能找到的，有一出录一出。正因为有瑞环同志的重视，我父亲和姜妙香先生的小生表演艺术才能得以传世。

补录音不是一件容易事

"音配像"首先要挖掘、整理录音资料，这是一个非常艰苦的大工程。这些录音大部分早就无案可查，谁都不知道在哪儿，中央电台的很多资料是通过内部退休的老同志，或其他各种线索找到的，其中有的在破"四旧"时被人为地破坏，有的丢失，有的因保存条件不好受潮甚至被雨淋水泡，损失很大。为了使用好这些得来不易的宝贵资料，就得用各种现代的技术进行保护性的处理，重新编辑、剪接，把能用的录音提炼出来，再进行去噪、还原。我录的我父亲和程砚秋先生的《玉堂春》，是 1945 年父亲在上海天蟾舞台的演出录音，这个资料非常宝贵。用的是钢丝录音带，一是不清楚，二是声音太小，另外还有金属声。我们做录音的时候非常艰苦，一字一字、一句一句地调音。先把音提起来，提大以后噪音也更大，完了再去噪，做到既要去掉噪音，还不能让演员的声音失真。现在再听，还会觉得跟今天的录音相差很大，可这已经是千

《白蛇传》"断桥"叶少兰饰许仙，许嘉宝饰白素贞，摄于 1980 年

方百计费了很大功夫了。

另外，因为录音的年头太长了，有的地方短几句，有的地方短一段，这怎么办？我就得设法录音添补。我父亲跟杜近芳的《白蛇传》，现在听"音配像"的录音，和剧场实况一样，那可是多少张唱片接成的！当年录唱片不可能全剧都录，而是以唱和主要的念白为主，这样的话，有些锣鼓比如上下场的、武打的，还有念白多的场次就被掐掉了，像其中的《盗仙草》《金山寺》，这两场除去前面白蛇、青蛇和法海的对话念白以外，没有什么唱，结果整场的录音就没有，《游湖》的结尾、《结亲》《说许》《逃山》，唱片中都没有，还得由杜近芳老师和我补录。可又要做到尽量听不出来是后补的，这就要自己去下功夫。好在我见过父亲是怎么演的，也跟父亲学过，对父亲的念、唱，我有一定的把握。可是，即便这样，我还是得反复听父亲的录音，领会念白的劲头、语

气、感情，声音、声调的轻重缓急，等等。剧目不同，念白也不同，得从人物出发、从剧情出发。为了补好一段录音，我要不断地用功、反复地训练。

唱、念如此，缺的音乐锣鼓同样也要这么一点一点地补。现在的舞台演出，声音的音质、音色跟当年的录音都不一样，但现场乐队还是要尽量接近、还原录音资料，工作难度可想而知。比如打击乐，光是锣这一种乐器就不下十几种。锣又分很多不同的用法，相应地，在锣的制作上就有很多讲究。戏的情节不同、人物不同，用的锣也不同。相对来说，文戏用的锣比较大一点、薄一点，声音低一点。武戏多用虎音锣，其中又分低虎锣、中虎锣、高虎锣。比较激烈的武戏要用高虎锣，这种锣的中心比较小，调门比较高。所以，京剧作为一门国粹艺术非常之讲究，不是有个锣就行，而是有要求、有标准、有门道。乐队要补好一段音乐，得跟原来的录音接近，不能突然跳出去，当然纹丝不差也不现实，但是得努力做到，包括音乐的节奏、调门，原来录音处理的效果、感觉，都要尽量贴近。乐队得反复听，得跟着排戏，了解戏的内容、感受表演的风格，再根据戏的要求来处理，这些都要下很多功夫。

比如，全部《罗成》这出戏的武场多，也缺音乐锣鼓，演员和乐队都得先把这个戏吃透。对我来说，比如这个起霸有多长、我父亲当时是怎么起的，那个四击头打在什么动作上、动作是怎么走的……了解了以后还要练准确，然后再去补锣鼓。补锣鼓不能是在录音棚里弄一个大概齐，按四击头的程式走一个动作、打一个锣鼓就行，配像演员得能走出与老艺术家当年演出一样的动作，锣鼓也得是当年的样子。所以，补出一段完整的录音，无论是演员、现场的乐队还是做录音的技师，都要一遍遍地反复打磨。我记得《罗成》这个戏，就一个起霸，大小动作反反复复，我在录音棚里走了有50多遍才接好这一段录音。

"音配像"锻炼了京剧队伍

录音找到了，也通过各种现代技术基本还原了，可还是只能听。可京剧是要看的，它跟听说书的不一样。一出戏，怎么勾的脸？戴的什么盔头，穿的什么行头？身段怎么做的，武打怎么打的？都是老生，为什么有马谭杨奚不同的艺术风格、艺术流派？都说马连良先生非常潇洒，怎么潇洒？"音配像"这些前辈老艺术家的表演，现在年轻一点的演员根本都没见过，更甭说观众了。让观众爱京剧，得先让他见到，才能影响他、吸引他。所以，为这些录音配上像就是非常核心重要的一步。

"音配像"对我们配像演员来说受益匪浅。通过"音配像"，我的表演更加成熟了。虽然之前大家就认为我是一个知名的演员，能独当一面，但是我得诚实地说，没有"音配像"，我演不了这么多戏，也没有机会演这么多戏。我录的这些戏，原来都学过，但有的没演过，有了"音配像"，我就能穿上、戴上，全本全出地演下来。

对于青年演员来说，"音配像"更是难得的机会。所以，我父亲的戏，我也请我的学生录了几出。《佘赛花》是李宏图录的，现代戏《白毛女》是江其虎录的，《十三妹》是宋小川录的，《雅观楼》是靳学斌录的。这对他们是一次锻炼，是接触叶派、理解叶派的好机会。当然，每录一出戏，我都先辅导，讲解每出戏的艺术要点和风格特点，还有表演、动作、舞蹈、位置，以及唱、念的技巧。瑞环同志希望我承担更多的剧目，也主张说如果学生的条件很好，有相当的水平，在老艺术家的指导下，有适当的剧目也可以录。特别是有的艺术家年岁大了，形象不如年轻演员好，可以让学生来录。我的这几位学生，条件都很好，也很努力，他们都在戏中发挥了各自的特长。像《雅观楼》这出戏，我父亲当年在人民剧场作为展览演出的时候，大家伙儿都站起来鼓掌，连李少春先生都站起来，就这么精彩。我虽然学过这个戏，父亲教过我，茹富兰先生也教过我，打下了挺扎实的基础。但是我当时快 60 岁了，虽然也能踢腿、能扳腿，但是说还跟 20 多岁时一样，不太可能了，还是让自己的学生录更好一点。靳学斌就很适合，因为演这出戏得腿功好，身上得利索。录之前，除了我教他，又请了茹元俊先生精心地加工指教。

"音配像"不仅锻炼了演员，对其他方面的人员也是这样。比如搞录像的导演、技师，以前哪有机会录好几百出的戏？京剧演出不好录，不像电影的分镜头，要通过展现演员的唱念坐打武表现全剧、表现故事情节。而且，台上这么多主、配演员，怎么使用镜头才能让观众看到一出原汁、原味、原貌的戏，这都非常重要。录"音配像"的导演阎德威先生，现在都已是录制戏曲的专家，今天再来录新编剧目的演出，质量都非常高。此外还有美术、服装、化妆、音乐、道具、舞台布置、剧务，包括录音制作、编辑、整理……十几年的"音配像"，锻炼了跟京剧有关的方方面面的队伍，尤其是全国各院团和相关部门的团结协作。

不仅救戏，而且救人

"音配像"并不只是复原了 400 多出戏，更重要的是，它再现了京剧前辈艺术家敬业勤业、勤学苦练、艰苦奋斗的精神。"音配像"不仅让我们听到了前辈艺术家的录音，更从中听到了精神，所有参与其中的演员都深受教育。前辈的艺术这么讲究、这么细致，我们真觉得自己还差得远。京剧是国粹，就因为它的讲究，唱念做打舞手眼身法步，化妆、服装、脸谱、道具，一腔一调……无不如此。不同的人物有不同的行当，有不同的走法、指法、舞蹈、动作，处处体现着细致。有的演员乍听觉得容易，以为排一遍就齐了，其实差远了，绝不是一听就能达到的。我见过、学过、演过都觉得差距大，照样要跟着录音一招一式、一

《群英会》中叶少兰饰周瑜，摄于 2009 年

腔一字地学，去悟道，何况没见过、没学过、没演过。凡青年演员参加录像，瑞环同志都要求安排经验丰富的本行艺术家手把手地指教。

另外，什么叫"一棵菜"？通过"音配像"我切身感受到前辈艺术家的这种精神。听《蝴蝶杯》的录音，只大衙的一个公堂，哪怕是一个小花脸的小院子都演得非常讲究，更别说花脸、旦角、老生、小生这些主演们了。这就是"全梁上坝一棵菜"，体现在台上，体现在了艺术上。

我从小就跟着父亲边看边学。直到现在，我每演一次《群英会》，之前都会看一遍我父亲的影像资料。这个电影，每看一次我都会有新的感受，真是感到学无止境。我演的不计其数，演一次看一遍，还默默复习我父亲当年是怎么手把手教我的，怎么给我说的。如果只看个大概齐，那根本就没会。学会了不等于学对了，想学对可难了。这次的"音配像"就教育了演员们：不是光学会，而要学对。对不了就是功夫不到，还有是修养不到。

我为我的老师姜妙香先生也录了几出。给姜先生配像，对我来说又是一次再进修、再复习的机会。姜先生教过我八年，我在戏校学戏的时候，姜老师已经是中国戏校的正式教员。我毕业前跟姜先生学，毕业后还是追随姜先生，跟他学的戏非常多。想当年姜先生教我们非常耐心，一堂课几十遍满宫满调地唱，身段也全都走出来，跟在舞台上一样。"音配像"不但是复习老师的戏，也让我不禁回忆起老师教课的情景，对我也是一次激励。我给姜先生配的戏，都是他当年手把手教我的。比如说《奇双会》，我跟我父亲学过，也跟姜先生学过，又跟俞振飞先生学了一遍。在跟梅葆玖先生录这出戏的时候，我配姜先生，梅葆玖先生配梅兰芳先生，我就是按照姜先生的路子来。《穆柯寨·穆天王》也是梅先生和姜先生的戏，这出戏我跟姜先生学过，我给姜先生配，给梅先生配的是董圆圆。

"音配像"靠的是瑞环同志的威望和人格魅力

瑞环同志在全国政协做主席的时候，我就开始担任全国政协委员，到现在已经有五届了。瑞环同志为人非常正直、朴实，处处有工人阶级的本色。他从小就好学习，非常喜欢看书。那时候家里头比较苦，一次要过年了，他母亲给他一点钱让他去买油条包饺子。他却在书摊看上了一本书，恋恋不舍，最后拿买油条的钱买了书。对他来说，看书比油条、比过年吃饺子还重要。做工人的时候，大家下了工都很累，别人都睡了，他却在电线杆底下借着路灯的灯光看书，或在蚊帐里打着电筒写笔记。瑞环同志没上过大学，但是，这种争分夺秒的求知精神，我瞧着要比上过大学的还抓得紧、摄入的知识还多，何况他还有丰富的社会实践经验。瑞环同志在当工人的时候就是全国闻名的劳动模范，有"青年鲁班"的美誉。那时候我还在上学，谁不知道"青年鲁班"啊！他是当时青年人心目中的模范和榜样。1959年铺设人民大会堂宴会厅的人字地板，从设计到制作、安装，全是他带着做的。十几年前重新整修的时候，还得再去请教他。

20世纪50年代，瑞环同志经常在工会给工人讲历史课，甚至给中学老师也讲过。他讲完课就到旁边的北京工人俱乐部看戏，看马连良、谭富英、张君秋、裘盛戎、赵燕侠等知名演员的演出。瑞环同志看的戏不比内行人看得少，生旦净丑各个流派都爱看。他不光看戏，还和很多艺术家成了好朋友。也不是看完就完，还喜欢研究。"文革"前后京剧是怎么发展演进的、演员是怎么成长的、流派是怎么形成的……对他来说犹如身临其境。所以，后来抓"音配像"的时候，他对每一出戏的剧本、每一出戏不同行当的表演、每一出戏的特色和标准，都了解得非常准确、深透。大家都说，瑞环同志谈起戏不像外行，他是个内行，所以才能有"音配像"这样的创意规划及指导。

瑞环同志对于我们民族文化事业的传承可谓是尽职尽责。他一不是唱戏的，二不是演戏的，只是一名京剧爱好者。他跟大家一样地热爱民族文化，但他不是出于娱乐，也不是出于爱好，而是从传承民族文化事业的高度关心京剧的发展。经过十年"文革"，民族艺术遭受了重大损失，眼看京剧面临剧目断档、演员断档、观众断档，国粹艺术正在流失、濒临失传，瑞环同志非常焦急，甚至比我们干这一行的还要焦急，于是有了"音配像"这个绝妙的创举。

"音配像"是一个非常庞大复杂的工程，只能瑞环同志亲自抓，其他任何人都做不起来。比如说，"音配像"首先需要挖掘资料，这可不是那么容易的。谁手上有这些资料？即便有，人家凭什么肯拿出来？任何一个剧院、剧团，任何一个演职员都没这个能力。这些资料不光来自电台，还包括全国各地的音像机构甚至私人珍藏。有的人早年间有录音的条件，自个儿录下来了，听说瑞环同志抓"音配像"，觉得真了不起，出于佩服和感动，就主动把保存多年的资料拿了出来。这就是人格的魅力，用民间的话说，瑞环同志"有面子"。还有，提供出来的录音，由谁整理、怎么整理？人力、物力从哪儿来？除了瑞环同志，也没人有这个条件、这个能力。20年前，且不说整理这些资料，就是复制一段录音也是要收费的。大家的经济条件都有限，谁也不会有这个钱。

另外，在整个的京剧界乃至戏曲界，大家伙儿都对他服气。为了京剧艺术，他不遗余力，废寝忘食。"音配像"期间，他一个剧本一个剧本逐字逐句地校对，跟以前的版本作对比，力求原汁原味，把精华点点滴滴都再现出来。原创这出戏的老艺术家不在世了，就请亲传弟子，请见过的、学过的，还有当年合作过的老艺术家，把这些人凑齐。还要保证他们在最好的表演状态下，把这出戏原汁原味、保质保量地留下来。即便是有些老前辈已经力不从心，达不到当年的水平了，也要教给年轻演员，用相当的时间指导、训练，达到一定标准才能录。所以，别看有原配录音，"音配像"每排一出新戏，都艰苦得多。"音配像"不凑合、不迁就、没有人情，是为了留下最好的资料，把艺术精华传承下去。

"音配像"这样一项庞大复杂的工程，需要所有参与者的无私奉献，瑞环同志也做到了身先士卒。他是国家领导人，每天已是日理万机。可他觉得国粹艺术是我们民族文化的代表，不能在我们这一代垮掉。瑞环同志没有门户之见，不管哪一行当，生、旦、净、丑，只要哪里有资料，无论在国内还是国外，都要求千方百计、不惜一切代价去挖掘、寻找。工作再艰苦，也要把录音整理好。还要选最合适的演员配像，把戏的质量完全表现出来。处处精益求精，处处把功夫下到家。

"音配像"不但挖掘出宝贵的资料，将这些资料配像、再现，也让健在的老艺术家们焕发了青春。刚听说要搞"音配像"的时候，老艺术家都非常兴奋，工作热情特别高，他们不讲名、不讲利，风里来雨里去，全身心为这项事业奉献着。对这些老艺术家，瑞环同志不是招之即来，"通知你你就干"，而是事无巨细，关心得非常周到。事先要派工作人员到家里探望、了解健康状况，征求老艺术家的意见，看能不能排戏，或能不能给青年演员排。征得同意之后，还要方方面面都安排好、照顾好，比如排这一折戏要一天的时间，老艺术家来了，排了半天，说精神不太好，那就马上让休息。那时候租场子是要花钱的，还有演、职等各个方面，都是需要钱的。但是，瑞环同志为照顾老艺术家的健康，宁肯不排，也不让坚持。甚至是老艺术家的饮食起居，瑞环同志也都亲自关心。对他们的伙食标准从不作限制，一切以保证健康为重。每个人家里有什么困难也都关注着，随时帮着解决，让这些老艺术家感到特别温暖。

"音配像"工程阵容浩大，前前后后共有百余家单位三四万人参加其中，涉及了全国各地院团的演员以及舞台、服装、道具、音乐等方方面面的专业人员。这么一个宏伟工程，瑞环同志没有用国家的专项经费。这几百出戏，从挖掘、整理录音，到排戏、录像、合成、制作，都是来自支持、响应"音配像"事业的热心捐助，甚至海外、港澳的爱国人士也纷纷伸出热情的援手。由此可看出瑞环同志的号召力，以及大家对他的敬重、支持。

感恩与敬仰

对于"音配像"，我一直带着感恩的心情。我要为父亲争气，为小

叶少兰赴美讲学期间在京剧形体艺术课程中教"洋学生"，摄于 1985 年

生艺术争气，所以我加倍珍惜这个机会，刻苦练功。我不是要求自己努力干，而是拼命干。是带着感恩、敬仰之心参加"音配像"的。

我感谁的恩？一是感我父亲的恩。没有他的成功创作，没有他这些经典的录音，就谈不上我今天的配像。父亲是叶派小生的先驱，是他的这些剧目创出了叶派这门经典艺术，我们是踩着前人的肩膀上前行。所以，瑞环同志说，"音配像"就是尽忠尽孝。尽孝就是对前人尽孝，尽忠就是对京剧事业尽忠。

再一个是感瑞环同志的恩。没有他的创意、指导，这 460 出戏就没了。他不光有创意，还能给出具体的方法。从什么样的戏开始录，每个阶段分别录什么样的戏……非常了解京剧的艺术规律，这很了不起。另外他还有很科学的管理，在进展紧张的时候，能让各方面的工作同时有序进行、全面铺开。

　　另外就是敬仰之心。一是敬仰京剧艺术。京剧艺术博大精深，前辈艺术家给我们留下了丰厚的财富，瑞环同志认识到了，我们是从业人，更得认识到。前辈艺术家的这些创作，真是千锤百炼的艺术精品，丢了太可惜了。所以，我是带着对京剧事业、对前辈艺术家、对我父亲开创的叶派艺术的敬仰之心，参加"音配像"的。

　　另外还有对瑞环同志的敬仰。如果没有"音配像"，该是京剧多大的损失！从1994年正式开始到现在是20年了，张君秋先生、袁世海先生、张学津先生……多少位参与其中的艺术家离开了我们！像张学津先生录的马连良先生的戏，录得真好。如果没有录下来，不要说马先生的资料丢了不能复原，张先生去世了，现在青年的老生演员没人见过马先生演的这几十出经典剧目。而且，越往后越是如此。再过若干年，连我们这些人也都没了。就像瑞环同志说的，过50年后再看"音配像"的成就。50年以后，参加过"音配像"的一些青年演员也不一定在了，可这些艺术精华永远留下来了。

　　瑞环同志对于京剧事业的发展，对我们京剧演员，真是恩重如山。正因如此，我和其他同志一样，争分夺秒、日以继夜地干。"音配像"后期，瑞环同志还让我负责当年国家京剧院四大头牌——我父亲、杜近芳老师、李少春老师、袁世海老师的若干戏，除了录像，还做些组织工作和排练工作。后来又请我和天津市中华民族文化促进会的领导叶厚荣同志，到上海专门组织完成周信芳先生的十来出戏。这是对我的信任，我非常投入地工作，争分夺秒，一点不耽误。那时候我家里有母亲和爱人两个重病号。我母亲90多岁，两只眼睛看不见，跟我住在一起。我是一边工作一边照顾着她们。那时候医疗也挺麻烦，尤其是我母亲，我不但要安排住院，有时候还得陪着她，就得见缝插针地挤时间。瑞环同志非常关心，千方百计地帮助我解决困难，操了不少心。他甚至还跟丁关根同志商量怎么能帮上我。瑞环同志和关根同志见着我头一句经常是："你母亲怎么样？什么情况了？""你爱人怎么样了？住在哪儿？"丁关根同志曾多次请中宣部帮助解决我爱人的医疗费用，解我燃眉之急，保证了我安心工作。瑞环同志还帮着找医生，请天津的专家医生赶过来会诊。我母亲故去的时候，李主席还送了花圈。我爱人故去的时候，他亲自出席了追悼会。

继承与发展

叶派小生在京剧艺术中占有重要的一席之地。我的父亲叶盛兰是叶派艺术的创始者。至于我，首先是一个继承者，并在继承的基础上，结合时代的发展，根据我自身的条件，继续把叶派艺术发扬光大。我父亲讲过，有些戏他还要整理、要改编、要发展，但没来得及去实践。我演的《吕布与貂蝉》，就是在我父亲的基础上，把他未能够实现的想法给予落实。如果成功了，那就是有所发展，如果没有成功，可能就没有达到我父亲的标准和要求。我父亲有很多成功的创造，我仍在学习、体会。得说的是，尽管我见过、学过这些戏，但每个人的条件还是不完全一样的，我父亲设计表演的时候，是根据他的条件来的。有的条件我就达不到，再努力可能也达不到他的水平。比如说我父亲的立音，我的嗓子比我父亲的宽，宽有宽的优势，但是立音和亮音方面就达不到他的水平。我父亲有的音非常结实，我有的时候也达不到。观众希望青出于蓝胜于蓝，但也要分情况。比如我创造的新戏《洛神赋》，这是原来叶派艺术没有的，我父亲根本没演过，而我是用我父亲创造的叶派艺术的艺术手段进行创作的，在这部戏中有我的创演成绩，但是不能笼统地说我已经超越了我父亲，我还是要不断地继承父亲创下的表演艺术。我父亲几十年天天在舞台上，他所有的剧目都是千锤百炼过的。我则没有，这说明我还没他的功力。可能有的剧目我熟练一些，但还要努力。一个人无论做人做艺，要活到老学到老，学无止境。"音配像"的戏我演过，还有很多戏我没演过。现在因为年岁大了，有些想演也演不了了，还是寄希望于接班人，希望他们刻苦努力，好好地继承。但是，无论如何，有了"音配像"，我父亲很多东西总算留下来了，最起码有这些录音。

"音配像"的伟大工程与精神永放光芒。

图书在版编目（CIP）数据

国粹撷芳 / 刘未鸣，刘剑主编 . -- 北京：中国文
史出版社，2018.6（2022.10 重印）

（纵横精华 . 第一辑）

ISBN 978 - 7 - 5205 - 0397 - 6

Ⅰ . ①国… Ⅱ . ①刘… ②刘… Ⅲ . ①京剧 - 艺术家
- 生平事迹 - 中国 Ⅳ . ①K825.78

中国版本图书馆 CIP 数据核字（2022）第 163964 号

责任编辑：金硕　胡福星

出版发行：**中国文史出版社**

社　　址：北京市海淀区西八里庄路 69 号　　邮编：100142

电　　话：010 - 81136606　81136602　81136603　81136642（发行部）

传　　真：010 - 81136655

印　　装：廊坊市海涛印刷有限公司

经　　销：全国新华书店

开　　本：787 × 1092　1/16

印　　张：19.25

字　　数：238 千字

版　　次：2018 年 8 月北京第 1 版

印　　次：2023 年 1 月第 2 次印刷

定　　价：68.00 元